优秀的孩子这样长大

〔加〕黛博拉·麦克纳马拉 ◎ 著
马晓培　汤云峰 ◎ 译

四川科学技术出版社

图书在版编目（CIP）数据

优秀的孩子这样长大 / （加）黛博拉·麦克纳马拉著；
马晓培，汤云峰译. -- 成都：四川科学技术出版社，
2020.12
书名原文：REST PLAY GROW Making Sense of
Preschoolers
ISBN 978-7-5364-9999-7

Ⅰ. ①优… Ⅱ. ①黛… ②马… ③汤… Ⅲ. ①幼儿教
育—家庭教育 Ⅳ. ①G78

中国版本图书馆CIP数据核字(2020)第242589号

四川省版权局著作权合同登记章　图进字21-2020-216号

Copyright © 2016 by Deborah MacNamara

Published by arrangement with Transatlantic Literary Agency Inc., through
The Grayhawk Agency Ltd.

优 秀 的 孩 子 这 样 长 大
YOUXIU DE HAIZI ZHEYANG ZHANGDA

出 品 人：程佳月　　　　　　　　责 任 出 版：欧晓春
著　　者：[加]黛博拉·麦克纳马拉　责 任 编 辑：谢 伟
译　　者：马晓培　汤云峰　　　　特 约 编 辑：刘依依
封 面 设 计：仙境设计
出 版 发 行：四川科学技术出版社
　　　　　　地址：成都市槐树街2号　邮政编码：610031
　　　　　　官方微博：http://weibo.com/sckjcbs
　　　　　　官方微信公众号：sckjcbs
　　　　　　传真：028-87734035
成 品 尺 寸：140mm×210mm
印　　张：10
字　　数：200千
印　　刷：文畅阁印刷有限公司
版次/印次：2021年3月第1版　2021年3月第1次印刷
定　　价：48.00元

ISBN 978-7-5364-9999-7
版权所有　翻印必究
本社发行部邮购组地址：四川省成都市槐树街2号
电话：028-87734035　邮政编码：610031

本书赞誉

这本书是麦克纳马拉博士的过人天赋及坚定信念的结晶。她认为，必须将亲子关系是如何影响孩子发展的洞见传递给那些负责养育我们下一代的人……麦克纳马拉博士非常适合讲述这个故事，她将带你从理论进入实践，没有比这更好的指导了。

—— 戈登·纽菲尔德博士

发展心理学家，纽菲尔德研究所创始人

黛博拉·麦克纳马拉在依恋理论和戈登·纽菲尔德博士开创性工作的基础上，撰写了这本父母启蒙书，书中强调只有通过理解儿童的内心世界才能成为真正的父母。这本书将发展科学翻译成了实用的爱。

—— 加伯·梅特

医学博士，《每个孩子都需要被看见》一书的合著者黛博拉·麦克纳马拉的书对孩子的本质和积极的育儿方式都有深刻的见解，阅读本书将使父母和老师受益。本书不仅指出了早期依恋关系在孩子最佳发展期的突出地位，并热情地肯定了游戏对孩子的幸福和创造力的首要价值。麦克纳马拉博士对儿童的需要及父母的最佳做法都非常熟悉。阅读、反思、分享。

—— 拉菲·卡武基安

歌手，作家，儿童荣誉中心的创始人

阅读《优秀的孩子这样长大》使我流泪，因为它唤醒了我作为父母的本能。麦克纳马拉博士将孩子的语言和成熟程度翻译为可以理解的内容，阅读时，它会带给你恍然大悟之感。同时，她用具体案例来告诉你应如何管理孩子们的强烈情绪。《优秀的孩子这样长大》将真实的科学与现实生活中的故事，幽默搞笑、明智的策略融为一体。黛博拉向我们展现了学龄前儿童的美丽而混乱的世界。 作为父母，如果你需要读一本书，那么就是这本。

—— 特蕾西·科斯塔

Peekaboo Beans 首席执行官

作为一名执业儿科医生，很多时候，我都会听到父母对孩子的担忧："我怎样才能让我的孩子吃得更多？睡得更好？如厕训练更快？行为更合理？更加聪明？"每当听到这些问题，我就会想起我亲爱的朋友麦克纳马拉博士——她会怎样回答，我很高兴她把这些问题的答案呈现在了这里。这本书中充满了成长的智慧和关于正在成长的幼儿及其父母日常生活的实用建议。这不是一本教你速效救急方法的书，相反，它提供了一幅成长路线图，帮助我们更好地理解这个令人惊叹的时代所有辉煌中的不完美之处。

—— **凯恩·斯哈德**

医学博士，BC女子医院中级育婴室主任，
不列颠哥伦比亚大学临床副教授

对于学龄前儿童或更小的孩子的家长来说，这是一本必读书。麦克纳马拉博士清晰地展示了学龄前儿童的发展阶段，这样家长就能更好地理解孩子的情绪状态。有了这样的理解，养育学龄前儿童就变得容易多了。阅读这本书，你将真正成为"孩子最佳选择"。

—— **克里斯蒂·皮林格**

《养育》杂志主编

最后，这是一本写给年幼孩子的父母的书。它融合了神经科学知识和依恋理论，非常有用！我确信《优秀的孩子这样长大》将成为困惑而疲惫的父母们的指南针。一直以来，关于如何养育孩子，他们收到了太多来自专业人士和主流文化的混乱信息。麦克纳马拉博士向我们展示了我们一直以来的感受：答案就在我们自己的内心，而身为父母的我们就是我们一直在寻找的那个关系专家。我保证《优秀的孩子这样长大》将是你育儿道路上的好帮

手，读到书的结尾，你会以最好的技巧、信心和快乐来引领你的
育儿之旅！

—— 西利·雷诺兹

《母爱与女儿：让你们的关系在整个青少年时期保持牢固》的合著者

　　《优秀的孩子这样长大》让人耳目一新，它提醒人们放慢脚
步，让孩子不受社会期望的影响，按照自己的节奏成长。麦克纳
马拉博士凭她独特的敏锐性与洞察力，引导父母相信自己的直觉，
从而为孩子的成长提供条件，而不是提供改变其行为的工具。读
过黛博拉·麦克纳马拉博士的书后，接纳孩子的不成熟从未像现
在这样令人充实和自由。

—— 洛丽·彼得罗

"用爱教育"的创始人

　　这本精美的书用一种温和的方式扩展了读者的视角，从而为
观察孩子提供了一个不同角度——这是一个既开阔，又有深刻见
解的视角。通过丰富多彩的语言文字和案例，麦克纳马拉博士帮
助读者将那些重要的理论运用到自己的家庭教育中。不可否认，
麦克纳马拉博士的确有写作天赋。作为一名研究人员、教授、顾
问、家长，她总是能从生活和工作中发现她需要的概念。

—— 吉纳维芙·辛佩林厄姆

和平家长研究所的联合创始人

前言

　　与麦克纳马拉博士的会面令人难忘。她精力充沛，聪明机智，能迅速抓住大多数的机会，虽然是以你能想象的最平静的方式。她一定会产生深刻的影响，尽管她经常看上去很安静。我一直认为她从事的工作是一项相当了不起的成就，我相信她的孩子们一定会从中受益良多。

　　我们的关系始于学生和教师。黛博拉很快就掌握了发展理论，并意识到了以依恋为基础的育儿方法可能会产生的影响。当她理解了这些理论的力量，她就坚持认为需要广泛地分享这些见解，我很高兴她选择担任分享者这一角色。

　　黛博拉对依恋和发展理论的精通令人印象深刻，但最初她给我留下深刻的印象是她对研究材料的认真和严谨。她似乎对从理论到实践的转变有一种直觉，在把握全局的同时，她能够将素材带入到最具体的应用中。当那些理论还在我的头脑中时，她已经转向了无数的实际应用。然而，她没有在那些应用的细节中迷失，也没有陷入许多潜在的陷阱。

　　与早期相比，现在我们的角色发生了一些变化。通常情况下，她才是现在的领导者——在科学文献中寻找相关材料，并打破研究现状。当她认为有我应该阅读的材料时，我才会参与进来。黛博拉了解发展科学的现状，也理解她追求科学真理的终极责任。

批判性思维和科学倾向是理解事物的基本工具，尤其面对依恋和不成熟这样的复杂现象时。

我也欣赏黛博拉的理论。我已经为依恋发展方法奠定了一些基础，而她在这一材料基础上表现出了创造性的才华，将这一概念推进一步，在我面前打开了新的大门。

养育学龄前儿童并非易事。你需要知道要怎样保持心中的依恋，为孩子创造一种安全感，同时也要保持关怀，并对他们进行领导，提供一种舒适的感觉。可是你应在什么时候为他们立下规则？什么时候给予安慰呢？因为所有的这一切都同时发生。许多疼爱子女的父母，即使有了完备的见解，也会在某个方向上犯很多的错误。而一些家长又相当纵容孩子，以致失去了他们的领导地位，从而让需要控制的阿尔法型孩子产生焦虑。这些父母做得很好，但是他们没有给孩子提供界限，而这是孩子健康发展所必需的。另外的父母可以起到带头作用，扮演适宜的角色，但是当他们感到沮丧的时候，他们的爱很难传递出去。

黛博拉找到了一条出路，在我看来，这是她写关于幼儿文章的最重要的基础。说到教别人，理论掌握是不够的。还需要将这些知识融入大自然带给孩子的奇妙互动中。这本书有两个主题。第一，正确的关系对于使儿童充分发挥其作为人的潜力的重要性。我们绝不能忘记，孩子与父母或老师的关系是抚养孩子的自然环境。当关系中存在问题时，比如对亲密关系的抗拒或孩子处于优先地位时，事情就会向相反的方向发展。在过去，文化通过仪式和习俗来保护人际关系。遗憾的是，这种情况已不再存在，因此需要特别注意到关系的重要性。事实证明，学龄前是儿童发展人际关系能力的关键时期。在儿童的成长过程中，没有什么比关系更重要的了。因此，我们必须时刻关注依恋关系。第二个主题是不成熟。人们会认为学龄前儿童不成熟的事实是不言而明的。然而，不成熟是当今最被忽视和误解的话题之一。皮亚杰发现，不成熟使得学龄前儿童成为一个完全不同的"生物"，而这种"生物"从来没有完全进入到我们的视线，至少没有足够地影响我们的生活。如果我们真的理解不成熟，我们就不会使学龄前儿童跌倒；如果我们真正理解不成熟，我们就不会认为这是一个需要纠正的缺陷；如果我们真正理解不成熟，我们就不会因为孩子的不成熟而惩罚他。事实证明，不成熟有一个很好的存在理由：它是成长和发展的一部分。

人类的根本问题在于：随着年龄的增长，我们并非都在成长。这种停滞往往始于年轻时。学龄前儿童当然有权利不成熟，但当我们已经不再是学龄前的孩子，却表现出与他们同样的行为时，问题就来了。我们越了解学龄前儿童的不成熟，就越明白他们缺少的东西以及为什么会缺少这些。同时，我们就越能理解什么才是真正的成熟。这样，我们就越不会绊倒学龄前儿童，我们也就越能与自己的不成熟建立起关系。不成熟就是不成熟，不管你的年龄有多大。

这似乎有些讽刺，但我相信，今天的父母在抚养孩子方面承担了太多责任。我们忘记了，成熟的出现早在有了相关书籍之前，早在有了相关教师之前，早在我们对成熟是如何发生的一无所知之前，早在有了学校之前，早在有了治疗之前。如果父母真的从这本书中得到了信息，那么他们就会对孩子的发展过程有所了解，从而可以放下心来，用欣赏的态度去观看孩子的成长。我们不必像多数人那样推着河水前进，如果我们知道自然环境需要什么来完成它的过程，并且也能够提供这些条件，我们就可以稍微放松一下，然后庆祝自然产生的果实。

几年前，当黛博拉告诉我她准备写一本如何读懂儿童的书时，我非常开心。她的两个年幼的女儿为她提供了大量的画面和趣事。但是去哪里找时间做这件事情呢？作为一名演讲者，她的天赋使她在各种会议和专业发展研讨会上很受欢迎。而作为一名妈妈，她的奉献精神使她在这件事上绝不妥协。这本书是黛博拉过人天赋和坚定信念的结晶。她认为，必须将亲子关系是如何影响孩子发展的见解传递给那些负责养育我们下一代的人。为了挤出写这本书的时间，她已经辞去了在一所大学授课的工作，而且她也缩短了自己的执业时间。没有这种不可阻挡的动力，没有她愿意牺牲的精神，这本书将不可能面世。黛博拉非常适合讲故事，她将带你从亲子关系理论进入亲子关系实践，不会有比这更好的带领了。

戈登·纽菲尔德

目　　录

引言：为什么理解很重要 ⋯⋯⋯⋯⋯⋯⋯⋯⋯⋯⋯⋯⋯ *1*

成为孩子的最佳选择　　　　　　　　4

纽菲尔德方法　　　　　　　　　　　6

休息、玩耍、成长意味着什么　　　　8

1 成人如何抚养孩子 ⋯⋯⋯⋯⋯⋯⋯⋯⋯⋯⋯⋯⋯ *11*

发展的奇迹　　　　　　　　　　　13

3 个成熟过程　　　　　　　　　　18

保存童年精神　　　　　　　　　　24

2 学龄前儿童的特点：一半天使，一半魔鬼 ⋯⋯ *31*

学龄前儿童的大脑　　　　　　　　33

"兰花般的"儿童与大脑整合　　　　38

行动中的幼儿：一次一个想法或感受　40

应对不成熟的策略　　　　　　　　47

开始产生复杂的思想和感情　　　　50

3 **保存游戏：在数字世界中捍卫童年** ················ **57**

对最需要游戏的人来说，游戏已经濒危　　59

游戏是什么　　61

游戏的目的是什么　　65

培养玩耍所必需的自由　　70

促进玩耍的策略　　74

学龄前对做事和学习有哪些影响　　77

4 **渴望连接：为什么关系很重要** ················ **83**

渴望连接，渴望休息　　85

好的依恋是什么样的　　89

如何通过收集仪式培养一种强烈的依恋　　102

作为依恋竞争者的同龄人　　106

5 **谁来主导？依恋之舞** ················ **111**

依恋之舞的层次　　113

阿尔法儿童和失败的依赖　　117

为什么我们会有阿尔法儿童　　120

驯服一个阿尔法儿童　　126

6 **保卫脆弱的情感：让孩子的内心保持柔软** ····· **135**

儿童的情感生活　　136

什么是情绪　　138

情绪健康和成熟的 5 个步骤　　140

7 眼泪和发脾气：理解挫折和攻击性 ················ 161

学步儿童的力量和学龄前儿童的飓风   163

我们如何帮助孩子克服挫败感   165

悲伤眼泪的重要性   167

常见的童年时期的徒劳行为   170

4 种最难面对的徒劳   175

帮助一个年幼的孩子适应生活中的徒劳   177

敏感儿童的挫败感和眼泪   187

8 因分离而惊慌：睡眠时间、分离和焦虑 ········ 191

幼儿不是为分离而生的   193

什么是分离警报   194

幼儿焦虑   199

如何使用依恋处理分离恐慌   202

9 "你不是我的老板"：理解孩子的抵抗与反对 ··· 213

儿童讨厌被强迫   215

强制和控制的形式   218

对抗的两面   220

区分反抗的两面性   226

处理反抗的策略——抵抗和反对   228

10 对不成熟的孩子的纪律——为孩子的成长争取
    时间 ·········· **237**
    成熟是对不成熟行为的回应 239
    表现良好的孩子的 6 个特点 241
    对当前纪律实践的批判 244
    依恋安全，有利于发展的纪律 252
    纽菲尔德的 12 个依恋安全和有利于发展的纪律策略 253

11 孩子们是怎样帮助大人成长的 ·········· **267**
    为人父母所带来的情感 269
    我们该如何对待内疚感 272
    成为我们孩子需要的答案 273

关于戈登·纽菲尔德博士 ·········· **277**
致谢 ·········· **279**
全文注释 ·········· **283**

引言

为什么理解很重要

要理解一个孩子，

我们要观察他玩耍，研究他的各种情绪；

我们不能把自己的偏见、希望和恐惧投射到他身上，

也不能塑造他，强迫他适应我们的欲望所设定的模板。

如果我们总是根据自己的喜好来判断孩子，

我们必然会在我们与他的关系，

以及他与世界的关系中制造屏障和障碍。

—— 吉杜·克里希那穆提[1]

几年前，我受邀去给一群新手父母做演讲，题目是《依恋和幼儿》。那天，社区中心的房子里挤满了来参加活动的妈妈。她们有的在给孩子喂奶，有的在哄孩子入睡，有的在给孩子换尿片。现场一片凌乱，手推车、婴儿车、婴儿袋一个叠一个地摞在一起，所有的毯子都摊开着。梅雷迪斯是那次活动的协调员，她邀请大家坐在围成圈的椅子上。接着，她以热烈的欢迎仪式作为开场，并询问大家最近过得怎么样。一些父母说他们想要带孩子走出门转转，一些父母说他们已经可以在照顾孩子的间隙洗个澡了，还有一些妈妈说母乳喂养正慢慢好起来。一个疲惫不堪的妈妈说："每次当我想把孩子放到床上时，她就会哭。我不得不一直给她吃奶，直到她睡着。但是，当我再次尝试把她放下时，她马上又醒了。这真的让我筋疲力尽。" 梅雷迪斯点点头，叹了口气表示同意："这真的是件头疼的事。你需要休息一会儿，而孩子们却似乎时刻需要你的照顾。"听了她的话，很多父母点头表示赞同。"我想这对于孩子也是件很难的事情，"梅雷迪斯接着说，"想象一下，当她在你的子宫里，她可以一天 24 小时地感受到你的温暖，听到你的心跳。现在她离开了你的身体，再也不能像从前那样紧紧地抱着你。对于她来说，这需要一个适应的过程。"房间里安静了下来，而我的思绪也飞回了我第一次做妈妈的那段日子，一名新手妈妈的恐惧、兴奋和疲惫感顿时涌上心头。

梅雷迪斯随后正式欢迎我来到父母小组，并向他们介绍我是她请来做依恋关系演讲的嘉宾。她向妈妈们强调了依恋关系的重要性，并说这种最初的依恋关系已经在她们和她们的孩子之间进行着。她事先说明，由于父母们的注意力有限，我只有 15 分钟和大家分享我的信息。随后，我开始了演讲，内容是好的依恋关系是什么样的，它将如何影响孩子未来的发展。我看着在场的妈妈们疲惫、心烦意乱的面孔——是的，她们是体贴、周到的妈妈，当她们关注孩子时，她们甚至第一时间就知道孩子要什么……

15 分钟后，我的演讲结束了，于是我问他们是否有问题。一个怀里抱着孩子的妈妈看着我说："我要怎样管教我的孩子？"我很吃惊：她的孩子做了什么需要管教呢？我的脸上一定写满了"惊讶"，因为她接着补充道："我的意思是说，当他再长大一些时，我要如何管教他？"事实上，她的问题和我作为新手妈妈时想到的问题，以及我通常从父母那里听来的问题没什么不同。这些问题经常以同样的方式开头："当我的孩子……时，我应该怎么做？""当我的孩子不听话时，我应该怎么做？""当我的孩子不睡觉时，我应该怎么做？""当我的孩子打他 / 她的兄弟姐妹时，我应该怎么做？"可是，当我环顾着充满新生命的房间时，她的问题令我不安——我希望她问我更重要的问题！我希望她能问我成长的秘密，以及如何才能释放人类的潜能。我希望和她分享孩子成长中的奇迹，以及母亲在其中扮演的角色。而要回答母亲关于管教的问题，首先要考虑幼儿是如何茁壮成长的。我想暂时不关注现在可以做什么，或者这位母亲能做些什么来为孩子的健康发展创造条件。我想把注意力集中在成熟上，因为它是不成熟的最终答案，同时我也将关注养育孩子是如何需要耐心、时间，以及良好的照料的。

我想要传递的信息并不是新手父母经常听到的那种。我要告诉他们的是："养育孩子的秘密并不在于你需要无所不知，而在于你需要知道如何成为一个孩子想要的父母。"我想分享的是："养育孩子并不是你可以从书中学会的，虽然在你在尝试理解孩子时阅读书籍可以帮助你。"我想要表达的是："养育孩子并不能从你自己的父母那里学会，虽然优秀的父母可以作为很好的榜样。"我想强调的是："养育孩子不应该分性别、年龄或者种族。"
我想向他们保证："你们的责任感、负罪感、恐慌和关心是孩子
所需要的那种父母的本能和情感基础。"我想要传递的是："孩
子们需要的只是一个可以供他们休息的地方，在那里他们可以玩
耍和成长。不需要父母尽善尽美，也不需要他们时刻知道自己该
做什么。这个地方需要的是一种渴望，即成为孩子的最佳选择，
并创造条件促进孩子成长的渴望。"

成为孩子的最佳选择

　　幼儿身边经常环绕着很多爱他的人,但幼儿也最容易被误解。
他们独特的个性对成年人来说可能具有挑战性，因为他们经常没
有逻辑和挑战成年人的理解力。他们可以在一分钟内表现出厚脸
皮、不顺从和挑衅的态度，但只需一个转身，他们又可以用充
满感染力的笑声和喜悦点亮一个房间。鉴于孩子的这种不可预
知性，我们很容易理解为什么父母会渴望通过科技手段和工具来
处理孩子的不成熟行为。但问题是，科技和工具不能帮助父母理
解他们的孩子。成为孩子的最佳选择，你需要从内到外地理解孩
子，需要的是洞察力，而不是技巧。更重要的是，当我们看着孩
子时，我们看到了什么，而不是我们做了什么。这就要求父母在
头脑中能有一个全景图，而不是迷失在日常生活的细节中。简单
来说，视角决定一切！如果我们看到一个孩子很悲伤，我们可能
会走上前安慰他；但如果我们看到的是一个喜欢支使别人的孩子，
我们可能会退后。如果我们认为一个孩子喜欢挑衅别人，我们可
能会惩罚他，但是如果我们理解到孩子都有反抗的本能，我们就

能找到一个摆脱僵局的方法。如果我们认为一个孩子太情绪化，那么我们可能试着让他平静下来；但是如果我们理解强烈的情绪需要被表达，那么我们就会帮助他们学习怎样来表达自己内在的想法。如果我们认为一个孩子头脑混乱，不能集中注意力，我们可能会带他去治疗；但是如果我们意识到一个孩子只是不成熟，那么我们会给他更多时间来成长。

当我们理解了孩子，理解了他们行为背后的原因时，他们的攻击将没那么有针对性，他们的反对意见也没那么带有挑衅意味，而我们关注的重点也可以转移到创造更好的条件促进孩子的发展上。当我们不了解孩子行为背后的原因，当我们被自己的情绪所困，我们很难处理好孩子的行为。查理已经是两个孩子的父亲，他说："我以前是我的朋友圈中最懒散的人，你可以问我的任何一个朋友，他们肯定会说我是他们中最温和的人。但是当我有了孩子以后，我在情绪管理上出现了问题。"相似的，作为两个小男孩的妈妈，萨曼莎写道："当我意识到我的孩子们并不是故意折磨我脆弱的神经时，我又开始享受和他们在一起的时光了。"究其原因，我们对幼儿的反应是基于我们如何看待他的，而这也最终决定了我们的行为。更重要的是，我们所做的一切让孩子懂得了他会从我们这里获得怎样的照顾。

幼儿最能代表不成熟的状态，是我们成长的原始起点。虽然我们可能看到可怕的不成熟状态，但我们也可能对生命的自我更新充满敬畏和惊叹。解开人类自古以来成长模式的秘密，不在于我们对幼儿做了什么，而在于对他们来说我们是怎样的父母。孩子心中有一种对成熟的未来的期待，而我们将作为助手，帮助他们去实现这个梦想，这就是为什么理解孩子如此重要。

纽菲尔德方法

　　《优秀的孩子这样长大》是基于戈登·纽菲尔德创立的综合的，以依恋关系为基础，以理解孩子为导向的理论研究专著。戈登·纽菲尔德是一位在国际上享有盛誉的，受人尊敬的发展心理学家，他的研究方向是建立一种清晰、连贯、全面的人类发展理论模型。他的理论模型来自多个学科，包括神经科学、发展心理学、依恋科学、深度心理学和文化传统。在40多年研究和实践的基础上，纽菲尔德的发展理论体系已逐渐完善。它为理解人类从出生到成年的成熟过程提供了一种路径，同时，它也帮助人们理解心理成熟过程中可能出现的各种问题，帮助人们了解对儿童的干预既不能刻意为之，也不能脱离自然或人际关系。戈登·纽菲尔德方法的核心是了解实现人类潜力所需要的条件！这种方法的目的是成人作为一个带领者需要透彻地理解一个孩子，成为孩子的最佳选择，因此，理解孩子方面，你需要成为一个专家。

　　我和戈登·纽菲尔德相识于十多年前，作为他的一名追随者，我有许多头衔：研究员、教授、咨询师，当然最重要的是我还是一位妈妈。经过十多年发展理论学习、教授学生和辅导客户的过程，我在一次关于青少年成长问题的演讲中读到了他的作品。刚开始，他使我深刻地理解了自己的青春期，也让我更懂得那些教过和辅导过的学生的行为。他的作品使我对人类发展，特别是对人的脆弱性、依恋和成熟的理解发生了转变。我意识到我的关注范围太狭隘了，因为我仅仅考虑到了行为，但并没有注意到行为对成长的意义。我为那些被诊断出患有心理疾病的人服务，却没有完全理解人类心理的脆弱性；我为一些问题提供治疗和建议，却没有从根本上了解问题。在不知不觉中，我迷失在脱离洞察力的研究成果和实践中，无法将现实融合在我的研究中。听了戈登·纽菲尔德的话，我幡然醒悟，把洞察力再次摆在了首位。

不久之后，在纽菲尔德研究中心，我对人类的成熟、依恋及脆弱性进行了认真的研究。两年后的一个美丽春夜，在戈登·纽菲尔德家的露台上，我坐在他的对面，参加他的博士后实习生面试。在面试之前，我曾问他，我是否需要做些什么准备，他告诉我："需要的东西已经在你内心了，你只需要把它展示出来就好！"那天晚上，他的问题似乎很简单——想知道为什么我希望和他一起学习。我告诉他，他所构建的理论让我关注到了人类的处境。同时，作为一名咨询师，我能更有效地找到问题的根源，并与学生建立关系，这也改变了我的养育方式。我告诉他，我坚信他所从事的工作永不会消失，另外，我喜欢帮助父母和专业人士来理解孩子。他显然很喜欢我的回答。因为十多年后，我依然在这里，并写下来这么多年来我所学习到的一切。

贯穿整个《优秀的孩子这样长大》中的理论内容和图片都是在戈登·纽菲尔德的许可下使用的，并且以他创作的课程材料为基础。这一材料涵盖了纽菲尔德研究所提供的超过14门课程，共计100多个小时的授课时间。作为一名理论家和教师，戈登·纽菲尔德从事着开创性的工作，我感谢他慷慨地允许我借用和继承他的这些成果。有关纽菲尔德研究所及其课程的更多信息，请参阅本书的相关章节。

虽然《优秀的孩子这样长大》是以戈登·纽菲尔德的理论为基础，但它同样也是基于我个人作为一名妈妈和专业人士的经历。我希望这是一本在孩子小时候父母就能拥有的书，也是在女性成为妈妈时能送给她们的那本书。这本书中提到的故事是改编自父母、教师、儿童保育员、纽菲尔德家长教育工作者、纽菲尔德教师以及医疗保健专业人员与我分享的关于幼儿的故事，以及我自己作为妈妈的亲身经验。作为一名研究人员和作家，我的研究始终是追寻事情的本质。在书中，我试图通过丰富的例子将某种现象带入现实生活，以增加人们对客观事实的理解。在这里，我通过不同的视角分享了幼儿的故事，使其与成年人相关，培养成年人的洞察力，并帮助他们理解那个正在面前的孩子。故事中的所有真实信息都已做了修改（除了第 3 部分中盖尔的故事。盖尔是纽菲尔德学院的一位优秀教师，他喜欢教授游戏，也喜欢教导幼儿）。如果书中出现任何雷同，纯属巧合。

休息、玩耍、成长意味着什么

"休息、玩耍、成长"这句话表明一幅发展路线图，它为理解如何充分发挥孩子的潜能铺平了道路。这种潜能与学术成就、社会地位、良好行为、个人才能或天赋无关。这个发展路线图带领孩子走向成熟，成为一个负责任的公民，而且能从多个角度来思考他周围的世界。这种发展路线图是将孩子培养成能指导自己的生活，为自己的生活做出选择，并对这种选择负责的独立的人。在这个发展路线图中，孩子的潜能将作为一种适应能力，能克服逆境，让他们坚持面对困难，并在困难面前具有弹性。这是一个孩子作为社会成员的成长路线图，孩子以负责任的方式与他人分享思想和感情，发展出对冲动的控制、耐心和思考的能力，并思考他们对他人的影响。这也是一个指导路线图，指导父母、教师、儿童保育员、祖父母、叔叔和阿姨——任何具有重要作用的成年人——以便儿童可以作为一个整体来发展。它规定了一个成年人必须如何做才能让孩子们休息好，玩好，然后成长好。《优秀的孩子这样长大》为养育儿童的父母提供了深度和广度，同时指出成人将如何为儿童的健康发展创造条件。虽然每一部分的重点都不同，但它们都是针对孩子展开讨论，并最终揭示了成长是如何帮助孩子慢慢成熟的。《优秀的孩子这样长大》讨论了为什么游戏对孩子的发展至关重要，依恋如何为培养和抚养孩子提供环境，情感是如何成为推动成长的动力，以及如何处理诸如眼泪、愤怒、焦虑、分离、抗拒、反抗，当然还有纪律等问题。最后一部分讨论了父母如何在抚养孩子的过程中成长。我希望这能帮助大家成为成熟的父母，减轻人们对成为父母的担忧。

这本书不是关于技巧或方法的，虽然它提供了很多策略，以帮助父母根据自己的情况找到合适的育儿方式。它重申了育儿的直觉和常识，并且让您感到安慰，因为您不是唯一对您的孩子感到困惑的人。它清晰地描述了困惑，提供了挫折的视角，并且要求父母对自然的发展计划有耐心，以培养年幼的孩子。这是一本关于照顾幼儿的书，因为他们是自我中心的，冲动的，不体贴的，令人愉快的，好奇的，快乐的。这是关于意识到他们的不成熟不是一个错误，而是我们所有人都经历过的卑微开端。《优秀的孩子这样长大》使成人用洞察力来理解孩子，对自己看到的东西充满信心，并有信心照顾他们。这本书既是成为最好的父母的路线图，也是理解孩子的最好的路线图。

（1）

成人如何抚养孩子

理解是爱的另一个名字，
如果你不理解（它），你就不可能去爱（它）。

—— 斯奇纳特汉 [1]

观察幼儿最好的场所是游乐场。在那里，孩子们充满活力地跑着，挥舞着胳膊，扭动着身体滑下滑梯，一些新秀"科学家"正用自己的装备探索着水坑，观察着虫子。他们的衣着反映了他们的内在能量——充满活力的颜色和图案在他们的身体上焕发出生命力！这些孩子说着不同的语言，有时候他们说的句子甚至不那么完整，或者会改变词语的发音，如"偶（我）们荡秋千吧！"或者"我想吃东细（西）。"当看到那些正学步的孩子甩动他们胖胖的小短腿，一边感受着重力的作用，一边试图保持身体平衡，迈出安全的步伐，你会忍俊不禁。阳光明媚的日子里，游乐场喧闹不已，活力回荡在邻近的街区。那里有丰富的零食，也有贪婪的乌鸦栖息在屋顶，等着机会去享用美食。成年人彼此分享着自己养育挑食的孩子、睡觉困难的孩子的经验，分享着如何保持家庭和工作的平衡，以及如何应付孩子的坏脾气。他们多么渴望了解自己年幼的孩子，与他们更亲密。

突然，周围的空气被一个尖厉的声音划破："不——我不要走——"一个孩子正愤怒地对他的父母表示抗议。看到这种情形，其他的父母一边表示同情，一边暗暗庆幸崩溃的不是自家孩子。一个孩子不听父母的指挥就跑掉了，而另一个孩子则反抗着："让我自己来！"那边两个男孩抢一个水桶："这是我的，我的！"正在这时，传来一声绝望的尖叫："我要拉臭！"一位疲惫的家长跑去安慰跌倒的小孩儿，他正沮丧地哭泣。

在这个由五颜六色的儿童玩具构成的封闭世界里，你可以看到育儿过程中所有的辉煌、惊喜和挑战。在孩子小小的身体里存在着成长的潜力和对美好未来的期待，他们现阶段的不成熟和未来的成熟之间存在巨大的鸿沟——他们现在是不体贴、冲动、好奇且自私自利的小人儿。孩子不像我们那样思考，不像我们那样说话，也不像我们那样行事，但我们不得不关心他们。

发展的奇迹

　　还是孩子的时候，当我看到豆子在装满水的纸巾罐里生长，就会产生一种奇妙的敬畏感，那神秘的豆茎会向着阳光伸展，直到从种子里完全挣扎出来。种子是如何带着自身发展的雄伟蓝图，突然爆发出一种新生命形式的呢？

　　我的祖父经常带我去参观他的菜地，以满足我对自然的好奇与迷恋。作为一名园艺师，他会对我没有耐心等待蔬菜生长的行为感到好笑。祖父教我如何培育土壤，弄清楚植物生长所需的具体条件，以及如何悉心照料它们。当他分享菜园的丰富所得时，我常对他照料菜园时的辛勤感到难以言说的感动。我知道如果他看到我的孩子像埋宝藏一样小心翼翼地将土豆埋进土里，他会非常高兴。

　　现在，我的好奇心转向了孩子是如何成长的。童年时，孩子身上发生的转变简直不可思议。他们来到世界上时，没有足够的视觉、语言或行动能力，随着时间的推移，他们逐渐学会走路、说话，并学习与周围的环境打交道。就像小科学家一样，他们探索周围的环境，经历并体验每个平凡的新发现。孩子们有着无与伦比的学习精神和求知欲，他们想要了解这个世界，却对他们所不知道的东西缺乏关注。他们的发展潜力使他们在我们的眼皮底下迅速成长，而我们却只通过从墙壁上贴的身高测量表去看他们到底长大没有。

　　关于小孩子，我最珍视的是他们的不成熟是如何影响他们所看到的世界的。对他们来说，他们获得的信息是不完整的，所以他们常常无法把握全局。我看到一个学龄前儿童指着警官的手铐问："那是你的咖啡座吗？"另一个孩子则想知道为什么警察要用警棍砸车窗来开门，而不是"像我们一样只用门把手"。小孩子们处于融合信息，以认识整个世界的过程中，他们的问题揭示了他们的新发现。一个4岁的男孩对他的妈妈说："火腿来自猪，因为它们都是粉红色的。"他相信："当猪老了，它们就会一直走，一直走，直到有火腿掉下来。"小孩子看到的是一个不受成年人逻辑思维约束的世界。

随着科学的进步，我们试图更加了解幼儿，从开发大脑到情绪发展再到培养他们的自我控制能力。这些发现是了不起的，但我却被科学无法解释的东西迷住了：我们要如何衡量孩子的快乐、沮丧，以及他们对世界的好奇？我常常看到我的孩子在打开百叶窗后，对阳光下闪闪发光的细小灰尘着迷。即使这会令我想到需要进行室内清洁，但看着这些灰尘，我依然想知道什么使它们变得如此可爱。当我们在异国他乡为孩子做导游时，他们也会把世界以一种全新的方式展示给我们。他们对一切都感到新鲜，能发现我们早已习惯或已经错过的东西：从普通瓢虫的魅力到冰淇淋的美味，普通的东西都变得更甜了。小孩子活在当下，如果我们跟着他们，他们也会带我们到那里去。

小孩子是好奇且非凡的生物，因此如何让他们成长——这个问题既令人畏惧，又令人着迷。几千年来，我们根据文化传统和我们所处的环境来养育他们。家庭和社区使他们扎根，提供他们一些重要问题的答案：我是谁？我从哪里来？我要到哪里去？当我们承担起养育孩子的责任时，我们首先考虑的是孩子是如何成长的，什么样的环境可以支持孩子的健康成长。

在孩子身体发育方面，家长可以毫不费力地找到很多方法和建议。我们小心翼翼地照顾他们的健康和饮食，他们悄无声息地长大了！我们通过测量他们的身高、体重、体温、运动能力来确定我们的养育是否在正确的轨道上。当他们生病时，我们照顾他们，并且相信他们的抵抗力会帮助他们好起来。几个世纪以来，我们对孩子身体的潜能会引导他们身体成长的观念深信不疑，并且知道我们的角色只是提供让他们快乐成长的环境。

相同的，孩子的心理也会朝着完整人格的方向发展，因为与生俱来的内在潜能在引导着他们。然而，像身体发展一样，除非提供了正确的环境，否则孩子的心理健康无法得到保证。关于培养儿童的情感和社会性适应发展方面已经有很多方法，可是这些方法常常是绝对性的和令人困惑的，不同的专家有不同的建议。那些脱离发展科学的只言片语使父母们的洞察力和直觉减弱，同时越来越多地倾向于依赖他人指导抚养孩子。

由于提供相互竞争和相互矛盾的观点——培养心理健康儿童的文献使这一现状变得更复杂，目前流行的行为／学习范式与发展／关系模式形成鲜明对比。今天，大部分父母的技巧和做法都是基于对行为主义的认识，并得到受过这种方法培训的专业人员的支持。行为主义的核心是一种基本的信念，即没有必要通过理解情绪或意图来了解或改变某人的行为。[2] 作为心理学家和行为方法的主要支持者，B．F．斯金纳认为情绪是个人的和不可接近的，所以他把重点放在了如何控制和衡量行为上。情绪被视为讨厌的变量，被视为行为的副产品，但从未被视为行为的根本原因。[3]

在行为／学习方法中，认为孩子的行为被塑造和成熟是后天的。也就是说孩子学会成熟，是因为父母控制整个成长过程，教会了他们而不是通过提供成熟的条件来让他们自己完成成长。行为主义之父约翰·B·华生说："给我一打健全的婴儿，我可以按自己的意愿培养他们。我可以保证随机选出任何一个，不管他的才能、倾向、本领和他父母的职业及种族如何，我都可以把他训练成为我所选定的任何类型的特殊人物，如医生、律师、艺术家、大商人，甚至乞丐、小偷。"[4] 这句话所造成的后果是，越来越多的育儿方式倾向于干预孩子的行为，比如采用奖励、后果法等来纠正孩子的不成熟，对他们的行为进行消极或积极的强化。处理孩子不成熟行为成了育儿过程的主要焦点，而育儿技巧更多在于改变孩子的行为。在这种方法中，情绪在很大程度上被忽略了，人们相信一旦行为和思维固定下来，情绪就会回归正常。

　　幸运的是，由于越来越多的神经科学证据表明人类依恋和情感在健康发展中起着关键作用，行为主义的世界观正在受到审视，并面临着越来越大的挑战。[5] 现在，著名的神经学家已经接受了这样一种观点：人类的大脑天生就有一个由冲动、本能和情感组成的动机系统，这些冲动、本能和情感是与生俱来的，而不是后天习得的。[6] 抚养孩子的目的是把情感、本能和冲动置于一种产生文明行为的体系之下。曾经在行为研究中被忽视的内在力量现在已经显现出来，并被视为塑造大脑和人类潜能的关键因素。在发展/关系方法中，父母就像园丁一样，试图了解孩子在什么条件下成长得最好。他们的重点是培养牢固的成人——儿童关系，为充分发挥人类潜能奠定基础。父母利用他们的关系来保护和维持孩子的情感功能和健康。发展主义者并不寻求在孩子身上刻下成熟的痕迹，而是努力提供让孩子有机成长的条件。发展主义者认为在孩子身上有一个推动他们成长的自然的发展计划，而父母的关键作用在于创造条件来释放孩子身上的这种潜能。就像身体的成长一样，孩子出生时就有内在的成长过程，如果得到支持，将会促使他们在心理和情感上更加成熟。成熟是自发的，但不是必然的。孩子就像种子：他们需要适当的温度、营养和保护才能成长。

幼儿最需要的是至少有一个成年人能满足他们对接触和亲密的渴望。"从头开始"（Head Start）项目的创始人尤里·布隆芬本纳说："每个孩子都至少需要一个为他或她疯狂的成年人。[7]"人格的孕育是一个关系的孕育。从心理学到神经科学，超过 60 年的依恋研究都集中在亲子关系对健康成长和发展的重要性上。[8]

正如约翰·鲍尔比在日内瓦世界卫生组织（World Health Organization）会议上所说："人们认为，婴幼儿应该与妈妈（或永久的妈妈替代者）经历一种温暖、亲密和持续的关系，这对儿童心理健康至关重要。在这种关系中，双方都能找到满足感和享受。[9]" 当孩子们的人际关系需要得到满足时，他们就会从最大的"饥饿"中得到解放，并得到休息，安心玩耍。正是在这个过程中，他们成长为厨师、工程师、木匠、老师或宇航员。正是在我们为他们营造的关系土壤上，他们发现自己的真实样子，摆脱任何可能永远约束他们的枷锁。也正是在我们的关系花园里，他们能自由地表达内心的想法，而不必担心会对我们的关系产生影响。在那里，他们慢慢地成为自己，没有压力，不需要刻意表现。培育一个成长的花园，只能通过慷慨地为孩子提供那些满足他们的关系。如果孩子不在其中扎根，他们就无法成长。只要我们照顾孩子的情感需求，确保他们的心是柔软的，自然界就会照顾其他方面。我们需要做的不是让我们的孩子长大，而是培育令他们茁壮成长的关系花园。人类的发展是一件奇妙而非凡的事情，通过我们年幼的孩子，我们得以一瞥人类是如何成长为独立的个体，以及在成长过程中所发生的变化。令人兴奋的是，大自然在帮助孩子成长起来时有自己的蓝图，这不仅包括身体上的成长，同样包括心理上的成熟。当我们为孩子的成长创造条件时，我们将扮演助产士的角色，引导蕴藏在孩子心中的潜能。目前，我们所面临的挑战是，如何把注意力集中在支持孩子生长的前因上，就像我祖父在照料土壤时，了解每一种植物生长所需要的东西那样。造物主并没有让我们肆意冲动，不顾他人，以自我为中心——在它里面，有一种内在的发展次序可以解决这种疯狂，对人类成长的规划也将被打开。但谈到孩子的心理发展时，我们就会变得不耐烦。同时，我们已经成为雕刻家，而不是孩子们所需要的园艺师。这并不是因为我们不关心自己的孩子，而是因为我们不了解成熟是如何发展的。

3 个成熟过程

培养一个可以充分发挥人类潜能的孩子意味着什么？我们如何知道自己的做法是正确的？父母对孩子性格发展的要求是相当一致的，当被问及什么对他们来说是最重要的时，93% 的父母希望他们的孩子变得独立，对自己的生活负责。其次是希望孩子具有创造力，拥有努力工作、帮助他人、富有同情心、宽容和坚持不懈的价值观。[10] 家长们知道最终的目标，但考虑到孩子最初的一无所知，他们不确定如何才能帮助孩子达到成熟。究竟是什么样的内在成长驱使孩子成为一个对社会和情感负责的个体？戈登·纽菲尔德在数十年发展研究、理论和实践的基础上，提炼出了发展研究、理论和实践的精髓，并将这些理论碎片拼凑在一起，形成了一个系统的人类成熟理论。成长是由 3 个不同的内在过程驱动的，它们在发展过程中是自发的，但这不是必然的：(1) 突发过程促使人产生了作为一个人独立的能力，并培养了一种强烈的能动性；(2) 适应过程使人能够适应生活环境，并克服逆境；(3) 融合的过程帮助孩子成长为一个社会存在，而且有能力在不损害人格独立和身份的前提下参与人际关系。

突发、适应和融合过程的存在与否，是我们可以用来评估儿童成长轨迹和总体成熟度的衡量指标或"生命体征"。我们人类有潜力成为独立的、有适应能力的、有社交能力的人，但这只有当成年人在提供成长条件方面发挥支持作用时才能实现。[11]

图 1–1 纽菲尔德人类潜能展现综合理论（改编自纽菲尔德加强 I 课程《理解儿童》）

健康发展的首要目标是具备作为一个独立个体的生存能力，包括从依赖到独立到自主的渐进过程。突发过程带领一个孩子进入自我思索和探索世界的阶段。玩耍是孩子第一次开始表达自我的自然领域，是人格的诞生地，但它只发生在孩子与关心他们的成年人的轻松关系中。突发过程会带来很多效果，包括一种能力，当你与所依恋的人分离时，它就会发挥作用，并形成兴趣和目标。新生的孩子能散发出一种奇妙的活力，他们很少感到无聊。他们的生活充满活力，充满惊奇，而他们也充满好奇心，这种好奇心会带来实验、想象和白日梦。正是通过这个突发过程，虚构的朋友诞生了。

图1-2 成长初期（改编自纽菲尔德加强 I 课程《理解儿童》）

"突发型儿童"[12]还以其敢于冒险的精神闻名，这种精神促使他们在努力理解世界的过程中成为热情的学习者。他们积极创造自己的人生故事，并为之承担责任，并且希望成为别人故事中的角色。他们如此强烈地渴望成为一个独特的存在，因此，抄袭、复制或模仿被视为对自我完整性的侮辱，被他们严厉拒绝。一个新生儿的赞歌是"我来做"！在本书的第 9 部分讨论了自然的抵抗和对立，为自我创造空间。

　　人类潜能的第 2 个成熟过程是适应过程。它使我们变得更坚韧，更足智多谋，并且是我们能从逆境中得以恢复的根源。如果没有合适的条件，你不能让孩子学会如何适应，并且这个过程也是不可能实现的。这种适应过程锻炼孩子们，使他们具备应对未来的能力，并在障碍中茁壮成长。适应过程也使孩子们从错误中学习，从改正中获益，并敢于尝试和犯错。当面对世界上我们无法改变的事物时，适应过程是我们自我改变的基础。

图 1-3 适应过程（改编自纽菲尔德加强 I 课程《理解儿童》）

适应过程中也有如何应对幼儿发脾气和具有攻击性的答案（更多内容见第 7 部分）。当他们的计划受阻时，他们通常会感到沮丧，释放出沮丧情绪，并试图协商出更好的结果。孩子天生就没有被输入一套为日常生活服务的限制程序，有时他们会惊奇地看着我们，好像在说："为什么我不能再吃一块饼干呢？""这是什么地方？"

由于以自我为中心的天性，年幼的孩子被驱使着成为第一、得到他们想要的东西。适应过程帮助他们放弃自己的计划，并使他们意识到当事情不如意时他们也能生存下来。创造一个"有资格"或"被宠坏"的孩子的最快方法之一，就是绕过适应过程，阻止孩子体验因无法改变的事情而产生的沮丧情绪。威利·旺卡的《巧克力工厂》（*The Chocolate Factory*）中的维鲁卡·索尔特就是这样一个孩子。她不停地命令她的父母："我想要，我现在就想要，爸爸！妈妈！"父母生活在对她突然发火的担忧中，忙于不断满足她的要求。事实上，父母的工作是帮助孩子做好准备，让他们在现实世界中生活，其中也包含着学着适应不安和失望。第 7 部分进一步讨论了父母在支持孩子成为适应性存在的成长过程中的关键作用。

孩子成长的第 3 个过程是融合过程，通过这一过程儿童将转变为成熟而负责任的社会人。融合过程需要以大脑的发育和情感的成熟为基础。不管是皮亚杰的研究成果，还是谢尔登·怀特提出的"5 到 7 岁转变"都表明幼儿的认知发展在这一过程发生了重大变化。在这个阶段，孩子可以理解周围的环境，并能同时从多个角度考虑问题。[13] 这种转变标志着学龄前儿童心态的自然终结，他们迎来了理性和责任的时代。[14] 当这种转变发生时，年幼的孩子在表达思想和感情方面会变得越来越温和。面对强烈的情绪，他们也会开始表现出控制力。他们可能会说："我现在有些恨你!"和"我想揍你!"但是事实上他们不会这样做。此外，他们也会表现出耐心，尽管在不得不等待的时候，他们还是会觉得沮丧;他们将能够发自内心地和别人分享，而不是因为他们被告知这样做;他们将能够坚持朝着一个目标前进，而不会在挫折中崩溃——文明、理智的行为将会慢慢出现，并自然地减少与不成熟的"学龄前儿童的个性"的联系。对此，作者将在第 2 部分中讨论。

图 1-4 融合过程（改编自纽菲尔德加强 I 课程《理解儿童》）

融合过程中最重要的发展目标之一是学会如何在众人中形成独立的自我。当你能够坚持自己的观点，同时考虑他人的想法时，你的视野就会更加开阔和深刻。小孩子每次只能从一个角度考虑问题，因此，他们通常会说"这是我的"。一个成熟的人应该能够在不同意别人观点的同时保持和他的连接感："我能理解你的观点——你想听我的吗？"融合也应该产生一个独立的自我，这个独立的自我敢于为自己发声，不会屈服于同伴的压力、拒绝，或外界要求的绝对一致。就像凯蒂，一个 7 岁的女孩，在玩的时候对她的朋友说："我不想成为你的宠物小兔子，因为我不喜欢兔子，我想成为仓鼠妈妈。"作为社会人，我们的最终使命是充分参与我们周围的环境，并拥有超越个体的"我"，考虑整体需求的道德能力。如果我们想让我们的孩子成为全球公民，成为地球的管理者，他们就需要成为成熟的社会人，而作为社会人的潜能是通过健康的亲子关系释放出来的。

有一个根本的方法可以解决儿童的不成熟问题——这是一个自然的发展过程，父母在其中起着至关重要的作用。当孩子成长的条件得到保证时，其内在的突发、适应和融合过程将推动孩子走向人格塑造的轨道。但是，不成熟也是人类的一种真实状态，当孩子遇到这种情况时，"成年人必须是孩子的最佳选择"的重要意义就体现出来了——帮助孩子从失败中学习，逐渐走向成熟。自我不能被教导或强迫，它必须得到熏陶、培育和保护。

保存童年精神

一天晚上，我在给家长们做报告时，无意中听到一位妈妈在读《每个孩子都需要被看见》[15]一书的书名——这本书由戈登·纽菲尔德和加伯·梅特合著。"抓住你的孩子？不是开玩笑吧？"她转向她的朋友，用一种惊恐的语气说，"这本书有没有什么内容教你如何摆脱他们？"——这种情绪表达了我们急着让孩子长大，希望他们表现得成熟的心情——似乎我们已经对不成熟失去了耐心，转而相信我们的孩子能以更快的速度成长。在沮丧和绝望的时候，我们可能会对孩子说："快长大吧！"唉！可是我们不能提速，不能命令，不能要求，不能刺激，不能推，不能拉，不能诱惑，不能威胁，不能奖励，不能哄骗，也不能给他们吃药让他们长大。当谈到年幼的孩子时，对于是否期望他们成熟，成年人并没有不同意见，但在如何促进他们成熟上，成年人各有自己的想法。我们是在培养孩子，还是在试图控制他的发展？如果我们赶时间，我们就推着他成长。如果我们相信孩子的成长应该被给予时间和空间，我们将为其自然发展创造条件——我们不能两者兼得。孩子的良好发展需要成年人的耐心及信念，而控制孩子和急于求成，则会干扰到他们真正需要的东西。成年人当然可以创造出有压力的环境，让孩子们觉得自己的存在方式有问题。但问题是，当年幼的孩子被过早地被推向独立时，他们会因为不安全感而想要抓紧我们。在我们的追求中，为了让孩子比自然预期的更早地呈现出成熟的样子，我们可以减少、限制甚至粉碎童年的精神——尽管几十年来的发展科学表明，孩子成长、成熟的原则没有改变，然而，成年人对孩子的压力仍在继续。

　　如今，父母面临的最大挑战之一就是如何保持童年的精神。"精神"（spirit）一词源于拉丁语，意为"呼吸"或"活力"。精神潜存于孩子的生命力以及他们的成长中，并引导他们成为什么样的人。当我们沉迷于孩子们的成熟状态而不去保存他们的精神时，结果可能是表面的且短暂的。行为成熟的孩子和通过时间来成熟的孩子是有区别的。我们变得心烦意乱、迷惑不解，并误以为成熟的表现就等同于成熟本身。我们相信，我们能够控制孩子的成长状况，而不是专注于如何去影响其成长的环境。成年人可以在孩子很小的时候就训练他们做很多事情，但是我们却不应该把这些误认为是成熟。儿科医生 T·贝里·布拉泽顿写道："婴儿的顺从能力令人惊讶：9 个月大的时候，他就能走路，2 岁时就能背诵数字，3 岁时就能阅读，他甚至能学会应对这些期望背后的压力。但在我们的文化中，孩子们需要有人为他们大声疾呼：'为了这些，他们付出了什么代价?[6]'" 成长是需要时间和力量指引的。一粒苹果种子看起来一点也不像结了果实的苹果树。在匆忙中长大的孩子，在成长过程中会付出代价。我们希望我们的孩子成长为具有社会情感和责任感的个体，但是我们的社会更在乎孩子能做出给予别人关爱的行为，而不是这种关爱行为产生的根源。例如，年幼的孩子可以被要求说"对不起"或"谢谢"，但这并不能保证他们感到懊悔或感激。他们甚至能感觉到这种行为的不真诚，互相抱怨："说'对不起'，就像你真的感到抱歉那样!"当被迫说"对不起"或"谢谢"时，他们的话语与他们的关爱情感是分离的。任何急于获得一场"成熟表演"的行为，都将阻碍孩子对情感的理解，而情感却能让他们变得人性化。我们不能指望建立在错误基础上的道德能健康发展，富有爱心和同情心的孩子是通过培育支撑他们的情感根基而成长起来的。成为一个社会人首先要了解自己，而与他人和睦相处、体谅他人、为自己的行为负责的能力是健康发展的结果。孩子也可以按照剧本表现得很文明，但这是一场没有任何深度的表演。[17]对童年精神的进一步侵蚀源于"越早越好"这一不言而喻的假设，这种风气还渗透到人们对孩子早年行为和表现的期望之中。大卫·艾尔金德是一位发展心理学家，也是《错误教育：学龄前儿童的风险》一书的作者。他说，在 20 世纪 70 年代，父母希望孩子变得忙碌；到了 80 年代，父母想要拥有超级小孩；90

年代，父母想让孩子赢在起跑线上。[18] 在 21 世纪初，儿童早期教育仍然受到威胁，为了让孩子快速成长，它已被重新设计。这种现象出现的部分原因是许多父母失去了信仰，迷失了方向，在文化上偏离了对人性发展的认识。我们固有的信念——孩子会随着时间、耐心和关爱而成长——发生了什么变化？在过去的 100 年里，社会、经济和技术的快速变化已经瓦解了儿童成长的文化土壤，随着加快儿童成长和成熟的信念继续渗透，给儿童成长带来压力。数百年的育儿传统如今支离破碎，没有文化的束缚，我们不再清楚我们正在为自己的孩子准备什么样的未来。[19] 今天大多数父母都是数字移民，而他们正在抚养着信息时代第一代真正的数字原住民。[20]

在过去 100 多年里，人类社会从农业社会发展到工业社会再到信息社会，这意味着维持了几个世纪的生命的自然节奏对我们的支配越来越少。[21] 在数字世界里，我们不再按照月亮、太阳和季节的循环来生活。自然界的节奏现在被 24/7 的全球性时间所取代。史蒂夫·乔布斯曾说："（我）从不喜欢把苹果设备的开关打开。"[22] 尽管我们的新工具和设备承诺为我们提供永不停息的服务、更高的性能和彼此的连接，但它们违背了人类生活的发展原则。我们的新工具和新技术正在把我们从生活的自然节奏中分离出来，我们可以更快地做很多事情，但抚养孩子并不是其中之一。我们需要问自己的是，在孩子成长过程中，我们扮演着什么样的角色？父母是儿童生活的主要提供者，对创造儿童成长条件和保护儿童精神至关重要。我们必须从提出正确的问题开始，这些问题是关于孩子如何生存、茁壮成长，以及如何成为他们自己。不成熟的发展目标是成熟，当成年人满足孩子关系和情感的需求时，孩子就会展现出成熟。成为孩子的关系和情感需求的答案时，成熟就会展现出来。也就是说，父母扮演助产士的角色，以实现每个孩子身上蕴藏的人类潜能。为了做到这一点，我们需要意识到我们在大自然的计划中要扮演的角色，以便对抗和缓解由全球技术变革带来的社会动荡。我们如此幸运，因为有发展科学指导我们，并帮助我们验证如何养育孩子的直觉，同时有帮助我们养育孩子的文化传统，在我们感到失落时提供给我们洞察力。园艺大师们运用科学和直觉来了解植物良好生长所需要的是什么，并相信生长的潜力来自于培养深厚的根基，帮助所有生命站立。

2

学龄前儿童的特点：
一半天使，一半魔鬼

我真羡慕你，

因为你对这些麻烦一无所知；

最幸福的生活在于无知，

在你学会悲伤和快乐之前。

—— **索福克勒斯**[1]

小孩子不会一心多用，不会三思而行，也不会说："我一面想把你扔到火车轨道上，一面却觉得应该说出自己的想法。"他们不思考自己的感受，而是任由自己被情绪支配，只会去攻击或冲动地做出反应。他们是不可预测的，飓风般的强风将他们从一种情绪、想法或行为抛向另一种。他们用一种独特的方式体验世界——一次只有一个想法或感受——所以对他们来说，每件事都很重要。他们的状态可能会是开或关，上或下，热或冷，好或坏，这个或那个，但从来没有中间的状态。温和、公平、合理、体贴或专注，这些词语从来不是孩子的标签。虽然知道什么是对，什么是错，但可惜孩子的行为并不这样表现，他们的善意似乎总是很短暂。

儿童缺乏同时考虑多个观点的能力，因为他们的大脑还处于发育阶段。他们要么是天使，要么是恶魔，但这并不会困扰他们，因为他们没有内在的冲突和成熟的良知。年幼的孩子有一种无与伦比的"能力"，可以违反逻辑，让照顾他们的人感到困惑，如下面的对话所示：

> 妈妈："我3岁的儿子又崩溃了，他扯着嗓子大喊大叫，又哭又跺脚，还把我们推开。他真的吓坏了他的小妹妹——还有我们。我从来没有见过这样的孩子！我们试图安慰他，但没有奏效。我丈夫找到了儿子的毯子，他一给他，儿子就依偎在上面，开始唱歌，很高兴！我和我丈夫对此都很担心。你认为他有心理健康问题吗？他怎么了？"
>
> 黛博拉："你儿子有这样的行为是出于学龄前的性格，考虑到他才3岁，这是很自然的。他一次只能有一种情绪或想法，所以当父亲给他毯子的时候，他的沮丧被快乐掩盖了。他没有精神问题，你儿子只是不成熟。事实上，如

果你想研究人类的情感，年幼的孩子是最好的研究对象，因为他们以如此纯粹的形式来体验情感，不受任何其他体验的影响。"

　　妈妈："那我该怎么办呢？我怎么才能帮助他成长，摆脱现在这种情况？"

　　黛博拉："爱，耐心，时间，还有你和你丈夫的照顾。即使面对这些情绪表达，你也需要保持你们的良好关系，并在任何可能的时候帮助他表达，说出他的感受。最终，他会用沮丧的语言来表达自己的踢打和跺脚。如果一切进展顺利，他应该在 5 岁到 7 岁之间自然地表现出克制、自我控制和体贴的迹象。"

　　妈妈（喘了口气）："真的吗？我们要等那么久？为什么没人告诉我们？我该怎么跟我丈夫说呢？"

　　黛博拉："你 1 岁的孩子也有同样的问题，没有什么比不成熟的孩子能去测试父母的成熟程度了。"

学龄前儿童的大脑

　　学龄前儿童的性格源于大脑的不成熟，其特点是偏执的、可爱的、冲动的、焦虑的、愉快的、不反思的、慷慨的、不稳定的、好斗的、抗拒的、强迫性的以及任何不可预测的行为。[2] 他们会经历一连串的思想、情感、冲动和偏好，但却无法将这些情绪结合在一起形成一幅清晰的画面。学龄前儿童的这种"混乱"不是刻意的，而是发展的过程。成年人在此时的作用是创造条件，让学龄前儿童的大脑自然成熟，而不是对抗他们的性格特征。

　　神经科学的进步将继续描绘出儿童大脑发育是如何展开的，

以及儿童究竟有多不成熟。[3]大脑在出生时是身体中分化最不充分的部分，这意味着它的细胞缺乏特定的功能，容易受到环境的影响，而发育依赖于与依恋对象的接触和亲密互动来进行。[4]生命的前3年是神经活动最活跃的时期。[5]根据精神病学家丹尼尔·西格尔的说法，神经通路将迅速增长，使得神经元之间的交流速度、效率和复杂度都提高。与人的接触和经历将创造、激活或加强神经通路。大脑是一个有生命的系统，是地球上最复杂的自然或人工结构。它具有改造自身、适应环境的内在能力。[6]

儿童的大脑平均需要5到7年的健康发育才能完全整合，也就是说，大脑的各个部分之间建立交流。大脑整合是一个总体事件，它将多层神经回路垂直地连接起来，从大脑底部开始向上工作，同时也包括两侧，随着时间的推移，左右半球相互连接。[7]前额叶皮层左右半球的整合对执行功能的发展至关重要，但它比大脑的其他部分需要更长的时间。[8]执行功能包括判断、灵活思考、计划、组织和自我控制的能力。它们巩固了洞察力、想象力、创造力、解决问题的能力、沟通能力、同理心、道德和智慧。在前额叶皮质充分整合之前，儿童会存在冲动和脾气暴躁的特点。[9]大脑发育会持续到青春期，但在5到7岁之间会发生显著变化。[10]

学龄前儿童性格形成的根源是大脑的不成熟，大脑无法理解接收到的所有感官输入和信号。左脑和右脑在有效沟通之前是分开发育的。因此，他们一次只能注意一组信号。为了让孩子一次能完全理解一件事，大脑故意暂停了对竞争性信号的处理。

当孩子们全神贯注于某件事时，他们就会忽略世界的其他部分。这是大脑的一种独特的能力，它可以排除竞争性刺激，从而专注于某件事。有一天，我看到一个小孩在海滩上被贝壳迷住了。他的大脑努力切断相互冲突的刺激，以便把注意力集中在贝壳的形状、大小、质地和声音上。当浪花溅到他身上时，他感到既惊讶又不安，就像浪花是悄悄地扑到他身上一样。他对周围环境缺乏关注，这不是一个错误，也不是注意力出现问题的迹象，而是大脑有策略和目的性的设计。就像马背上的眼罩一样，小孩的大脑把无关的刺激调到一边，这样他就能在这么多分心的事情中正常工作，集中注意力了解贝壳。

当一个孩子能够充分区分不同的信号时，大脑会在胼胝体的帮助下整合前额叶皮质的信号。[11]由于认知发展能够理解相互冲突的信号，所以，被忽视的那部分内容得到了注意，孩子开始以两维的形式体验这个世界。

图 2-1　前额叶皮质（改编自纽菲尔德加强 I 课程《理解儿童》）

当左右半球充分发育时，前额叶皮质将转变成一个"混合碗"，用来容纳相互冲突的感觉、想法和冲动。这通常发生在 5

到 7 岁之间。一个孩子将开始经历内在的不和谐，这时，良知将诞生。例如，当一个孩子在沮丧中扔东西的时候，可能会有一种矛盾或冲动说："不要扔，因为你可能会伤害别人"。他们可能会告诉你这一天是"既好又不好"，而不是"好"或者"坏"。他们可能会告诉你，他们想拿走一些不是他们的东西，但因为知道是错的而住手了。当孩子进入 5 到 7 岁的阶段时，他们能够同时考虑一个现象的两个方面，协调两种不同的想法。[12]

正是前额叶皮质中情感和思想的混合，最终抑制了失控行为和自我控制。两种同样强烈的情感和冲动在竞争中找到了"解药"——当它们结合在一起时，会产生麻痹的效果。由不和谐的感觉和思想所产生的内在冲突会使情感能量停滞不前。例如，对抗恐惧的方法是欲望，它能产生勇气。对待挫折的方法是关心，它能使人有耐心。当感觉和思想被给予足够的空间，并被鼓励发生冲突时，一场摔跤比赛就会随之而来。目标是将情感和思想编织在一起，使人更加成熟。

当额叶前部皮层发育成熟，大脑半球一体化，幼儿就会成为一个独立的个体，学龄前儿童的日子也就结束了。5~7 岁的转变是一个发展里程碑，它的重要性怎么强调都不过分。它是学龄前儿童人格的终极答案，也是个人和社会融合的发源地。

有了自我的整合，孩子就能朝着一个目标努力，他们会在说话之前思考，会在受挫时克制自己。同时，他们会显得更加理性和合理，会具有更加复杂的逻辑思维。因此，在本阶段孩子能进行连贯的表述，并形成一个一致的自我，[13] 而一个更一致的自我会让孩子与其他人连接，却不会失去他们是谁的感受。孩子会在自我意识、自我控制和集中注意力的表现上取得飞跃性的发展。[14]他们的冲动应该会消退，成为一个更温和、更冷静的人。父母会

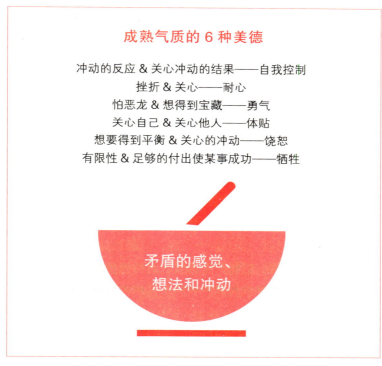

图 2-2 成熟气质的 6 种美德（改编自纽菲尔德加强 I 课程《理解儿童》）

为孩子的自控能力感到高兴——这是儿童早期最重要的发展里程碑之一。在社会整合方面，控制冲动的能力将帮助一个年幼的孩子适应社会环境，在那里次序、意见和考虑是必要的。他们将能够更好地与他人相处，并捕捉到社会交往中的信号。从历史上看，5 到 7 岁的转变被大多数教育系统采用，来决定孩子什么时候可以开始他们的学业。[15] 此外，对全球文化实践的研究表明，这个年龄段的孩子被赋予了更多的家庭责任。[16]

　　大脑的发育是自发的，但不是必然的。健康发展依赖于依恋对象的有效性，以及这些依恋对象是怎样的儿童情感系统的照顾者。[17] 大脑成熟为学龄前儿童的性格形成提供了一个根本的解决方案，但它不能通过强迫、练习或逼迫而获得。当成年人为孩子们创造了玩耍和成长的关系花园时，孩子们就自然而然地成长了。

"兰花般的" 儿童与大脑整合

　　大约有五分之一的儿童会比他们的同龄人更容易受到周围环境的影响或刺激。[18]他们面对相同的事情时比他们的同辈更容易不知所措、惊慌、紧张，而且脾气暴躁。与那些像蒲公英一样轻松成长的孩子相比，敏感的孩子常被称为"兰花般的孩子"。敏感的孩子也表现出更强的接受能力和通过感官感知环境的能力，这就像他们有调整到最大的接受能力的无线电天线，以避免错过任何信号。虽然接受能力的类型和水平因人而异，但他们会在视觉、听觉、触觉、味觉、嗅觉、动觉／本体感受器（与身体内的物理紧张或化学条件有关）和情感／知觉领域表现出高度的感官反应。这些组合是无穷无尽的，每一个孩子都会连续不断地接受每一种感觉。

　　敏感的孩子可能会抱怨他们衣服上的标签太扎人，周围的声音太吵，气味太刺鼻，或者一些食物的味道实在太差。要引起这些敏感孩子的注意很难，因为他们正被这些感官信息狂轰滥炸，不知所措。与其他孩子相比，他们似乎拥有一种天生的聪慧，因为他们具有很强的信息或刺激接受能力。成年人可能会认为他们过于戏剧化或反应过度，但他们只是在真实地面对存在于他们内心的巨大世界。一个 5 岁的敏感男孩面对音乐课地点改变时所表现出来的反应令他的妈妈惊讶，他的妈妈分享了以下内容：

> 雅各布非常爱他的音乐老师，当老师不得不换教室上课时，我们跟着她从我们家附近阳光明媚的教室走到她任教的比较黑暗的地下室音乐学院。在第一节课上，雅各布无法坐下来，不停地跑出教室。在第二节课上，他变得相当激动，跳上跳下，甚至跳到老师身上。一天后，当他冷静下来的时候，我问他，这个新地方是否有他不喜欢的东西。"灯光嗡嗡作响，"他解释道，"因为有灯光，我什么也听不见。"

"兰花般的"孩子对父母的养育方式更为敏感——他们要么在养育关系中枯萎，要么茁壮成长，这取决于他们所处的环境。[19] 如果他们在充满压力的环境中长大，"兰花般"的孩子比那些随和的"蒲公英"同伴更容易受到影响，他们也更有可能遭受精神健康问题，上瘾症，甚至犯罪。[20] 然而，当敏感的孩子在理想的环境中长大，有关心他们的成年人陪伴时，他们的成长就会超过"蒲公英"同伴："'兰花般的'孩子会变成一朵异常娇嫩美丽的花"[21]——正是他们的生长环境使他们的发展不同。

随着敏感儿童对周围环境的接受能力增强，他们的大脑整合可以被延长两年。他们可能需要延迟一到两年的时间来成熟，这取决于他们的敏感度水平和环境，而不是 5 到 7 岁的转变。额外的时间用来创建和整合额外的神经通路，以适应他们增加的感官接受能力。[22] 养育的目标是提供条件，使"兰花般的"儿童可以在成年人的照顾下休息，为他们提供足够的空间玩耍，并保护他们在面对痛苦时的脆弱情感。

成年人对敏感儿童最常犯的错误是，他们会给这些天生聪明的孩子更多的感官信息，但这些信息并不是越多越好。相反地，这将会触发敏感儿童的防御机制，使他们将这些感官信息拒之门外。"兰花般的"儿童需要时间和空间，需要有很多能玩的地方，来处理他们所经历的所有刺激。

行动中的幼儿：一次一个想法或感受

尽管我们知道幼儿的大脑还在发育中，但这并不妨碍我们对与他们能力不同步的行为设定期望。他们那种一半魔鬼，一半天使的天性经常出现，并暗示我们应该如何照顾他们。以下 6 个主题所呈现的情况是由于幼儿缺乏个人和社会融合的经验而产生的。

1. 年幼的孩子用"填空"的方法来理解他们所处的世界

在解决问题时，年幼的孩子无法理解所处的环境或同时考虑多个因素。他们一次只看到世界的一部分，这使得他们对许多成年人认为理所当然的线索和背景信息视而不见。他们无法领会上下文，因为他们不能同时拥有所有不同的视角。比如，一位怀孕的妈妈带着她 3 岁半的孩子第一次去超声波诊断室"看"他的弟弟（妹妹）。当他看到他的弟弟（妹妹）在屏幕上移动时，他忍不住哭了起来。妈妈安慰他说："没事，孩子很好，别担心。""不！妈妈，不！你为什么要吃他（她）？"父母和孩子的世界观往往不同，这可能导致许多误解。

孩子们在思考问题时不会考虑所有的细节，他们总是在需要的时候再"填补空白"，这是出了名的。例如，当艾力克斯上完幼儿园的性教育课后，他的妈妈问5岁的他：婴儿是怎么出生的。然后，妈妈震惊地听到以下内容——"爸爸把一只鸡放进妈妈的肚子里，接着，它会在妈妈肚子里下蛋。"年幼的孩子不会因为自己的无知而烦恼，因为他们看不到自己理解上的差距。一位爸爸对3岁的男孩说："别咬指甲了，否则会有脏虫子进入你的嘴里，让你生病。"孩子回答说："没关系，爸爸，我会在咬手指的时候把虫子吐出来。"孩子们在用语言表达他们周围的世界时，都是逐字逐句、直截了当的，这常常令人耳目一新，也非常有趣。就像一个孩子对她妈妈说的："在我小时候，我以为'泽西母牛'穿的是曲棍球队服。后来，我发现他们并不是这样时，我真的很惊讶。"

2. 实话实说，年幼的孩子他们知道的比他们所表现出来的更多

年幼的孩子在表达和经历上都不受约束，因为他们没有自控能力。他们在行动之前也不会停下来思考，只是根据自己的本能和情感行动。他们的思维模式中不存在政治或社会正确性，他们只会自由地分享自己的想法。一个幼儿园小朋友被要求为他的老师画一幅他最大成就的画。老师让他解释一下，他说："这是我出生时的样子。这是我妈妈的阴道，我的头出来了。"小孩子以透露家庭细节而闻名，比如"奶奶，你的腿很短"，或者"我得打个盹，让妈妈有清醒的时间"。即使是面对家里的客人，小孩子也会毫不犹豫地大喊："给我擦屁股！"或者告诉他："我不喜欢你的礼物。"——孩子的诚实既令人鼓舞，也令人尴尬——一个孩子看了妈妈做的晚饭一眼，就问："你为什么总是给我们做我们不喜欢吃的食物？"

我们面临的挑战是如何保持孩子们的正直、诚实，而不是对他们的真实表现反应过度或让他们感到羞愧。如果我们想让我们的孩子理解他们的世界，我们需要引导他们实话实说。经过理想的发展，孩子们最终可以学会三思而后行。在此之前，他们需要空间来理解他们所面对的世界的意义，当然，我们可以鼓励他们在不公开的情况下这样做。

小孩子不善于保守秘密。这是因为他们不能同时专注于多个想法。尽管他们很想保密，但由于极度兴奋，他们竟然"忘记"了那一刻。同样，小孩子也不会说真实的谎言，因为他们不能同时理解真理和谬论。他们没有后顾之忧，也没有内心冲突，他们诚实地相信自己所告诉你的一切内容。一位3岁孩子的妈妈说："有一天，我问伊娃，她是否知道我刚做好的布朗尼蛋糕上的手印是怎么来的。她带着一副无辜的表情说：'我不知道。'当时我们家只有两个人。我等了5分钟，然后问：'布朗尼尝起来怎么样？'伊娃看着我说：'哦，妈妈，它们很好吃！'"具有讽刺意味的是，说谎代表着孩子向成熟又迈进了一步，能够让人们远离你不想让他们看到的东西，也是一种老练。它需要一种三思而后行的能力，一种前瞻的能力，一种综合考虑的能力。

小孩子会不由自主地根据自己的直觉和感觉冲动行事。他们承诺不会再打了，但几分钟内又犯了同样的错误。年幼的孩子认为他们的冲动和行为不在他们的控制之下，或是与自己分离的。当他们的手臂受伤或牙齿想咬人时，他们也会感到惊讶。一个4岁的男孩对他的妈妈说："我的手怎么能打我爱的人呢？"他们经常和其他小孩发生口角，为争夺草坪和玩具而大发脾气。他们的挫败感往往是基于个人表达方式，因为良好的意图时常被强烈的情绪所掩盖。小孩子不会思考，他们会做出反应，会因为被激怒而去攻击，会冲动——这就是行动中的孩子。不能不说，一次只能有一种想法或感觉的能力是孩子挫败感和攻击性爆发的根源。

儿童缺乏内部冲突虽然会导致挫折感的爆发，但还会增加乐趣。如果一点水花是有趣的，那么更大的水花一定是"更有趣"的。为什么小孩子的拥抱具有治疗功能，为什么他们的笑声如此有感染力？因为他们带来了"纯粹的快乐"。谁能抓住他们的心，谁就会受到真正的崇拜，因为他们的快乐没有夹杂隐藏的计划或未完成的工作。他们的内心没有痛苦，没有未实现的期望，没有怨恨，他们的爱在表达上是纯洁的。一位妈妈说："我的曾祖父快走到生命的尽头时，他对自己每况愈下的身体和去医院的次数感到非常沮丧。他最后的真正乐趣之一是和最小的曾孙们在一起。他们那种天真的处世方式正是他所需要的良药，他们的拥抱有一种魔力，改善了他的生命状态。"孩子们的快乐体验不受潜在损失的束缚，无知可以带来真正的幸福。

3. 没有中间地带，每件事都很重要

年幼的孩子情感上容易转移或产生类似钟摆一样的反应，从一种经历和情绪摇摆到另一种。没有中庸之道，他们对公平的定义就是得到他们想要的。他们可能在前一分钟表现得很顺从，但下一分钟却转过身来，用脚后跟抵住对方表示反抗。他们的世界观不是黑就是白，没有明显的灰色地带。小孩子不仅会从一种情绪波动到另一种情绪，还会带动他们的父母。在一项关于父母生活满意度的研究中，有小孩的父母比没有小孩的父母更能体验到从快乐到沮丧的情绪波动。[23]

由于幼儿一次只能体验一种情绪，一种情绪会取代另一种情

绪，这给他们的照顾者造成困惑。例如，我看到一个 4 岁的男孩，当他妈妈告诉他必须离开海滩时，他很生气。当他妈妈走过来安慰他时，他打了她。妈妈退后一步说："不，费利克斯，你不会打我的。"看到妈妈愤怒和退后，他的沮丧很快被恐惧所取代。他惊恐地喊道："妈妈，妈妈，妈妈！"当妈妈看到费利克斯的痛苦时，她又冲到他身边。他们重新连接后，费利克斯渐渐平息下来，取而代之的是他不得不离开海滩时残留的沮丧。他又打了她一下，她后退了几步说："不，费利克斯！我告诉过你不要打。你再打我，我就不帮你了！"当他再次面临着分离的威胁时，费利克斯也发出了警报，他大声喊着妈妈。妈妈走上来抱起他时，我屏住呼吸，等待着不可避免的结果——费利克斯的恐惧减轻了，他用拳头又打了妈妈一拳。我看着他们经历一个接一个的情绪，就像仓鼠被困在流离失所的情感之轮上一样。费利克斯真正需要的是有人帮助他把沮丧的情绪转化为悲伤的眼泪，这会在第 7 部分中讨论。

4. 只有一样东西能看得见，就像一匹戴着眼罩的马

小孩子不能同时从两个参照点出发来思考，这就是为什么魔法和想象力会出现在小孩子的世界里。圣诞老人如何给每个人送礼物，牙仙子如何用牙齿换钱，复活节兔子如何下巧克力蛋，这些都没有任何逻辑可言，但这并没有让他们感到困扰。他们看不到魔法故事的全貌，也看不到逻辑上的任何漏洞。他们无法协调两种思想，这就导致了他们的无知和容易相信别人告诉他们的一切。当他们能够看到每个故事的两面时，这个神奇的时期就会结束。我记得有一年，当我看着圣诞老人，意识到他也是我的祖父时，我很惊讶，我被一种我从未经历过的双重视觉所震撼。尽管

大人们竭力否认我观察到的事实, 但我还是不为所动。那天晚上我失去了圣诞老人, 也失去了很多神奇的东西, 但在我 7 岁的时候, 我对周围环境的理解有了新的视角, 以及能用更复杂的方式来理解我所处的世界。年幼的孩子很难同时迎合多个人。他们可以公开表达他们对爸爸的爱, 但只要一转身就说: "我再也不喜欢你了, 我想要妈妈。"父母可能会感到被排斥, 但这通常与父母关系不大, 更多的是由于孩子无法同时迎合好几个人。家长一边和老师谈话, 一边把孩子从托儿所或幼儿园接出来可能会导致孩子做出愚蠢行为或感到沮丧, 因为他们不知道在那个时刻应该跟随哪个成年人——这就像开着音乐玩抢人游戏而不是抢椅子游戏。一个年幼的孩子无法从两个参照点出发来思考, 这意味着当他们在做一件事时, 他们通常对周围的其他人漠不关心——例如, 当他们玩的时候, 别人叫他们吃饭。直到 5~7 岁的转变 (敏感儿童是 7~9 岁的转变), 他们的注意力系统还在发展中, 他们可能在别人说话时听不进去, 犯粗心的错误, 在不再有趣的任务上失去注意力, 容易走神, 难以组织活动, 丢失物品, 看起来健忘。

当诊断注意力问题时, 儿童注意力系统的不成熟和他们不能同时注意一件以上的事情是一个重要的参考因素。儿童很自然地表现为注意力不集中、冲动和过度活跃, 符合许多用于评估注意力问题的诊断标准。从 1980 年到 2000 年, 儿童注意力缺失 / 多动障碍 (ADHD) 的诊断率飙升了 500%,[24] 成为最常见的儿童精神疾病。[25] 在加拿大, 治疗多动症的常用兴奋剂哌甲酯的处方在短短 4 年时间里增加了 55%, 主要用于治疗 17 岁以下的儿童。[26] 美国儿科学会的 ADHD 诊断指南可以用来诊断 4 岁以下的儿童 (尽管典型的大脑整合年龄发生在 5~7 岁之间, 或者敏感儿童的大脑整合年龄为 7~9 岁)。[27] 因此, 现在有更大的机会在儿童身上诊断出注意力问题，其实他们只是注意力系统不成熟，而并非大脑"混乱"。[28]在加拿大和美国的一些涉及幼儿园儿童的研究中显示，将幼儿误诊为注意力紊乱而非不成熟是真实存在的。60%最有可能被诊断为多动症的孩子往往都是所在班级中最小的儿童。[29]

5. 一切都是关于玩耍而不是工作

年幼的儿童无法理解工作的概念，也无法表现出需要做出牺牲的目标导向行为。这往往会让很多家长感到担忧，他们认为毅力和牺牲是人生成功的核心，无论是体育运动、爱好，还是学校和工作。他们对孩子的缺乏远见和缺乏动力感到愤怒，当事情变得困难时，这些孩子总是倾向于轻易放弃。工作的概念无法引起孩子的兴趣，因为如果没有复杂的情感和想法，他们就不能为了工作做出牺牲。为了工作，你需要放弃满足感，克服可能出现的挫折。一位4岁孩子的父亲说："我带儿子去打高尔夫球。他一直玩得很开心，但是当球没有飞到他想要的地方时，他感到很沮丧。我告诉他要有耐心，但他只是生气了，扔掉了球杆，说他不干了。我告诉他要继续努力，可他开始大喊大叫。这个时候我该怎么办？他是懒吗？他一点儿都不努力，遇到困难就放弃，那不是我想要的。"当这位父亲意识到他的儿子无法坚持或朝着一个目标努力时，他对他的期望就软化了。帮助幼儿坚持完成一项任务的最好方法是玩耍——工作的对立面。把工作推得太早会适得其反，会激起挫败感和抵触情绪。

6. 全是关于"我"或"你"，从来没有"我们"

小孩子一次只能关注一个人，而且通常是他们自己。他们的注意力要么集中在自己身上，要么集中在别人身上，这会让他们显得非常以自我为中心，或者成为一个狂热的追随者。年幼的孩子心里只有一个人的空间，他们因和其他人一起而失去作为一个独立的人的感受。小孩子的意识不会从"我"转化为"我们"，他们只能从"我"转移到"你"。

一个小孩子在 2 岁的时候就有了清晰的自我意识，但在此之前，他们并不认为这个世界与他们自己是分离的。[30]儿童早期教育的目标之一就是培养并巩固这种新生的自我。孩子们需要空间、时间和支持来了解他们是谁，而不是被别人的需要或欲望所占据。学龄前儿童的正直和自我是成年后作为成员参与社区生活的先决条件。

当小孩子按照自己的需要行事时，有时会显得"不体谅人"。他们觉得对别人说"把我拉起来"没什么大不了的，尽管那个人的手臂上满是东西或抱着其他孩子。他们也能对他人表示深切的关心，比如把自己的东西给别人，然后再要回来——"我要它们回来！"目前儿童早期教育强调的是与他人和睦相处，并考虑他人的需求，这让更重要的发展目标黯然失色。年幼的孩子首先需要了解他们是谁，个人的融合和自我的培养要先于社会的融合和人与人之间相互依赖。

应对不成熟的策略

小孩子那种一半天使，一半魔鬼的天性，让他们的父母们渴望他们能在自我控制、耐心和体贴方面得到发展。虽然大脑的发育不能匆忙，但有一些应对不成熟的策略可以有利于成长，并为成熟争取时间，直到成熟为冲动、不顾他人和以自我为中心的行为提供最终的解决方法。

1. 监督是不成熟的"解毒剂"

成年人可以在问题发生之前就预料到它，从而督促自己的孩子远离麻烦，来弥补孩子的不成熟。采取照顾的态度而不是惩罚的态度是管理不成熟的关键。年幼的孩子在无人看管时，分享喜爱的玩具或自己制定公园规则会表现不佳。他们需要成年人的监督和指导，彼此互动。父母对年幼的孩子了解得越多，他们就越能预测出孩子什么时候可能会遇到麻烦，并提前做出应对。

当问题接踵而来时，首先要问的是，孩子是否处在一个超过他们目前发展状态的环境中，我们对他们行为的期望是否现实。当父母思考这件事，一个孩子会以一种新的方式展现自己，正如一位妈妈所说："我带我的孩子去了一个室内游戏中心，但一个小时后他开始崩溃。事后看来，我觉得这对他来说实在是太过分了，半个小时会更好。"

2. 使用结构和常规来协调行为

结构和常规可以弥补幼儿缺乏组织和社交能力的问题。当孩子们习惯了日常生活时，就需要不那么明确的指导，也就没有什么地方可以即兴发挥了。结构和常规为行为和期望提供指导，这使幼儿看起来比实际成熟。考虑到幼儿缺乏洞察力和不能整合信息，结构和常规将有助于弥补他们在理解上的差距。常规可以是日常生活的一部分，比如起床、吃饭和睡觉。常规可以让事情变得更顺利，因为孩子每天都知道在同一时间该做什么，常规也给他们提供了安全感。正如一位儿童护理人员所说："我们通常在我的厨房里吃午饭，但有一天，为了换换口味，我带孩子们到后院野餐。当我们回到屋里时，他们都坐在餐桌旁等着吃午饭。就好像他们不能继续接下去的活动，除非完成我们眼前的所有常规。"

3. 给不成熟的人写剧本

在许多情况下，年幼的孩子不能读懂所有的社交暗示，也不能完全理解人们对他们的期望。在编写幼儿脚本时，成年人有意地给他们一些提示或举止方面的指导，使他们在可能感到困惑或需要看起来"成熟"的时候表现良好。例如，父母可以在问候方面给孩子编写脚本："拥抱是个好主意，但不是亲嘴。"你可以提前告诉他们："在幼儿园需要坐成一圈，然后举手发言。"如果成年人能够预测并考虑到新情况对幼儿意味着什么，他们就能更好地提前为幼儿指明正确的行为方向。如果孩子们不依恋给他们指导的成年人，他们则不太可能遵循脚本的指令。只有牢固的人际关系才会激发幼儿听从指示的欲望。

4. 保持领导地位，避免转移孩子的情绪

当孩子情绪爆发或表现不成熟时，成年人需要以看护人的身份介入来处理这种情况。无论是在操场上与他人的冲突，还是与家里兄弟姐妹之间的冲突都是如此。在这些情况下，重要的是保持你们的关系完整，不要把孩子的一种情绪转移到另一种情绪上。例如，当一个年幼的孩子感到沮丧而暴跳如雷时，一个成年人可能会通过大喊大叫或威胁让他们停下来。孩子的挫折感可能会被恐惧所取代，恐惧会加剧他们情绪的不安。此外，当父母转移了孩子最初的情感时，就失去了帮助他们弄清楚它是如何产生的机会。

大多数孩子的问题行为都是由沮丧或惊慌引起的，为了教孩子们用语言来代替打人、踢人、推搡或大喊大叫，我们需要时机把冲动的情绪和与"感觉"相关的词汇联系起来。我们可以通过承认和反映孩子们的感受，同时用言语表达他们的冲动来做到这一点。当我们为了让孩子听话而警告他们时，我们很可能会阻碍他们对之前经历的情感的理解，而被转移的情绪可以释放在其他孩子、宠物或玩具上。本书的第 6 部分讲述了孩子们的情绪，第 7 部分将特别关注孩子们的挫折感和攻击性。

5. 支持冲突和不和谐

成年人可以为年幼的孩子树立榜样，让他们知道大脑是如何自然地将相互冲突的感觉和想法用语言表达出来，诸如"我的一部分感觉是这样的，一部分想做别的事情"，"另一方面……"或"我对此感到非常困惑"。当成年人可以表达内心的冲突和不和谐时，孩子就会开始明白，在做决定时考虑多方面的观点和感受是有价值的。

开始产生复杂的思想和感情

父母通常会问他们什么时候能看到孩子情感和思想融合的迹象，以及它是什么样的。尽管不同儿童出现的时间不同，但如果发展理想，有一些共同的迹象可以在 4 岁时就开始出现，并在接近 5 岁时频率增加。

反射是最早出现的迹象之一，它表示着幼儿的前额叶皮质正转化成一个混合碗以用来容纳冲突的思想或感觉。我问一位父亲，他是否看到过他4岁半的女儿梅芙沉思的样子，他说："你问这个很有趣，因为我记得有一天晚上，当女服务员问梅芙是否吃完晚餐时，梅芙抬头看着她，停下来说'也许'。然后，梅芙的眼睛侧视着，好像在寻找她脑子里的一个答案。后来，她转过身来对女服务生说，'是的，我的肚子说它吃完了'。"沉思的迹象可以这样微妙地出现——在继续之前停顿，或者在说话之前沉默片刻。自发的沉思可以在4岁左右开始，会很快出现和消失。

成年人可以询问孩子的想法，在这个年龄开始引导他们，但这不应该是强迫的、刻意的，也不应该成为一个工作项目。有成熟的迹象出现，家长们应该可以放心了。

当前额叶皮质进化成一个混合碗，冲突的想法将早于混合的感觉出现。然而，情绪是一种强烈的信号，使思想和感情更难混合。当想法开始混合时，一个小孩子可能会说："我一方面想去公园，另一方面又想待在家里。"这些矛盾的陈述表明，孩子可以同时持有两种矛盾的想法。当他们听到敲门笑话或双关语时，他们可能会表现得很开心，就像一个男孩说的那样："嘿，妈妈，知道猫在说什么吗？是完……美！"

一位幼儿园小朋友的家长讲述了下面的故事，展示了他们复杂的情感：

　　妈妈（开车送孩子们去学校）："你打算在说话课上给同学们讲捕梦网的什么故事？"

　　塔比莎："我不会讲给他们听的。"

　　妈妈："但在家里，想到要给同学们讲捕梦网的事时，你是那么兴奋。你害怕吗？你是一边兴奋地想表达出来，另一边却害怕了吗？"

　　塔比莎："妈妈，我不想让那些孩子看到我的捕梦网。"

虽然妈妈对塔比莎不能融合恐惧和欲望的感受感到失望，但她很高兴听到塔比莎有不止一种的想法。恐惧和欲望是最难混合的感觉，因为它们都很强烈。当恐惧和欲望同时出现时，它们就会产生勇气，这会成为推动人们向欲望前进的动力。勇气不是没有恐惧，而是被欲望平衡了恐惧。

当冲突的感觉和冲动开始混合，小孩子会不由自主地开始颤抖，咬牙切齿，或者表现出一些其他身体上的冲突。一方可能想要离开，而另一方正在靠近，他们内心的紧张是显而易见的。一位 5 岁半女孩的妈妈描述了女儿的这种紧张情绪："有一天，阿曼达很沮丧，她想用玩具火车去砸她弟弟。当时我很震惊，但她没有扔，而是抓住它，她的手臂在头上方挥舞着，来来回回，来来回回，就像一只手想扔火车，但另一只手却在制止她。有时候她能阻止自己，她在改变。"

矛盾的感觉开始混合在一起，可能会出现像"我现在有一半恨你！"或者"我现在有一半爱你"或者"我想揍你，但我不会。"一位 4 岁半孩子的妈妈说，上周我们在操场上，扎克被一群蹒跚学步的孩子包围着，其中一个孩子推了扎克一把。我开始跑过去，但扎克没动，他只是看着那个孩子。那天晚上，睡觉时间，我和他进行了下面的谈话。

　　妈妈："我注意到今天有个小孩在操场上推你，你没有反击。你怎么了？"

　　扎克："当他推我的时候，我只感觉到我的关心。"

　　妈妈："你关心吗？你感到被推了吗？"

　　扎克："没有。但我确实在心里拥抱了他一下。"

　　妈妈："一个拥抱？！哪儿来的拥抱？"

　　扎克："哦，妈妈！那个小家伙过得很艰难。他需要一个拥抱。"

　　妈妈："你为什么不给他一个拥抱呢？"

　　扎克："我想如果我去拥抱他，他会再次推我。"

　　当这位妈妈回想起扎克的行为时，她补充说："如果我不理解这复杂的感情，我不可能意识到我们的谈话有多么重要。同样，我一开始也搞不懂他的'瘫痪'——为什么他不动？但我想他是被困在了'拥抱他，还是不要拥抱他'的想法中。这在扎克的成长中只是小小的一步，但对我来说却非常重要。"

　　随着幼儿的认知和情感系统的日益整合，他们在行为上的钟摆式波动将开始减少。他们将开始看到事情的两个方面，并在与他人互动的过程中变得更加文明。虽然父母可能会为这带来的磨练而高兴，但一个年幼的孩子不会永远在他们的思想或感情中如此纯洁或孤独。

　　正如以下这位5岁半女孩的妈妈所说："当这种复杂的情感和思想出现时，安娜感到很烦恼。一天晚上，当她试图入睡失败后，她抱怨说这不公平，妹妹看上去比她过得更轻松。她看着我愤怒地说：'我就是睡不着，我的大脑就是想啊想啊想。我怎样才能使它安静下来呢？'我设法控制住自己的兴奋，告诉她，她只是有了一个大女孩的大脑，它变得忙碌了。安娜生气地说：'我不要大女孩的脑袋，我只想像妹妹一样睡觉。'"

　　在我们热切地庆祝一个孩子更文明的举止时，我们可能会错过孩子将要失去的东西——一次只体验一个想法或感受所展示出来的单纯和纯真将不复存在。他们的生活将不再自由、无拘无束和简单。尽管良知会引起矛盾的想法和感情，但为什么当一个孩子知道他拥有这样一种经常对他说话的良知时会欣喜若狂呢？这是因为当前额叶皮质演变成一个混合碗时，关于不成熟的有机解决方案自然会出现，但这个孩子的内心世界将永远不会像以前那样平静。不过，融合也有重要的收获，正如这位父亲所说："我的儿子举着拳头向我走来，骄傲地说，'爸爸，看看我刚才做了什么！我把拳头举过莎拉的头，想打她，但我没有'。他脸上骄傲的表情令人惊叹，就像他说，'我真不敢相信，当我沮丧的时候，我能控制我的身体'。那天我明白我的儿子不再拥有学龄前儿童的大脑了。"当父亲讲述这个故事时，很明显，一个孩子在实现自己作为一个有节制和能自我控制的人的潜能时，他将体验到无上的尊严。

3

保存游戏：在数字世界中捍卫童年

正是我们的内在塑造了我们，

让我们敢于梦想，敢于怀疑，敢于同情他人。

这是至关重要的。

这将在世界上创造出最大的不一样。

—— **弗雷德·罗杰斯**[1]

当盖尔还是个孩子的时候，她就梦想着能有一把"魔法剪刀"，从而把她的剪纸变成实物。她的父亲回忆说，那时，在她的房间总是有"齐膝深的剪报"。特别是当盖尔和她妹妹看了电影《俄克拉荷马州》后，很多电影中的镜头也接踵而至了！盖尔的剪刀使牛仔、女牛仔、拥有马和畜栏的牧场变得栩栩如生，她和妹妹一起沉迷在自己创造的幻想世界里！虽然，她们的冒险故事的具体内容很难回忆起来了，但对盖尔来说，这些经历的意义是显而易见的。60多年后，这些创作向人们讲述着盖尔是如何成为自己的，以及她一生从事的工作是什么。

图像在盖尔的生活和她作为艺术家的职业生涯中扮演着特殊的角色。它们对她的人生幸福至关重要，通过它们，盖尔直观地表达了自己。盖尔一直是一个视觉学习者，在学校里她对文字和故事感到厌烦。她觉得绘画中的图像是被禁锢的，它们渴望被释放和理解。盖尔把自己的世界看作是一个图像的矩阵，她把每一个图像都分离出来，并把它带到生活中。她的绘图、裁剪、缝纫、粘贴、雕刻或组合都赋予了每一幅作品更深的意义。

成年后，盖尔追随自己的热情在大学里学习陶瓷。盖尔一生的大部分时间都致力于艺术，在艾米丽·卡尔艺术与设计学院（现为艾米丽·卡尔大学）工作，直到退休。她因"对陶瓷界，尤其是陶瓷教育的终生贡献"[2]而受到公开表彰。尽管盖尔的"魔法剪刀"从未成为现实，但它确实有助于她发掘自己对图像的终身热情。正是这个简单的工具，加上足够的空间和自由发挥，让盖尔发现了她内心的艺术家。

人们不禁要问，如果盖尔在如今的环境中成长，她会变成什么样的人——在这个时代，越来越受到重视的是教学、结构化活动、数字设备和同伴互动，而不是无休止的玩耍带来的"空闲时间"。正如心理学家、游戏倡导者大卫·艾尔金德所言："儿童自由、自主游戏的衰落，是科技创新、社会快速变革和经济全球化的完美风暴的结果。"[3] 在数字世界中，儿童所需要的游戏类型正面临灭绝的威胁。这应该是我们最关心的问题之一，应该盖过对学龄前儿童行为或纪律的关注。在没有游戏的世界里，儿童无法茁壮成长，因为他们将成为什么样的人的本质是由游戏来定义的。

对最需要游戏的人来说，游戏已经濒危

尽管过去 75 年中，发展科学的证据表明玩耍对儿童的健康成长至关重要，但玩耍仍应被列入濒危名单。[4] 发展科学方面的专家们继续在为孩子玩耍时间的减少而呐喊，但这些声音很难战胜来自父母、教育、政府和文化方面的压力，而这些压力正将孩子朝着相反的方向推。[5] 玩耍越来越被降格于儿童的业余时间，而不再是童年早期活动的中心。尽管很多家长认识到了玩耍的重要性，但他们不愿冒险把这一课应用到自己的孩子身上，因为他们担心自己的孩子会落后。[6] 在游戏中所发生的成长并不是立即出现的，也不适合被教授或测试。孩子的进步在很大程度上是看不到的，因为在游戏中自我成长是静悄悄地展开的。

在数字设备和早期认知学习的冲击下，儿童需要的游戏类型正在被侵蚀、粉碎，并被重新定义。[7] 日托服务提供者和幼儿园教师面临着来自父母的持续压力，要求他们教孩子做数学、阅读和使用电子设备。一位幼儿教育者说：

我看到很多家庭通过每周做很多活动来充实孩子的生活，他们的理由是，他们在为孩子提供在学校里取得进步的技能，好让他们有一个良好的开端。我真的相信，那些早年一直生活忙碌的孩子们不懂得停顿，他们觉得有必要用白噪声来填补自己的空间，因此他们从未真正有过休息的机会。

当父母和教育工作者奋力争取结果时，游戏在儿童的生活中扮演的角色被降低和不受保护。尽管研究表明，儿童的大脑在今天达到了与一百年前相同的认知基准，[8]但在以成人为中心、追求更快发展的过程中，游戏毫无立足之地。

另一个挑战是电子产品对游戏的影响。随着电子屏幕和教育类节目的日益普及，孩子们可以最大限度地自娱自乐，这是前所未有的。他们已不需要自己想办法解决问题，因为便捷的信息获取方式和早教专家的发现已取代了这方面的需求。孩子们只有在电子游戏中有冒险的机会，在这个世界里，重置按钮、作弊代码和无尽的生命都是可能的。无聊和由此产生的意外冒险的空间越来越小，而这些正是上一代人记忆中最美好的东西。

今天，在抚养孩子方面，没有比保护玩耍的空间和时间更重要的事情了。这意味着我们要抵制把玩耍视为轻浮和徒劳的文化潮流，而是把玩耍视为孩子充分发挥人类潜能的基石。如果不了解玩耍是如何促进发展的，成年人将很难承受外界的压力，而这种压力会破坏儿童真正需要的成长。

游戏是什么

　　游戏是人格的诞生地——它帮助自我在心理上诞生。⁹ 游戏不是把信息灌输给孩子，而是把孩子的想法、意图、抱负、偏好、想要的东西和愿望画出来。游戏让孩子们表达自己，尽管他们缺乏语言和理解力。在游戏中，一个年幼的孩子感受到了周围世界与他的共鸣。孩子是天生的学习者，他们被驱使着去理解他们所处的环境以及他们在其中的位置。他们需要从童年早期就带着一种自我意识出现，这种自我意识是在游戏中消磨的几个小时中形成的。游戏促进发展作为一个可行的、独立的存在，因为它揭示

图 3-1 真正的游戏（改编自纽菲尔德课程《理解玩耍》）

了孩子的兴趣、愿望和目标。它使孩子不再依赖于成年人，并释放出探索、发现或理解他们的经历的欲望。游戏是揭示成长的精神和表达活力的地方。总之，游戏是自我创造的行为。

儿童需要的游戏类型以自由、享受和探索环境为特征。他们需要有边界的空间来自由移动，由照顾他们的成年人形成边界。玩耍是一种自发的行为，产生于一种特定的心理状态——你不能教授或命令孩子玩耍。游戏有 3 个基本特征：(1) 不工作；(2) 不真实；(3) 富有表现力和探索性。这个定义可以用来评估什么样的活动真正为玩耍提供了理想的条件。

1. 玩耍不是工作

小孩子天生就爱玩，而不适合工作。目标、表现、工作表和期望等词汇是用来描述工作的，而自由、想象力、乐趣和发现则与玩耍相关。当孩子玩耍时，他们的注意力应该集中在活动上，而不是由某个成年人或其他孩子设定的任何特定结果上。成年人可以通过改变吸引孩子注意力的东西，把活动变成工作。例如，为了娱乐而演奏乐器与为独奏会而练习是不同的。如果一个孩子在画画，而成年人建议必须以某种方式呈现出来，或者要将其作为礼物送给别人，那么，他们会把孩子的注意力转移到结果上。这种事情也经常发生在餐桌上，当父母专注于让他们的孩子吃饭，而不是把用餐时间当作一段有趣又有吸引力的时间对待时，吃饭就成了孩子的工作。

玩耍是有趣的事情。相反，当一个人工作时，"劳动成果"是在完成这项任务后才能被享用的。例如，我的侄子杰米和侄女泰勒过去喜欢玩管道胶带。他们的妈妈给了他们剪刀，以及一系列颜色和图案的胶带供他们选择。为了创造一个有边界的空间，她还给他们提出了一些规则，比如不许互相贴胶带，不许养宠物，也不许在里面放东西。他们开心地玩了几个小时，创造了手提包、钱包和书签，他们甚至创建了一个名为"管道胶带乐"的店面。当朋友和家人来他们家做客时，他们收到了很多迷彩色钱包、培根和泡菜图案钱包，以及圆点书签的订单。他们的"顾客"建议他们卖掉自己的作品，赚大钱。但是，当泰勒和杰米感受到完成订单和关注结果的压力时，游戏带来的快乐和乐趣就减少了。

当孩子们在玩耍的时候，他们会专注、投入，并在体验活动中获得乐趣。[10]当我们追求结果，或有预定目标和期望时，我们就会把它们变成工作。正如马克·吐温所说："工作是由一个人必须做的任何事情组成的。游戏则是由一个人没有任何义务做的事情组成的。"

2. 游戏不是真实的

游戏是指发生在现实生活之外的事情。它应该是无后果、无风险的，这样孩子就可以在不关注任何特定结果的情况下玩耍。在游戏中，孩子们通过想象和幻想，利用他们的内心世界创造一个新的环境。正如一位妈妈所写："我看着女儿成为一名厨师、设计师、老师和舞者，在我眼前变换着样子。"玩耍是对生活的彩排，它永远不应该被判断为对或错。在这里，孩子可以随心所欲地多次"结婚"和"分居"，而不会面临经济损失和心痛。在那里他们可以发泄自己的情绪，但却很少受到影响。例如，一位妈妈说："我的孩子们在互相尖叫，所以我叫他们停下来告诉我发生了什么事。他们惊讶地看着我说：'妈妈，我们只是在打架。'"当一个孩子在玩耍的时候，除了玩耍对他有意义之外，玩耍不应该有任何价值。

3. 游戏富有表现力和探索性

玩耍不是让孩子成为旁观者的被动体验。在游戏中，孩子将一只手放在自己生活的方向盘上，成为积极的发现者和探索者。在玩耍中，孩子应该用物体、人或空间来表达自己，而不是被别人所引导。游戏使孩子的精力外流——这与无聊正好相反，无聊是没有任何东西在孩子的内心活动。孩子应该自然地玩数字、线条、声音、单词或想法。当孩子们接受指导，参加有组织的活动，或使用电子设备时，他们几乎没有自由去表达和探索。正如一位妈妈所解释：

> 我喜欢看着我的孩子们沉浸在游戏中，穿着极具创意和表现力的衣服，最好的方法是使用简单的东西：围巾、布料和配饰。我的儿子最近在我们的甲板上玩海盗游戏。他独自一人，满脑子都是"真正的"海盗战斗时的声音和动作。他的跺脚声、呼噜声和喊叫声是那么"真实"，我几乎能感觉到船在海里摇晃！

孩子们需要在游戏中发现自己的故事，而不是被许多其他人的故事淹没。

我们经常说我们的孩子在玩耍，但这个时候还是会有外界强加给他们一些目标和结果，而这两种行为都会降低孩子的探索欲和表达力。为了给孩子们创造真正的游戏机会，我们需要确保他们在活动中完全投入，而不去关注结果，不被对现实后果的恐惧所抑制，不让他们成为信息或指导的被动接受者。

游戏的目的是什么

斯坦利·霍尔，一位关于青春期的早期作家，写道："男人之所以变老，是因为他们不再玩耍，而不是玩耍太多。"[11] 玩耍对于人类一生的健康至关重要，同时对儿童早期生长发育也极其重要。因为它使自我得到真实表达，促使成长和发育的发生，能保持心理健康和幸福。

1. 游戏是自我得到真实表达的地方

4 岁时，诺兰告诉他的妈妈，他长大后想当一名出租车司机。诺兰喜欢唱歌，喜欢开着他的玩具车上下楼梯，进出浴室，或者到花园里去。诺兰的妈妈听到这样的话惊呆了，她告诉诺兰："你不会想当出租车司机的，这不是个好工作，因为它不能让你赚很多钱。"

为什么孩子需要玩耍

- 推动发展，发挥潜力
- 发现并表达真实的自我
- 构建大脑的问题解决网络
- 保持心理健康和幸福
- 发现他们的创造性优势和责任感
- 在没有后果的空间里实践生活

图 3-2 为什么孩子需要玩耍（改编自纽菲尔德课程《理解玩耍》）

诺兰继续开着他的车。几周后，他对妈妈说："我想成为一名歌手。"他的妈妈再次惊呆了，告诉他这也是一个糟糕的职业选择，他需要的是上大学。他妈妈显然错过了诺兰通过想象他的未来而显现出自我的过程。在这个时候，诺兰开始尝试抓住自己生活的方向盘，指向他自己选择的人生方向。然而，他得到的回应是，他的愿望是令人失望和不可接受的。事实上，诺兰需要的是一个没有羞耻感的环境，在那里他可以学习、表达和创造。他需要一种驱使他成为自己的精神，而这种精神无论形式如何，都值得庆祝。在诺兰4岁的时候，他需要照顾他的成年人明白，长大后选择什么职业并不重要，重要的是在这个选择中是否有自我参与。

诺兰的故事强调了一个在现代儿童身上，反复发生的、令人心碎的主题。我们经常关注孩子作为学习者、朋友的行为举止，以及他们如何满足成人的期望。因此，人格所代表的发展成就消失了，取而代之的是对孩子是否达到标准和成就的关心。在游戏中，孩子们能表现出真实的自我，并作为独立的个体出现。这就是为什么游戏的重点需要放在孩子的欲望、愿望、好奇心、意图、主动性、表达和个人意义上。如果成年人对孩子的玩耍时间提出要求，提供指导，或关注行为，他们就会摧毁这种正在生发的自我。如果我们想通过玩耍来保持童年的精神，我们就不能让孩子根据成人的需要和愿望来表演。

在艾登给妈妈的讲述中，儿童成为自己的动力被很好地诠释出来。当艾登在玩的时候，妈妈打断他说："来吧，亲爱的，我们要去商店了。"3岁的他转过身来，双手叉腰，骄傲地说："别叫我'亲爱的'，我不是你的甜心——我是艾登！"我经常想，如果我们要保持童年的精神，我们需要给每一个说"我来做"或

"我自己做"的两三岁孩子特别的庆祝活动，因为这反映了他们心理上达到了对人格的认识。它将帮助我们暂停足够长的时间，去认识到"我是"这个词简直是一个发展奇迹。

2. 游戏促使成长和发育发生

瑞士发展心理学家让·皮亚杰曾问道："我们是要塑造只能学习已知知识的孩子，还是应尝试培养具有创造力和创新性思维的人，使他们从学龄前开始，以致在整个生命中都有探索的能力？"[12] 如果在以知识为基础的全球经济中，人们渴望终身学习和创新，那么游戏肯定就是所有问题的答案。健康的幼儿富有创造力，喜欢问问题，并能在玩耍中解决问题。正如一位祖母所说："我的孙子两岁了，他总是问我：'为什么？'如果我回答他，他就会再问另一个'为什么'。"

当孩子们玩耍时，他们的大脑是通过与环境的相互作用而被塑造着。[13] 美国国家游戏研究所的创立者、精神病医生斯图尔特·布朗说，在玩耍中花费的时间最主要的作用是增加了大脑的复杂性，这是大自然对成长的回应。当神经元一起被激活时，它们会形成更强的通路，因为大脑是在一个"要么使用，要么失去"的系统中运作的。[14] 当孩子玩耍时，大脑中的运动、感知、认知、社交和情感区域会整合或连接起来，复杂的大脑网络系统从而被建立起来，并成为解决学校和成人问题的基础。[15]

当幼儿玩耍时，他们会不断试错，形成新的对象关系。[16] 批判性思维、沟通、语言、自我表达和认知能力都是通过游戏发展起来的。当孩子们用手触摸和探索物体时，他们能够在具体的世界中根植抽象的想法。[17] 认知、语言、情感和身体发育的障碍都与玩耍不足有关。[18]

玩耍也是最有可能表达创造力的方式。例如，一位爸爸说："我的儿子想同时玩他的汽车和小火车，但是尺寸的差异让他很烦恼。他最后说，汽车是由巨人创造的，而小人们则要乘坐火车。"另一位家长说："我走进女儿的房间，发现她从我的抽屉里拿了蓝色胶带，把糖果粘在了墙上。她告诉我这是她的糖果墙，所以每当我允许她吃糖果的时候，它们总是离她很近。"另一个孩子对她的爸爸说："我把椒盐卷饼咬成字母 D 的形状，然后把它放在你枕头下面给你吃。"一位 5 岁的小男孩在为仓鼠的生日聚会做准备，他说："我想让这个聚会有一种笼子一样的感觉，所以我们得把它放在桌子下面，并且在上面盖上毯子。"

孩子是世界上最有创造力和好奇心的人之一。当孩子们有自己的想法和问题时，我们就能教他们很多东西。然而，我们不能教导孩子要有创造力和好奇心。这是在游戏中培养出来的，在一个无压力的环境中培养出的一种力量感和责任感。

3. 玩耍可以保持儿童心理健康和幸福

玩耍对儿童有治疗作用，因为它能让他们安全地表达深邃的情感。在虚拟的场景和幻想的世界里，表达沮丧、恐惧、悲伤、失望或嫉妒不会有什么影响。在游戏中，儿童的大脑负责释放和理解情感。游戏有助于平衡孩子的情绪系统，因为情绪系统每天都会受到外界的影响。

同时，游戏通过让儿童看到自己的内心世界，帮助他们获得情感的发展。[19]乔·弗罗斯特是一位教授，他已经从事游戏倡导工作超过 50 年。他认为，游戏可以让孩子把无法理解的东西变成可以掌控的东西。当孩子们在游戏中表达他们的情感时，[20]尽管缺乏语言或意识进行描述，但他们的情感世界却以图像的方式向他们展现。

神经学家贾克·潘克塞普表示，"我们应该为幼儿建立游戏庇护所，作为促进他们情绪稳定和心理健康的一种手段"。他认为，幼儿对玩耍的渴望根植于大脑的情感中心，在处理他们的情绪问题时，情感中心可能是最没有得到充分利用的部分。事实上，玩耍可以使所有哺乳动物保持情感功能，有助于减少压力和无聊，同时培养韧性。[21] 儿童发展专家已经将儿童缺乏玩耍与他们的焦虑、注意力、抑郁问题联系在一起，[22] 并且将学龄前缺乏玩耍与成人后的情感和社会问题联系在了一起。[23]

父母们经常谈论孩子在游戏中出现的故事，无论是平凡的经历还是对内心冲突的揭露。一位妈妈说："我和我丈夫开玩笑说，我们可以根据我们家最近所做的事情来预测家庭剧的内容——我们从动物园回来，我们的地下室变成了动物园。我们从商店回来，我们的地下室变成了商店。"另一位家长说，当女儿上幼儿园后，她喜欢扮演老师的角色，她把自己的娃娃排好队，有些娃娃会被她骂，而另一些娃娃则耐心地听她编故事。

当一个孩子的情绪被激发时，游戏可以反映出他们正在经历何种情感挣扎。阿尔法儿童的父母（见第 5 部分）经常注意到，游戏包含着支配和依赖的暗流，这在一个 5 岁的孩子身上很明显。一位家长被她儿子的强迫性游戏弄糊涂了，在这个游戏中，他不断地把自己排除在家庭的其他成员之外。她说："麦克斯在客厅中间创造了一个岛，并搭建了一个帐篷。他把自己生活所需的一切东西都带走了，比如厨房里的食物、枕头、毯子、玩具和书。他不让任何人到他的岛上来，就像他躲在那里或者跑掉了一样。"如果这位家长明白麦克斯的孤立是出于绝望而采取的行动时，她就能够开始回应他潜在的情感需求。虽然游戏可以显得轻松愉快，但其潜在的情感主题却是严肃的。

在玩耍中，图画被绘制出来，结构被制作出来，游戏也参与进来，让情绪从所有防御中释放出来，而不会唤起太多的脆弱。5 岁的克莱顿因为母亲的癌症而与母亲分离，他的爸爸注意到克莱顿总是想和他一起玩"斗狗"游戏。于是爸爸开始每天晚上和他一起玩，这位父亲很惊讶地发现，这似乎对克莱顿的沮丧、焦虑和睡眠问题有帮助。

> 每天晚上我们都玩这个游戏，我是大爸爸狗，他是坏脾气的小狗。他冲着我咆哮了将近 45 分钟。他嗅着气味，嗥叫，试图咬我，但我没有受伤。我把他按倒在地，他挣扎着要挣脱。我们一遍又一遍地这样做，直到他筋疲力尽。我知道他什么时候会结束，因为那时他会蜷缩在我的膝盖上，像受伤的小狗一样呜咽着。我抱着他，告诉他狗爸爸会照顾他的。

这位父亲似乎很尴尬，他只能用这个简单的游戏解决儿子的焦虑，但他凭直觉发现，对一个情感世界出现问题的孩子来说，游戏是一个完美的安全门。

培养玩耍所必需的自由

玩耍是小孩子知道如何做得很好的一件事，但是他们必须有自由，以确保玩耍能够发生。目前对游戏时间的估计表明，玩耍时间正在减少，除了学校教育以外，孩子们还有许多课外活动，这导致玩耍时间减少。社会学家桑德拉·霍弗斯和约翰·桑德伯格发现，1981年至1997年间，孩子们花在玩耍上的时间减少了25%。[24] 他们还测量到，在家里交谈的时间减少了55%，看电视的时间减少了19%，在学校的时间增加了18%，在家学习的时间增加了145%，和父母一起购物的时间增加了168%。游戏正在与越来越多的学术、组织化活动和商业活动竞争。

要让孩子们真正去玩耍，他们必须有一定的自由。这包括满足他们的基本需求，使他们免受痛苦、饥饿或疲劳。他们还需要有指令和受教育上的自由。许多家长不愿在学业上督促孩子，但他们担心，如果不这样做，孩子将会落后于他们的同龄人。一位母亲对我说："我女儿上幼儿园的时候，我意识到她是班上识字最少的孩子之一。我开始担心，因为在过去我并没有强迫她读书，而是帮助她爱上书。我担心她会落在后面，但我做不到强迫她读书。我很高兴我自己有那样做，因为4年级的时候，她告诉我，她是班上少数几个仍喜欢读书的孩子之一。"在学龄前儿童的学业方面，不仅父母感到有压力，幼儿教育者也有同样的感受，正如一位老师告诉我的：

孩子们需要时间来做自己，但许多幼儿园的课堂过分强调让学生尽快阅读或学习数学。我们学校的校长希望学生在幼儿园学习算术，尽管整天待在幼儿园对孩子们来说已经够难的了，但这也是没办法的，因为父母也期望老师们这样。

但是，需要考虑的是，在孩子接触教导和学习之前，他们的个人发展状态是否已对学业做好了准备。

幼儿需要从有组织的活动中获得自由，但在这些活动中，总会有外力支配他们的行为并影响他们的表达。儿科医生肯尼斯·金斯伯格认为，过度的活动对培养儿童与成人的关系没有什么帮助。[25] 同时会导致压力、焦虑和创造力的下降。匆忙的生活方式不利于游戏条件的产生，这就要求父母在安排活动时考虑平衡问题。

据非商业化儿童运动和儿童联盟发布的一份报告显示，儿童在婴儿期就开始接触屏幕。[26] 近 30% 的 1 岁以下儿童每天看电视或视频的时间约为 90 分钟。超过 60% 的 1~2 岁儿童每天看电视或视频超过 2 小时。保守估计，2~5 岁的儿童每天看屏幕的时间超过 2 小时，而一些研究表明，这一数字高达 4.5 小时。尽管《美国儿科学会抑制屏幕指南》不鼓励或者限制 2 岁以下的儿童接触屏幕，但这种情况依然存在。[27] 为什么需要减少或限制儿童接触屏幕时间？因为它对早期大脑发育和社交、情感和认知技能发展都是有影响的。

给儿童过多的屏幕时间会干扰他们的基本需求，如睡眠，同时也会引起肥胖、注意力下降、学习问题和社会问题等。目前，尽管其他电子设备的使用频率增加了，但儿童看电视的时间并没有减少。[28] 另外，当孩子在屏幕前时，他们是不会与父母或其他人交流的。理查德·勒夫在他的著作《森林中的最后一个孩子》中指出，户外活动的缺乏尤其与数字设备使用的增加有关。[29] 据调查，从 1997 年到 2003 年的 6 年时间里，孩子在户外玩耍的时间减少了 50%。[30] 正在进行的一项北美复苏计划，就是鼓励父母带孩子到户外玩，体验大自然。[31]

一项针对成长过程中接触过电子设备的父母的研究表明，这样的父母更有可能让年幼的孩子玩他们的手机，这样就可以让孩子在公共场合安静下来，让他们入睡，好让自己有时间做家务或完成其他事情。[32] 一位幼儿教育者说："在我的班上，我看到当

玩耍的自由

- 摆脱痛苦、饥饿和疲劳
- 有足够的指令和受教育的自由
- 从计划好的活动中获得足够的自由
- 远离屏幕和娱乐的足够自由
- 从同龄人和兄弟姐妹那里获得足够的自由
- 有足够的自由，不需要在依恋关系中工作

图 3-3 玩耍的自由（改编自纽菲尔德课程《理解玩耍》）

孩子变得沮丧时（其实他们在这个年龄经常会那样），他们的父母会很快拿出智能手机给他们玩。我想知道这意味着多少额外的屏幕时间？当父母无法用其他方式来处理孩子的烦恼时会发生什么呢？"娱乐儿童的电子设备的出现使儿童成为被动的接受者，因为他们通常缺乏开放式探索的机会。[33] 简而言之，应该从发展的角度来考虑儿童使用电子设备的时间：儿童需要在现实生活中与真实的人交往的经历，这使得父母成为他们最好的"设备"。

儿童需要的游戏类型，通常是在没有父母或同龄人作为玩伴的情况下独自完成的。当孩子们在一起玩的时候，通常是由一个孩子来主导游戏，而其他孩子则成为指令和想法的被动接受者。小孩子需要有时间沉浸在自己的世界中去表达或探索，父母却经常认为他们需要和孩子一起玩，虽然这并不有害，但它通常是为了满足孩子的关系需求。需要记住的是，由于强烈的人际关系需求，3 岁以下的儿童几乎没有独自玩耍的能力。

就像橡皮筋能伸展到这么远，3 岁以下的婴幼儿需要回到他

们的家庭依恋基地，填补接触和亲密，然后再出去冒险。当一个孩子转变为深层依恋，并成长为一个独立的人时，他们能够独自玩耍更长的时间。

孩子所需要自由的最大源泉是与父母或看护人建立深厚的关系。在孩子需求的层次结构中，依恋是游戏得以开展的最大和最必要的自由源泉。孩子需要在他们的关系中得到休息，这样他们对接触和亲密的渴望就会得到满足。他们需要足够的爱来感到满足，需要足够的重视来感到自己重要。培养休息的关系类型在第 4 部分和第 5 部分中会有更深入的探讨，但在整本书中也都有涉及。

促进玩耍的策略

如果"自发的游戏是一种微妙的童年舞蹈，它有益于身心发展"[34]，那么我们该如何鼓励孩子花时间玩耍呢？下面是 4 个关键的策略，它们能帮助开展真正的游戏。

1. 回应孩子对接触和亲密的渴望

孩子的游戏时间需要以他们与成人的亲密关系为前提，在亲密关系中，孩子的关系需要可以得到满足。你可以想象小孩子有一个依恋油箱，在玩耍之前需要给它加满油。对 2~3 岁或者是敏感的孩子来说，他们的依恋油箱很快会耗尽。当父母满足了孩子的依恋需求时，孩子就会把他们推开来表明他们已经"吃饱"了。一位母亲这样解释：

　　经过几天的尝试，我学会了如何帮助我两岁半的儿子奥利弗体验真正的玩耍。当他休息好，吃饱了，注意力从我身上转移开的时候，我抱着他，直到他想要推开我。然后我问他是否想玩，并且把他放在地板上。我发现我必须和他待在一个房间里，因为他看了我几次——我不能做任何有趣的事情，也不能直接看着他，因为那会分散他的注意力。当他玩够了，他会爬回我身边，寻求更多的关注和拥抱。我们一起读书，或者我们一起做些别的事情后，我惊讶地发现当我只是简单地满足了他需要的东西时，他会一个人玩得那么好。

2. 创建要填充的空隙

　　游戏展开的前提条件之一是空间和时间，在那里不存在竞争活动，同伴或兄弟姐妹之间的接触也是有限的。只有当孩子们的日程能够发挥主导作用时，具有探索性和表现性的游戏才能由孩子自己完成。他们需要有玩耍的材料，有探索和表达自己的空间。这些材料可以是简单的纸、积木、汽车，或者是院子里的棍棒和泥。一个成年人需要给孩子的主动性、创造性留出空间，让他们尽可能地负责自己的游戏。一位父亲说："当我的孩子们在花园里玩的时候，我正在看报纸。我妻子给了他们一块泥土，说他们可以用它做他们想做的任何事。他们看起来很高兴，所以我才开始做自己的事儿。当我再次抬起头来时，我看到他们从花园的其他地方摘了许多我妻子的花，并把它们插在那块泥土里。"这位父亲说，他花了很长时间来考虑如何向妻子解释——善意地忽视对孩子的成长确实有好处。

　　另一位母亲说，相比成年人的提议，儿童的兴趣应该在游戏中发挥主导作用：

> 我的丈夫是一个山地自行车的爱好者，他很想教会我的女儿骑自行车。当她买了一辆新自行车时，他试图让她骑上它，但她只是想玩上面的彩带和洗车。最后，她告诉爸爸她想绕着街区骑一圈。于是，他们出发了，但她每骑十步就停下来从水杯里啜一口水，然后小心翼翼地把水杯放回杯托里。她非常喜欢玩她的新自行车，但我丈夫却因为她不想骑车而沮丧。

如果这位爸爸能知道女儿的想法比他的想法更重要，那么他就会放弃自己的期望，以女儿的快乐为乐。

3. 创建结构、仪式和常规来保护游戏

游戏并不紧迫，因此很容易在日常生活中被忘记。为了保护和保留游戏的时间和空间，需要定规矩。例如，家长可以决定在一周内应该有多少个游戏日（如果有的话）。家长也可以创建一个每日常规，平衡有组织的活动和玩耍时间，确保游戏不会被推到一边。在电子设备的使用方面，要首先明确何时、何地、如何以及为什么要使用这些设备，这样可以限制它们的使用次数，并抢先解决一些问题。最好不要把这些设备放在幼儿卧室里，也不要将其作为奖励或惩罚。如果它们不在孩子们的视线之内，它们就会被遗忘。

4. 不要用赞美或奖励来强化游戏

成年人越是试图通过赞美和奖励来强化游戏，他们就越可能阻止游戏的开展。当父母告诉孩子，他们为孩子的游戏或游戏结

果感到自豪时，他们会把孩子的游戏转变成对依恋感的追求，而承认孩子在游戏中产生的自豪感和成就感则是弥补的好办法。家长要意识到我们不能用赞美来操纵孩子的行为，而且真正的游戏是需要空间来展开的。当孩子沉浸在玩耍中时，善意的忽视可能是最好的方法，就像下面这位家长所做的：

> 当我儿子和他的妹妹坐在钢琴旁时，他喜欢问她想听哪首歌。有一天，他给了她两个选择——《帕夫，神奇的龙》和关于阿加泰拉的歌。斯凯拉告诉他，她想要听阿加泰拉的歌。我的儿子答应了，尽管他没有上钢琴课，但他还是以《帕夫，神奇的龙》为曲子，"创作"了一首关于阿加泰拉的歌。我几乎要笑出声来，但我忍住了，并称赞他的创造力。最后，我什么也没说，因为我怕打断他们的游戏。

只有当成年人重视游戏并认为游戏是儿童的基本需求时，才能促进游戏的展开。游戏并不是紧迫的事情，因此它的重要性已经被孩子是否有好的表现、立竿见影的结果以及是否取得进步所掩盖。成年人需要缓冲科技创新、快速的社会变革和经济全球化带来的冲击，同时也要减少他们对孩子成功的焦虑，因为这种焦虑可能会扼杀孩子的玩性。孩子们必须"迷失"在游戏中，才能发现自己是谁。

学龄前对做事和学习有哪些影响

考虑到儿童早期的玩耍需求，人们经常会问这样一个问题：孩子什么时候才能开始做事并接受正规教育？答案是，当他们的大脑发育基本成熟时，在理想的发展情况下，通常是5到7岁之间。当一个孩子有复杂的思想和情感时，他们就会有控制冲动的能力，并且能成功地参与需要耐心、思考、集中注意力的环境（见第2部分）。做事需要一个孩子能延迟满足，牺牲，放弃享受并关注成果。例如，一个6岁的孩子告诉他的妈妈他不喜欢一年级，"因为，教室里有桌子，我必须要坐着做事。我想玩，想跳，但我必须坐着，否则我的老师会生气"。显然，他已经准备好去上学了，因为他可以感受并表达自己复杂的情感。

对7岁开始接受正规教育的儿童的学习效果展开调查，结果显示，在美国和丹麦，将幼儿园延长至7岁，可以显著减少注意力问题和多动症问题的学生数量，从而提高学生成绩。[35] 推迟正规教育能使儿童的大脑有时间整合前额叶区域，从而产生集中注意力和控制冲动的能力。换句话说，成熟——而不是早期的学术指导——是学生成功的答案。

在孩子进入"理性年龄"之前，我们最好给任何可以被理解为工作的活动注入乐趣，比如捡玩具、打扫卫生、上厕所训练、卫生任务，或者学习数字和字母。例如，一位母亲说："我用食用色素让上厕所变得更有趣。我会让我的儿子选择颜色，然后在碗里滴几滴，他会在上面撒尿，让水变成不同的颜色。这很有趣，而且完全解决了他在如厕训练上的障碍。"[36]

当今教育最大的问题之一是如何在幼儿园中保存游戏。在这个年龄段，应该关注的是基于游戏的教育，而不是教学或学术。然而，这种关注正日益受到威胁。从美国到新西兰，避免孩子过早接受学术训练已成为一个全球性问题。然而，一些国家正迅速引进早期教育和学校学术教育，让三四岁的孩子通过正规教育学习数学和英语。心理学家、《自由学习》一书的作者彼得·格雷指出，幼儿园已成为保护学龄前儿童的最后战场。

美国全国幼儿教育协会表示，美国的共同核心标准促使人们相信早期学术训练能促进就业和为上大学准备。[37] 在英国，儿童保育和幼儿教育专业协会认为，幼儿学术教育不应是学前教育的重点；相反，幼儿期应该是培养创造力、鼓励学习欲望、帮助孩子变得越来越独立的时期。[38] 在新西兰，儿童早期课程被称为"Te Whariki"，毛利人认为童年是生命的一个时期，它并不是为生活做准备而存在的。[39] 即使是早年以游戏的核心价值观而闻名的国家，如冰岛和瑞典，现在也面临着将学术科目引入幼儿园的压力。[40] 幸运的是，丹麦、芬兰以及加拿大等国仍然大力支持将游戏作为 6 或 7 岁以下孩子的最佳生存环境。芬兰因在经合组织国际学生评估项目中名列前茅而备受关注。[41] 芬兰儿童接受了以玩耍为基础的强有力的教育，他们的学习通常是在 6 岁以后展开。[42]

实施全天幼儿园之前，加拿大在全球教育体系的 PISA 测试中也曾名列前茅，那时以游戏为基础的教育是标准。[43] 全天幼儿园曾被吹捧可以给孩子们提供学术方面的优势，但事实上它未能产生这种效果。

对加拿大安大略省全天早期学习型幼儿园实施情况的评估显示，它们在学术上的成效是微不足道的，甚至还不如半天幼儿园。[44] 这些评估结果也支持了杜克大学研究人员在对全天幼儿园课程进行分析时的发现：从 3 年级开始，全天幼儿园项目并没有给孩子带来长期的学术效益。他们的结论是，全天幼儿园应该提供给孩子，但不是所有人都需要。[45] 但对于那些不能给孩子提供真正的玩耍条件的父母，研究确实支持早期教育和全天幼儿园来满足他们的需要。[46]

关于早期学术教育对儿童的有效性的研究一直缺乏成果。尽管英国为学龄前儿童制订了早期识字计划，但英国儿童的阅读技能在欧洲是最低的，低于那些儿童较晚才开始阅读的国家。[47] 从全球范围来看，并没有证据证明 5 岁时读书会给孩子带来更大的学术成就。[48] 此外，过早地学习可能会对孩子的学习倾向和学习动机产生负面影响。[49] 让一个 5 岁的孩子读书会给他带来压力，而且这也可能是强迫性的经历。孩子们想要理解他们的世界的愿望被工作表、评估和教室扼杀了，他们几乎不被允许自由探索与表达。此外，早期对学术的追求与好奇心和创造力的下降有也关——在追求知识和学习中，它们被牺牲掉了。[50] 与以游戏为基础的幼儿园学龄前儿童相比，学术型幼儿园的幼儿会表现出更多的考试焦虑、缺少创造力，对学校的看法也更消极。[51]

目前，有一种稳定而令人担忧的趋势，就是把年幼的孩子过早地推向学术领域，而无视发展科学的说法，即在这个年龄接受教育太早、太多，会损害孩子的健康成长。我们可以帮助儿童充分发挥他们作为学生的潜能，但这将是通过玩耍，而不是以玩耍为代价。正如儿童发展专家南希·卡尔松·佩奇所说："我做梦也没想到我们会捍卫儿童玩耍的权利。"[52]

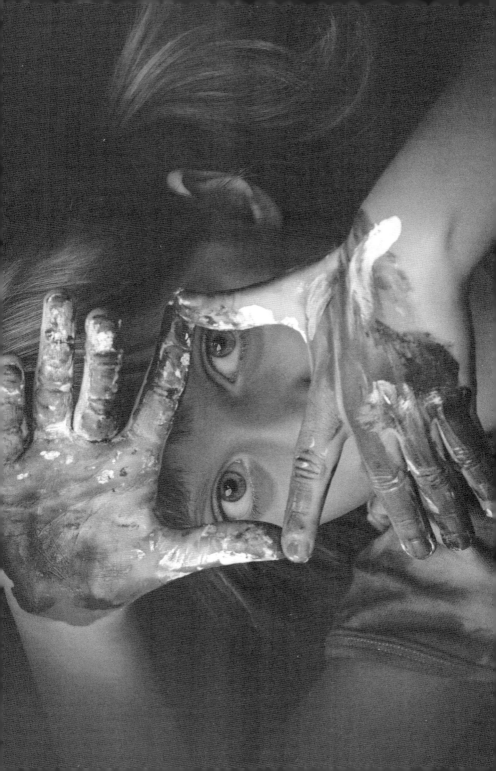

渴望连接：为什么关系很重要

没有安全的投资，爱就是脆弱。

爱任何东西，你的心都会被牵动，甚至可能破碎。

如果你想让它完好无损，你一定不能把它交给任何人，即使是动物。

用爱好和奢侈品把它小心地包裹起来；

避免所有的纠葛；

把它锁在你自私的棺材里。

在那里——安全、黑暗、静止、没有空气——它不会被打破。

它将会改变。

它将变得坚不可摧，不可穿透，不可挽回。

——C.S. 刘易斯[1]

佩内洛普是一个3岁的孩子，有一天，我和我的孩子们在公园玩耍时遇到了她。我们一起玩了弹珠游戏，之后不管我们去哪里，她都跟着。我问她谁在照顾她，她指着公园对面的一个女人——她正和另一个成年人在聊天。过了一会儿，我告诉佩内洛普她需要回到她的看护人身边。她不屑地看着我，但经过一番坚持后，我把她引向她的看护人方向。等我把注意力集中到自己的孩子身上时，却突然感到有一只小手抓住了我的手。我惊呆了，低头又看见佩内洛普站在那里，她告诉我她想和我一起。我再次告诉她，她需要找到她的看护人，并挥手引起看护人的注意。10分钟后，佩内洛普又找到了我，但这次她哭了起来："秋千，秋千，秋千。"我带着佩内洛普去找她的看护人，打断了她的谈话，告诉她佩内洛普很难过，因为她想去荡秋千。她的看护人直视着我说："是的，她很生气，因为她想让你推她荡秋千。"震惊、愤怒、困惑，我简直不敢相信这位看护人的反应。对这个孩子来说，我是个陌生人，她对我的依恋一点儿也不健康。我告诉佩内洛普她的保姆会推她荡秋千，我得去看我的孩子。当我心烦意乱地走开时，佩内洛普哭了起来。我很生气，因为她的看护人没有表现出对她承担任何责任的意愿。

佩内洛普的行为是由于渴望接触和亲近。她渴望亲密无间的关系，愿意追求任何一个能给她温暖和联系的陌生人。虽然我愿意照顾她，但我知道我不能帮助她追求对陌生人的依恋，因为这对她没有什么好处。佩内洛普没有错，她只是在忠实于自己的直觉，去寻找一个让她觉得有"家"的人。讽刺的是，佩内洛普并不是没有舒适的家。她衣着讲究，有一辆漂亮的马车，一个漂亮的公园，还有一个安全的地方可以玩耍。大多数人看到她，都会认为她的处境很好，得到了她成长所需要的东西。但事实上佩内洛普的处境并不好，她在情感上饥肠辘辘。

佩内洛普的故事证明了依恋的挑战：只有当一个人用眼睛看到依恋或被对它作出反应的关爱本能所感动时，依恋无形的本质才会显露出来。她的故事还表明，当提供者不承担责任时，孩子们将如何努力满足他们的依恋需求。孩子不应该为爱而工作，他们应该在别人的照顾下休息，这样他们才能玩耍和成长。这就是为什么依恋关系很重要。

渴望连接，渴望休息

T.S. 艾略特曾写道："家是一个人开始的地方。"孩子如何才能产生在家的感觉？答案是他必须要植根于依恋之中。家不仅仅是一个地理位置或物理结构，它是一个充满感情的地方。在那里，孩子从对连接的渴望中得到休息。孩子们当然需要有关系的家庭，但我们不能命令他们这样做。我们只能邀请他们进入我们的关系，邀请他们在我们的照顾下休息。[2] 我们无法给出如何爱或者关心他人的明确的指示，可是，我们可以支持这样的观点，依恋是我们人类最大的渴望。

60 多年的依恋研究表明，每个孩子都至少需要一个坚强、有爱心的成年人来依恋。依恋被定义为以追求和保持亲近为特征的驱动力或关系。[3] 我们寻求与我们所依恋的事物或人保持密切关系。为了健康成长，年幼的孩子需要依恋他们的看护人，但他们也可以依恋物品和其他人，可能是泰迪熊，也可能是他们的祖父母。如果没有足够深的依恋关系，那么就没有什么是可依恋的。依恋本能是由边缘系统（也被称为大脑的情感中心）推动的。[4] 依恋的化学痕迹包括催产素和后叶加压素，它们被认为具有一种超胶合的力量，把孩子与我们联系在一起。[5]

依恋是幼儿最突出的需要。他们天生的寻求本能驱使他们去寻找能回答这个问题的人：谁来照顾我？[6] 寻求的本能促使孩子形成强烈的依恋关系，这将满足他们对关系的渴望，并为他们提供一个安全地带，使他们有家的感觉。[7] 不是父母对孩子的爱赋予了他们照顾孩子的能力，而是孩子对父母的依恋让父母有了这个能力。5 岁的西蒙娜和妈妈一起吃野餐的情景，很好地表现了这一点：

> 西蒙娜："妈妈，我很高兴还活着。"
> 妈妈："我也是。你为什么会这么想？"
> 西蒙娜："因为我有你。"
> 母亲："我完全明白你的意思。"

父母需要在依恋中来照顾孩子，这样孩子就能理所当然地在这种依恋和照顾中获得休息。

当一个孩子受到伤害或感到害怕时，他们内心寻求的是他们的关系家园。就像 4 岁的克洛伊的妈妈解释的那样："当克洛伊心烦意乱时，她哭道：'我想回家……我想回家……'一开始我真的很困惑，想告诉她，她就在自己的房子里，但她只是哭得更大声，说：'我想回家找妈妈。'她在这时候似乎迷失了方向，只想得到我双臂的安慰。"

年幼的孩子们似乎已经安装了"寻家装置"，当他们需要与照顾他们的人分开或需要他们注意自己的时候，这些装置就会发出警报信号。一位有两个小男孩的母亲说："每当我打电话的时候，我的孩子们就开始像鲨鱼一样围着我转。他们拽呀，拉呀，挣扎呀，尖叫呀，直到我挂掉电话去注意他们。我一分钟时间也抽不出来。"孩子是依恋动物，如果忽略了这一点，就无法理解到底是什么引起了他们的这些行为。

孩子们对看护人那种全身心的、孜孜不倦的追求并不是什么新鲜事。1958年，创造了"依恋"这个词的英国精神病学家约翰·鲍尔比告诉父母，"年幼的孩子对母爱和存在的渴望就像对食物的渴望一样强烈。"[8] 他说，孩子们可能会对父母提出无理的要求，特别是当他们感到害怕或不安时。但鲍尔比也认为，这是一个自然的过程，虽然父母有时会感到不知所措和疲惫，但随着健康的发展，孩子的需求应该减少，一个更有安全感的孩子会出现。当你意识到一个年幼的孩子需要很多的依恋时，你就会知道为人父母需要有多慷慨。

多萝西·布里格斯在她的书《孩子的自尊》中写道："你是从满溢中得到滋养，而不是从空虚中。"[9] 为了满足孩子对依恋的渴望，最重要的是情感的满溢。在慷慨的关怀下，我们会邀请孩子和我们一起进入亲密关系。也正因为足够的爱，孩子才可以自由地在我们的照顾下休息，并把我们的照顾视为理所当然。我们的慷慨与他们对接触和亲密关系的渴望完美匹配，这将他们带入我们生活的轨道。一位名叫索菲亚的5岁小女孩向母亲讲述了她是如何感受母亲对她的慷慨照顾，以及这种照顾对她的影响：

> 有时候，我会从这样的一个梦里醒来：我有一个爱的天秤，你也有一个。你的爱总是比我的多，所以我真的很努力地把我的天秤推得更高，好和你的爱一样多。可我的天秤刚到那儿，你的就跳得更高。我试着把我的爱的天秤

推得越来越高，以达到你的爱，但每次我这么做，你的爱总是再次变多。我就是跟不上你的爱，妈妈。

当母亲听到孩子这样的话时，她意识到她所带给孩子的依恋关系已经超过了她女儿对连接的追求。

在不同情况下，对依恋关系的慷慨邀请可能会发生形式和表达上的变化。例如，如果一个小孩想要一个拥抱，父母可能会给他5个拥抱，但是如果他因为父母的拒绝而难过时，慷慨可能意味着给他一个可以流泪的空间。无论在什么情况下，我们都需要通过不懈的追求和坚持来邀请孩子进入一段关系——无论是在生活的暴风雨中还是在美好的时光中。对任何父母来说，满足幼儿强烈的依恋欲望都是一项艰巨的任务，但我们必须"喂养"他们。

童年早期是情感的饥饿时期。小孩子是不安分的探索者，只有当被允许享受人际关系时，他们才会感到满足。依恋是一种原始的追求，一个坚强、有爱心、慷慨大方的成年人是实现这种追求的最终答案。尽管大多数父母、老师、祖父母和看护人员都本能地认同成人与孩子关系的重要性，但我还是经常被问到以下问题：

- 如何与孩子建立牢固的依恋关系？
- 你会不会太依恋对方？
- 如果你小时候有依恋问题，你还能依恋你的孩子吗？
- 如果我没有在孩子出生的时候就马上爱上他们，这会不会不好？
- 我可以一边工作，一边把孩子留在日托中心，同时还能和他们保持良好的关系吗？
- 如果我是单亲，而孩子只有我怎么办？
- 我怎样才能让孩子喜欢上他们的老师、祖父母和兄弟姐妹？

　　这些问题是令人振奋的，因为它们标志着人们的注意力转向了儿童和成人之间的关系。然而，需要进一步澄清的是，谁应该在关系方面"喂养"孩子？他们需要如何"喂养"？这种"喂养"如何服务于孩子未来的发展？很明显，成年人有责任满足孩子对关系的渴望。正是父母对孩子的接触和亲密需求的反应，影响着孩子的成长轨迹和潜能的实现。

好的依恋是什么样的

　　当谈到他的花园时，我的祖父最自豪的一件事就是他的土壤。他珍爱那黝黑而肥沃的土地，那是他经过不断试验的含有"生长秘密"的堆肥。当我还是个孩子的时候，我并不怎么在意他的那些"脏"东西，而是更关注他的水果和蔬菜什么时候能准备好。祖父感觉到我的不耐烦，提醒我不要低估打下良好基础的重要性，即使我不能马上就看到它的好处。他凭直觉知道，树根越深，产量就越高。现在回想起来，我才意识到他对依恋的理解有多深。他努力培育强壮的根系来促进和维持生长。他不喜欢抄近路，也不喜欢人为地到那终点去。他的核心方法是自然的、有机的。

　　纽菲尔德在《依恋的6个阶段》中详细描述了依恋在生命最初的6年里是如何发展的。在这6个递进的阶段，孩子与他人的交往慢慢变得复杂，有深度。此外，每个阶段都提供了追随一个人，并与他亲近的新形式。孩子们保持亲密关系的方式越多，他们成长为独立的、适应性强的、社会性的个体的动力就越大。虽然孩子生来就有建立关系的能力，但他们的依恋本能需要通过持续和可预测的关爱来激发。即使依恋的潜力在最初的6年里没有展现出来，但实现它永远不会太迟。

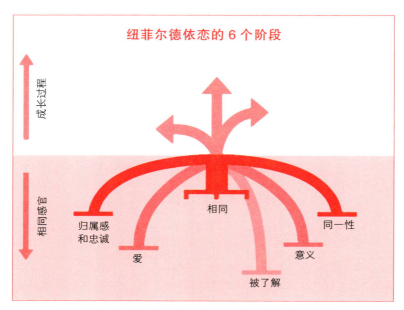

图 4-1 纽菲尔德依恋的 6 个阶段（改编自纽菲尔德课程《依恋迷宫》）

1. 在出生时，通过感觉来依恋

在生命的第一年，孩子通过触觉、味觉、嗅觉、听觉和视觉来感知和依恋外部世界。他们可能会伸手摸妈妈的头发或脸，给她一个湿漉漉、黏糊糊的吻——好像要吃掉她似的。这时期的许多婴儿都希望被抱得很紧，他们的眼睛在寻找看护人，当他们看不到他／她时，就会发出警报。摇篮曲在此时能起到抚慰作用，因为婴儿听到熟悉的声音时会感到亲近。另外，婴儿也开始对他们的照顾者发出声音，包括咕咕声、咿呀学语和呼唤父母的名字——"爸爸""妈妈"。他们会注意到与所爱之人有关的气味，比如妈妈的香水味。即使他们的依恋对象在视线和声音之外，他们仍然可以闻到他的"气味"。孩子的整体敏感度和感官接受能力将决定他们认为舒适的互动类型。

要在感官层面建立依恋关系，孩子需要与照顾者保持一致和有规律的身体接触。虽然婴儿在出生时就已准备好识别生母的声音和气味，但他们的大脑平均需要6~8个月的时间才能发育到足以将一个人锁定为主要依恋对象的水平。[10] 如果环境等因素造成了亲子分离，那么这种现象也可能会在6~8个月之后才会发生。依恋的美好设计是这样的：孩子的主要依恋对象不一定是生育他的那个人，而是对他始终如一地关心的那个人。孩子们喜欢依恋那些给予他最好的邀请和持续的关爱的人，这种主要的依恋关系将是塑造孩子早期身份和展现他们作为关系存在的能力的关键。此外，这个依恋对象也可以把孩子介绍给其他的依恋对象，建立一个抚养他的人际圈。

2. 通过同一性产生依恋（1岁）

如果一切进展顺利，1岁的孩子将开始通过模仿来获取他们的依恋关系。他们是天生的模仿者，会模仿他们所依恋的人的声音、喜好和举止。简而言之，"和某人一样"是一种把他们紧紧抱在一起的方式。一天，2岁大的杰米的母亲在午餐时转述了儿子和祖母之间的对话：

杰米："奶奶，吃我的吧。"

祖母："没关系，杰米。我有我的三明治。你吃你的。"

杰米："不，奶奶，求你了。"

祖母："真的，杰米，奶奶很好。我不喜欢培根。奶奶只吃蔬菜。"

杰米："（看起来很沮丧）奶奶，请吃培根。"

奶奶："对不起，亲爱的，奶奶不喜欢。"

杰米："（开始哭）哦，奶奶，请吃培根。我喜欢培根。"

我们经常注意到孩子是如何从父母那里"学习"东西的，把它当作一件纯粹的认知任务，但我们错过了依恋是如何激发一种情感需求的，它使你想要和你最亲近的人相同。孩子们被这种欲望所触动，想要采取和他们的依恋对象一样的样子和行为方式。依恋促使人们模仿，吃同样的食物，学习语言——因此有句话叫"学习母语"。孩子所接受的价值观更多地与他们所依恋的人有关，而不是与学习的结果有关。如果他们的同伴成为了他们最亲密的伙伴，他们会模仿和复制他们的言行，导致一种不成熟的依恋关系。尽管我们直觉上知道 1 岁的孩子是一个模仿者，但我们忽视了他们试图通过模仿、亲近谁的重要性。如果你想知道一个 1 岁大的孩子喜欢谁，你需要考虑他们的言谈举止。下面这段与两岁男孩父母的对话揭示了他生活中令人惊讶的依恋关系：

黛博拉："你 1 岁孩子的言谈举止像谁？"

父亲："除了我和妻子，我也不确定。布雷登会发出很多类似钻头和锤子的声音，还会在房子周围使用很多想象出来的工具。"

黛博拉："在你家里谁会使用工具？"

父亲："不是我。我妻子也不喜欢。"

黛博拉："布雷登有这样的祖父母吗？他会和使用工具的人一起看电视节目吗？"

父亲："不，他没有。我唯一能想到的一件事就是去年我们有一个承包商在为我们的房子施工，他使用工具。"

黛博拉："我认为布雷登与你的承包商关系密切。"

　　孩子的父母都笑了，说他们的承包商曾说过布雷登让他想起了自己的儿子。成年人通常通过角色和责任来考虑依恋，而孩子则通过谁给他们带来欢乐、享受和温暖来考虑依恋。

　　通过同一性的依恋有助于孩子形成一个基本的身份认同，在一个1岁的孩子身上汇集了他所依恋的人的特征与举止，他展示了他们的总的身份特征。然而，由于孩子的不成熟，在现阶段，他还只能紧紧抓住别人的想法，随着时间的推移，才能慢慢形成自己的想法。不过，这些关系将是他们人格萌芽的种子，并随着日益成熟和个性化的增强而变化。例如，小男孩可能想要像他们的姐姐一样涂指甲油，或者小女孩可能想要像他们的父亲一样刮胡子。一位有两个小男孩的母亲说："我的孩子们总是问我，他们长大后能不能拥有我的衣服或珠宝。他们还告诉我，他们想和我一样穿夹脚凉鞋，还想穿耳洞，这样他们就可以戴我的耳环了。"一岁大的"模仿猫"的依恋方式有助于形成他们最初的一个身份认同，并帮助他找到"我是谁"的答案。他们想要寻求的人揭示了他们想要和什么样的人保持亲密关系，这也是缓解分离焦虑的一种方式。

3.通过归属感和忠诚产生依恋（2岁）

　　2岁的孩子会通过归属感和忠诚开始对人和事产生依恋。他们会开始对人和东西表现出占有欲和占用行为，以宣布它们属于自己，而占有的目的则是为了保持与某人或某物的亲密，避免与之分离。归属感产生的依恋提供了一种孩子与家庭的更深层次的连接，使他们融入其中。而当父母以一种独特的方式声称占有或拥有孩子时，孩子也会表现出开心，比如说"那是我的女儿"或"那是我的儿子"。

占有欲会自然地从依恋和归属中产生。事实上，这种占有欲标志着孩子作为关系存在的一种成长。在分享依恋对象的过程中，随之产生的嫉妒是"小孩子的一件健康、正常的事情，这意味着他们热爱他，而且他们已经从最初完全不成熟的状态中取得了相当大的进步。"[11]一位妈妈回忆了3岁女儿的占有欲和对弟弟的嫉妒：

> 当布列塔尼的弟弟和父亲离开家时，我对她说我期待着和她独处。布列塔尼看着我说："妈妈，我们需要一个新妈妈。"我吃了一惊，但还是设法问她为什么觉得有必要找个新妈妈。她告诉我，"我想找个新妈妈，把她给本，这样我就能拥有你。"

虽然2~3岁孩子的占有欲会导致相争，但他们的愿望也应该被看作是对依恋关系的赞美——他们只求拥有他们所依恋的人和物。在他们看来，分享的意愿被高估了，他们不愿意与玩具或家人分开。

一个发育良好的，2~3岁的孩子会在归属感出现之后开始有忠诚的迹象。这样的忠诚包括遵守规则、追随某人或与某人站在同一立场来与他保持亲密关系。对某人表示支持是忠诚的表现。一位父亲描述了访客们到他家做客时，他3岁的女儿伊莎贝拉的样子：

> 当人们进入我家时，我听到伊莎贝拉告诉他们"脱掉你的鞋子——家里不允许穿鞋"，或者"把你的夹克挂起来"。伊莎贝拉会告诉他们不要在屋里乱跑，对她弟弟好一点，即使他又哭又闹。她甚至带他们参观花园，告诉他们所有

的花的名字。客人们认为她很聪明，但她只是在重复平时我们所做的和她听到的我们的话。

当 2~3 岁的孩子开始在分歧中选择立场时，他们通常也会表现出忠诚。一位母亲讲述了一家人外出吃饭时在车里发生的故事：

> 我丈夫开车带我们出去吃晚饭。在路上，我决定给他一些友好的建议，并鼓励他抄近路去餐馆。他不喜欢我在"后座开车"，对我说："我开了 20 年的车，我知道把车停在哪里，怎么开！"我告诉他我只是想帮忙，因为他要走的路线真的很堵。突然，内森对爸爸吼起来："爸爸，你为什么不听妈妈的话呢？她知道该去哪里。"

年幼孩子的忠诚是非常个人化的，对于两岁的孩子来说，这是依恋发展良好的迹象之一。学龄前儿童的占有欲并不是偶然的，而是一种必然会出现的情况，这使他们在依恋的相伴中，大胆地向前走他们的路。通过归属感和忠诚产生的依恋平衡了孩子成为自己时所面临的分离焦虑。

4. 通过意义依恋（3 岁）

在大约 3 岁的时候，一个孩子应该开始通过意义依恋。在这个时候，他们将寻求在旁观者眼中自己是特别的和可爱的。他们渴望被认可，渴望被看到和听到，希望对他们所依恋的人产生影响。与依恋对象的接触和亲密关系对孩子来说就像氧气一样，他们似乎只有站得更高，因此才能感觉更重要。我仍然记得我渴望成为母亲的重要的人时的感受——她的微笑和温暖让我能心满意足好几个小时。一位 3 岁半孩子的母亲讲述的这个故事，揭示了她女儿对意义的渴望：

> 我从学前班接了吉纳维芙，当我们走回家的时候，我告诉她，我看到她班上有个小女孩很可爱，她笑得很开心。当我谈到这个小女孩和她的特别之处时，吉纳维芙开始感到心烦意乱。我问她是否知道这个小女孩的名字，她说："不！"然后我告诉她，我说的那个小女孩就是她，我一直从窗口看着她。当吉纳维芙意识到我一直在谈论她时，她脸上露出了灿烂的笑容。父母可以通过给予孩子全神贯注的注意力，记住对他们来说重要的事情，或传达与他们在一起的快乐，来表达孩子对自己的重要意义。

当一个孩子通过意义来获得依恋时，他们会对自己被珍视、被尊重的时刻变得敏感，他们会有一种重要的感觉，也会从依恋对象那里获得快乐。他们会观察对父母来说什么是重要的，他们也可能会努力得到父母的认可来满足自己的依恋需求。例如，孩子可能用"看我"或"看我做了什么"的惊叹声来寻求关注和表扬，以获得意义——一种对依恋的修复。但问题是，当孩子们必须通过努力来满足他们的依恋需求时，他们没有得到真正的休息。当他们必须努力变得有意义时，他们并没有在依恋对象所提供的照顾中获得休息。当他们为得到爱而努力时，他们就无法玩耍和成长，他们可能会专注于"足够好"的表现，而不是足够好的自我感觉。这就是为什么表扬对小孩子来说是有问题的，因为它可能使孩子开始努力取悦他们的看护人，以获得意义。一个健康的自我意识是建立在自我感觉可爱的基础上的，自我价值应自然地展现出来。

想要对某人产生意义的孩子比之前依恋阶段中的孩子更容易受到伤害。当孩子想要引起别人的注意时，别人的拒绝或不邀请会让他感到受伤和恐慌。不受欢迎的经历可能会使一个3岁的孩子产生羞耻感，觉得自己有问题。这可能会导致他努力让自己在旁观者眼中更有吸引力，或者放弃他自己的特质，成为依恋对象喜欢的样子。要让孩子的自尊心有坚实的基础，就需要把意义感与他们的表现分开。

一个3~4岁的孩子把依恋对象作为心理镜子来反映他们正在形成的身份。他们所看到的将影响他们如何看待自己，尤其是那些重复的、强烈的信号。例如，如果一个孩子看到他的父母喜欢和他在一起，那么，他会比被父母反复告诉有太多的工作和问题需要处理感觉更好。对某些人来说，意义的需求是一种渴望，它会驱使他们在任何可能的地方寻找它。如果家庭不能提供给他们，那么他们就会像佩内洛普对我做的那样。孩子们需要从通过努力才能获得依恋的状况中得到休息，在大人的带领下认识、接触和亲近某些地方，同时自己主动冒险去接触一些新领域。

5. 通过爱来依恋（4岁）

如果发展良好，4~5岁的孩子会把他们的心交给最亲密的人。这是一个情感亲密的时期，到处都是"我更爱你"或"我要和家里的每一个人结婚"的宣言。作为爱的象征，心可能成为他们新的主题，经常出现在图片和课题中。一种温柔、深切的关怀浮现出来——这是养育一个年幼的孩子的美好时光！

爱是依恋的情感，它不能被命令，必须自发地给予。如果一个孩子认为他们被爱是因为他们善良、乐于助人或聪明，他们就会被束缚在一种重复表演中，以努力满足自己的依恋需求。当孩子把被爱归因于他们所做的事情而不是他们是谁时，他们无法获得休息。无条件依恋的本质在于，它让孩子知道他们本来就是可爱的。有时我告诉我的孩子们我爱他们，他们会翻白眼，回答说他们已经知道了。当我问他们怎么知道的时候，他们面无表情地看着我说："我就是知道。"我希望他们永远不会觉得他们需要为被爱而努力。

通过爱而获得的依恋会带来更深层次的脆弱，尤其是当喜爱、温暖和关怀的温柔情感出现时。孩子把心交给谁，谁就有力量在情感上伤害他们。如果孩子们认为他们不再被珍视、喜欢或关心，或者他们的抚养者对他们缺乏热情或关爱，他们可能会爆发出沮丧和惊慌。这是依恋关系按顺序展开的原因之一：因此，4至5岁的孩子会有选择性地把自己的心送人。他们只会通过爱与那些和他们相同、能带来归属感和对他们来说有意义的人建立联系，这是自然、安全的连接方式。

爱是一种更深层次的依恋形式，它能让5岁的孩子远离他们的家庭，去尝试新事物。情感上的亲密关系体现了依恋与分离之间的微妙：当孩子们冒险前进时，他们心里仍然有一种家的感觉。

6. 通过被理解而产生依恋（5岁）

如果发展理想，一个5岁的孩子将进入依恋的最后阶段——通过被了解而产生依恋。这是向心理亲密的转变，也是与他人建立关系的最令人满意的形式之一。在这个时候，孩子明白他们可以隐藏自己的思想和情感，选择是否向他人透露自己的想法。简而言之，他们可以通过自己的意志保守秘密。但当孩子们通过被了解而产生依恋时，他们就会对与他们亲密的人展示自己不为人知的一面，因为心理亲密的本质就是透明的亲近。

秘密会让孩子和他们的看护人疏远，阻碍他们加深亲密关系，而不能表达自己的感情和思想则会导致这种亲密关系渐渐冷淡。人类天生就要以一种脆弱的方式袒露自己，不要把它与向人传播自我——如在现今社交媒体中普遍存在的试图获得"依恋修复"的非个性化尝试——混为一谈。

只有你最亲密的伴侣才需要被了解，推动这种了解的是跨越分裂的渴望，这是随着分离意识的发展而产生的。心理上的亲密是对最深层联系的渴望。

如果父母要照顾孩子，那么孩子向他们袒露自己的做法是必要的。这种做法确保了孩子不会向他们隐瞒重要的事情，这在孩子们的青春期很重要。一天晚上，一位父亲为女儿的坦白感到困惑，但他最终理解女儿是想让他知道自己的想法：

> 我看到艾丽用手捂着嘴，好像有什么东西要从她嘴巴里冒出来，这真奇怪！不过，艾莉显然也想隐瞒些什么，但是好像她有太多的压力不得不说出来。我问她出了什么问题，她说："哦，爸爸，我不想说的，但我必须说！我故意把奥斯卡的火车藏起来，因为他不愿和我分享。"与害怕承认自己做错了什么相比，她更担心爸爸知道后对她有偏见。秘密有能力把我们和那些我们想要对方了解的人分开，也能让我们更接近他们。

当孩子开始撒谎时，父母往往会感到震惊。好消息是，说谎显示了大脑的整合能力和孩子处理相互竞争的想法和感受的能力。说谎标志着学龄前儿童个性的终结，但对其复杂性的认识往往也会消失在由它引发的混乱中。在一次晚宴上，有人向我谈起

她6岁的儿子，他刚刚撒了第一个谎：

梅根："托比看着我的眼睛说，他没有从我包里拿糖果，但我在他的房间里发现了包装纸。我太生气了。我拿走了他一个星期所有的甜点，告诉他不要再骗我了。我该怎么办？"

黛博拉："哦，梅根，托比现在有说谎的能力了——这真是个好消息！听一听他是如何把两件事同时记在脑子里的——真相和谎言——这是一个惊人的发展。我知道你很难过，但你明白这意味着什么吗？"

梅根："（看着另一个朋友，张着嘴巴，瞪着眼睛）你是认真的吗？"

黛博拉："说真的，梅根，这意味着他的大脑已经脱离了他学龄前的世界观。你打开了一扇通往成熟的潜力之门：他足够成熟，可以向你隐藏自己。他知道说谎是不行的——这不是问题的关键。他不想把自己暴露给你——这就是问题所在。说谎的解决办法之一就是渴望被最亲近的人知道。他有没有告诉过你他的秘密？"

梅根："是的，大部分时间，我想是吧？"

黛博拉："那就确保他这样做是安全的，即使他在吹牛。他现在可以决定和谁分享他的心事了——你需要保持和他的亲密的关系，以确保他分享的对象是你。"

梅根："那么，我该怎么面对他对我说谎的事实呢？"

黛博拉："你跟他谈过他为什么拿走糖果吗？我猜他想要糖果，他知道你会说不，但他不想听，也无法抗拒糖果的诱惑。这就是事情的全部——他需要与自己的情感和冲动建立一种关系，但这些情感和冲动诱使他走捷径，不接受对他想要但不能拥有的东西说'不'。"

梅根："怎么才能阻止他再次说谎呢？"

　　　黛博拉："他会为此感到难过吗——不是因为你让他说'对不起'？你只需要把这件事背后的原因替他说出来，这样他就可以反思他所做的事情，以及他对此感受到的冲突和矛盾。这就是你想要内化的信息——这些冲动和感觉是我们的一部分——重要的是我们如何应对它们。"

　　　梅根："呃……他不会跟我谈这件事了。我已经把他所有的甜点都拿走了。"

　　　黛博拉："我很确定你会有机会的。说谎的诱惑永远不会离开我们。"

　　分享秘密不仅能满足依恋需求，还能促进人格的成长。当孩子们向他们最亲近的人展示自己时，他们会更好地了解自己。讲真话为人际关系的真实性和完整性铺平了道路，为孩子日后的健康友谊和伙伴关系做好了准备。通往真实性的道路是由成年人铺平的，他们支持儿童以脆弱的方式暴露自己。当孩子们有自由分享自己而不害怕报复和分离时，个人的正直就会得到培养。以下条件有利于分享脆弱的感受和想法：

- 孩子首先通过情感上的亲密与父母建立联系，以释放想要被了解的愿望。
- 孩子在表露脆弱的情感时感到安全，因为这不会导致他们与所依恋的分离。
- 孩子会收到来自父母的热情邀请，袒露自己，例如，"你好像有心事。""你似乎有点儿伤心，你想和我说说吗？""你似乎很伤心，你能给我讲讲吗？"
- 父母通过感同身受，对孩子所说的进行反思和认可，能够促进孩子对情感和想法的表达。

　　育儿的最终目标是在与被养育者建立的深厚而脆弱的关系中，完成这 6 种依恋形式。而只有当父母与孩子的连接是一致的、可预测的、安全的，并且孩子能够以一种脆弱的方式体验他们的情感时，这一点才能实现。当这些条件得到满足，一个孩子作为一个关系存在的角色将展开，他们的发展将被推进。

　　依恋促使孩子成长为一个独立的存在——这是一个美丽而矛盾的设计。就像舞伴被锁在相互缠绕的舞步中一样，依恋和分离同时进行。儿童潜能发展的程度取决于滋养他们的依恋之根的深度。随着依恋的加深，分离功能会朝相反的方向推进。只有当孩子们确信有一个可以回去的家时，他们才能冒险出去玩。依恋是人性中最强大的力量之一，它把我们拉向彼此。与此同时，它被推动我们的孩子走向独立和人格化的力量所抵消。这是对立力量的完美结合：当我们紧紧抓住我们的孩子时，他们才可以自由地玩耍和成长，最终成为独立的个体。

如何通过收集仪式培养一种强烈的依恋

　　虽然孩子天生就有依恋的本能，但成人必须在发挥这种能力方面发挥积极作用。表达亲近的渴望最基本的方式之一就是收集。我们需要通过收集孩子们的依恋本能来邀请他们建立关系——我们需要努力引起他们的注意。通过收集，我们以一种友好的方式进入他们的空间，并努力得到一个微笑，他们的眼神交流，或者表示同意的点头。例如，你可以说，"我看到你正在用你的积木建造一座高塔——那很高！我也喜欢积木。""当他们似乎能接受我们的注意时，我们可以进一步吸引他们，提供一种接触和亲密感。如果孩子似乎乐于接受，我们可以选择继续对话，或者邀请孩子分享他们的想法："你能把它做多大？""我能帮忙吗？"

尽管收集仪式似乎是很简单，但它有一种强大而自然的方式，表达了亲近某人的渴望。我们对快乐、享受和温暖的表达使我们成为孩子们关注的焦点，并使我们有责任去关心他们。收集仪式是成年人对孩子渴望接触和亲近的答案的回应，可以建立和加强他们之间的关系纽带。正如本杰明·斯波克总结的那样，如果照顾孩子有一个既定模式，那就是享受这个过程。[12]

没有固定、正确的方法来收集一个孩子的成长瞬间。收集仪式既受到个人性格的影响，也受到文化习俗的影响。有些孩子的依恋会通过别人的声音来被收集，而另一些孩子则更喜欢触摸或眼神交流。收集的例子因环境而异，也因成年人而异，但只要友好地面对孩子，你就能找到很多方法。重要的是要记住，与策略或程序相比，在收集孩子的依恋过程中，真正想要与他们建立亲密关系的愿望更重要。我仍然记得当我和父母拜访祖父时，他迎接我的奇妙方式。他会在车道上等我们，当我们把车开到他家门前时，他脸上挂着灿烂的笑容。我还记得他那双蓝色的眼睛看着我，好像在闪闪发光——我感觉到自己被深深地爱着。他用食物、饮料和笑声来欢迎我们。他收集我们的成长是因为他爱我们，而不是因为他必须受某本书的指导。他代表着快乐、温暖和享受，我发现自己沉浸在想要和他在一起的渴望中。

对幼儿最常见的错误之一是期望他们在没有被收集信息的情况下遵守命令。通过收集一个孩子的信息，你让他们把注意力集中在你身上，因依恋本能跟随你。在指导幼儿之前，我们需要收集他们的依恋感。考虑到他们一次只专注于一件事，把他们从游

戏中拉出来，让他们进入游戏，以及其他的过渡是需要通过事
先收集他们的信息才能完成的。如果你不是他们的关注中心和
重点，你就不在影响他们的范围内。

为孩子提供一个接触和亲密的机会

- 归属感的标志，一些特别的、只属于我们的东西
- 相似或相同，有共同之处
- 对他们表示一点忠诚，这是支持他们的标志
- 意义的标志，超越角色关系预期
- 一点温暖或愉悦，代表着对他们的喜欢
- 我们真正"拥有他们"，而其他人可能没有得到这样的信号
- 一些迹象表明他们受到我们的欢迎

图 4-2 为孩子提供一个接触和亲密的机会（改编自纽菲尔德课程《依恋迷宫》）

　　一次关于儿童的演讲结束后，一位母亲对我说："但是收集
孩子的依恋需要时间和精力，而我早上没有这个时间。"我问她
早上过得怎么样，她说："糟透了——每天出门前，我们都要斗
争一番。我得送我大的孩子去上学，然后送小一点的去幼儿园。
我总是迟到，当我把他们放下车时，我已经筋疲力尽了。唯一能
让他们动起来的方法是，在他们把所有事情都做完时给他们游戏
的时间，但在这之后，我又无法让他们离开电子产品。早晨总是
有一场战斗。"我问她，她的孩子们是否在其他时间也跟着她，
她说是的，但她强调早上的时间压力最大。我建议她试着在早上

收集孩子的依恋，并安排一些可以预见的仪式来吸引他们。例如，读一个故事，告诉他们一天的计划，给他们吃饭——只要友好地面对他们。我告诉她，当孩子们使用电子设备时，很难吸引他们的注意力，所以或许可以把使用电子设备的时间留到一天中的其他时候。我强调，在改变这一局面的过程中，最重要的是能够在早晨向孩子们展示温暖和快乐。她说："但我担心他们没有准备好，而且我会迟到的，但我必须要努力学习怎样收集他们的依恋。"我回答："听起来像你已经迟到了，而且你准备努力和他们战斗。我认为，除非你带头解决这个问题，否则事情不太可能改变。我不是说你需要更努力地工作，而是换一种方式。你可以给自己一些空间，在早上去收集孩子的依恋，然后换一种方式做事吗？"她告诉我，她会在回去后试一试。第二天，她告诉我："今天早上我试着去收集他们的依恋，我简直不敢相信，居然成功了。我们有一个如此美妙的早晨！"她的眼睛里充满了泪水，说："我不敢相信。我和他们斗争了这么久，这才是我需要做的。我必须承认，我曾怀疑这个方法是否可行，但现在我觉得我的孩子又回来了。"

值得注意的是，这位母亲有能力利用收集的仪式，让她早晨的情况迅速地好转。我猜她曾低估了她作为母亲的权利，她可能很努力地培养与孩子们的关系，但不知道该如何利用这种关系的优势。这位母亲提醒我，永远不要低估依恋的力量，它能把孩子拉回到父母身边。它强调了谁应该养育孩子，他们需要怎样养育，以及为什么养育如此重要。收集仪式为满足孩子们对连接的渴望提供了所有必要的条件。

作为依恋竞争者的同龄人

在童年早期，依恋最普遍的问题之一是同伴依恋。同伴依恋是指孩子对同伴的依恋超过对成人的依恋。这是戈登·纽菲尔德和加伯·梅特合著的《每个孩子都需要被看见》一书的主题。当孩子以同伴为导向时，他们会追求并更喜欢由朋友来满足他们的需求关系。这就在他们的看护人和同龄朋友之间产生了相互竞争的依恋关系，即谁会更接近孩子的内心，从而引导他们。纽菲尔德和梅特说："以同伴为导向的孩子经常围绕在彼此周围，好像没有父母一样，他们的父母既不被承认也不被讨论。孩子们并不是故意对我们不忠，他们只是跟随自己的本能——而这种本能已经被颠覆，原因远远超出了他们的控制范围。"[13]

幼儿特别容易产生同伴导向，因为他们的不成熟和缺乏独立，他们总是寻求与某人或某事的接触和亲密。在幼儿园和日托机构中，相似性和可得到性使同龄人成为孩子未满足的依恋追求的天然替代品。如果照顾幼儿的成年人不积极地培养与他们的关系，孩子就无法满足自己对依恋的渴望，这使他们不得不去寻找其他的依恋来源。

同伴取向的问题在于，朋友连接相对于成年人的连接来说是个糟糕的取代物。因为，孩子的不成熟使他们容易起冲动和反复无常，当涉及同伴取向接触和亲密时，同伴取向是不可靠的。同伴取向会导致许多儿童行为和学习问题，比如他们会对照顾孩子的成年人缺乏尊重；喜欢与同龄人在一起；当尝试与同龄人连接受挫时，会感到沮丧；不跟随、不注意或不与成年人分享价值观；在需要帮助时，不寻求成年人的帮忙。以同伴为导向的孩子也可能和他们的同龄人一样，为了保持亲密关系而采取同样的行为方式，从而扼杀了自己的个性。他们可能会遭受焦虑的折磨，整体上看起来也不那么自信。拥有朋友和依靠朋友来满足对接触和亲密的渴望是有区别的。

在彼得（4岁）的父亲给的我信中，同龄人取向导致彼得的学习和行为问题是显而易见的，他在日托班的课堂上缺乏倾听以及其他的行为表现都让人感到沮丧：

> 彼得对其他孩子和照顾他的人缺乏尊重。例如，今天，当梅维斯女士在圆圈时间给孩子们唱歌时，彼得用一种嘲弄的语气对他旁边的人说，"为什么她总是用那种声音唱歌？她总是唱得那么差，对吗？"接着他笑了起来。他还对坐在他旁边的一个朋友说："挪亚不是很可怕吗？"彼得经常以嘲讽的语气评论他人，并试图影响其他的孩子。他的行为破坏了日托班的环境，我们告诉他这些行为是不合适的，但他似乎不听，甚至不让我们靠近他。

在讨论了彼得在家里和日托的行为后，人们很明显看出他变得以同伴为导向。因此，他的父母和孩子的照顾者都开始努力培养与他更深层次的关系。他们减少了他与同龄人的接触，定期收集彼得的资料，通过读懂他的需求来发挥带头作用，慷慨地为他提供帮助，包括与父母的约会。随着生活中的成年人把彼得带进与他们的关系中，他开始倾听，他"无礼"的嘲笑消失了。

同伴导向的种子是在早期播下的，那时成年人不积极地收集幼儿的依恋，并与他们建立深厚的关系。佩内洛普，那个在操场上追着我的孩子，很有可能成为一个同伴导向的孩子。她在任何她能找到温暖的地方寻求连接，如果她的同龄人成为这些需求的答案，她的看护人将丧失更大的对她的影响和指导，他们在生理和心理上照顾她的能力都会减弱。同伴取向对儿童成长的长期影响可能包括许多家庭和学校的学习和行为问题，以及儿童进入青春期时可能产生的悲剧性后果。同伴取向导致情绪和心理健康障碍，包括对青少年的过度依恋。[14]

幼儿需要依恋照顾他们的成年人。孩子对父母、老师或照顾者的连接赋予了这些成年人照顾孩子的能力。正如戈登·纽菲尔德和加伯·梅特所写："谁来抚养我们的孩子？"这个响亮的问题，唯一符合自然规律的答案是，我们——关心孩子的父母和其他成年人——必须成为他们的向导、养育者和榜样。我们必须坚持下去，直到我们的任务完成。[15]

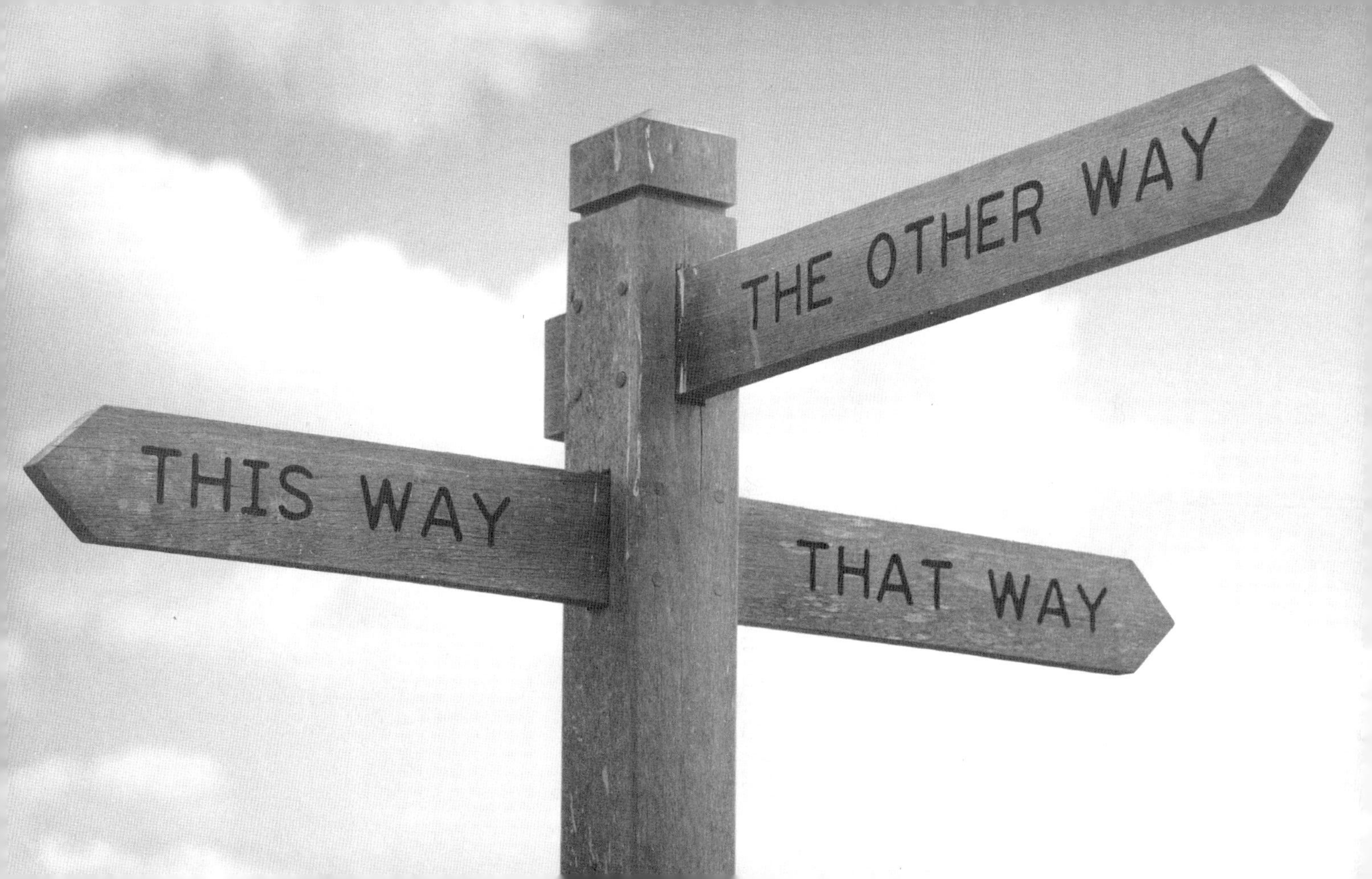
THE OTHER WAY
THIS WAY
THAT WAY

5

谁来主导？依恋之舞

我们在世上所占据的空间如此有限，
就是为了让我们学会承接爱的光芒。

—— **威廉姆·布莱克**[1]

南希因为自己的一对 5 岁的双胞胎——詹姆斯和萨拉，向我咨询。这两个孩子已经"控制了全家"。南希和丈夫经历着一起又一起事故，如履薄冰，随时等待着他们说"不"后双胞胎爆发的挫败感或是发出指令时出现的反抗。孩子们在"爸妈搞砸了"的时候，试图用让父母暂停或者制造不良后果的方式来惩罚父母。家中的形势已经完全逆转，原因并非父母没有给予他们充分的爱，也不是他们不乐意或者不想要掌控这样的关系。孩子永不满足，父母为此筋疲力竭；每个身处其中的人都是焦虑的状态。有朋友建议过南希更加严厉地对待他们，"好让他们清楚到底谁才是家里的老大"，但是这样的方式产生的结果反倒事与愿违，导致了负面行为的大爆发。行为方面的咨询师给了妈妈一张奖励表，在詹姆斯和萨拉出现遵从和违背意愿的时候使用，用以巩固他们正确的行为。开始的时候，奖励表起了一点作用，直到两个孩子将这个方法反用在南希身上，他们说南希的行为是一个"好妈妈"的时候，就会得到相应的奖励。没有一个养育的策略有效，南希不管是哄骗、奖励、警告、惩罚和胁迫，都是在不断地显露出她作为母亲的无能为力。

她试图用刻意的行为控制手段来主导局势。在她弄明白为什么她的孩子不听她之前，家里的一切情况都不会发生改变。她需要找回自己的主导地位，并改变使孩子们做出某些行为的本能和情绪。

在我们的第一次会面中，我们讨论了詹姆斯和萨拉出现控制状况的原因，以及他们不断的反抗、挫折、焦虑和居高临下的举止给父母带来的挑战。我们讨论了她的主导地位是如何被孩子们取代的，以及如果她想照料孩子，她需要怎样重新获得这种地位。我们讨论了拥有领袖气质意味着什么，同时也讨论了一些可以向两个孩子传达出可以信任她照料的策略。我们讨论了尖叫、大喊、暂停和"数到3"这样的反应就是终极措施，只会告诉孩子自己的无力。南希在很多事情上都会跟孩子商量，所以我们鼓励她抓住主导地位，不再用询问的方式读懂他们的需求。在了解了她已经告诉詹姆斯和萨拉她"正在寻求帮助，学习如何照顾他们"之后，我建议她隐瞒这一点，并且告诉他们她已经知道要怎么做了。

　　两周后，南希回来了，她说我们第一次见面回家时，她发现詹姆斯和萨拉跳上了床，她的丈夫对他们大喊大叫，要他们停下来。孩子们根本不理睬他，但当她走进房间时，她静静地站着，双脚踩在地上一动不动，双臂交叉，两眼流露出她在掌控一切的神情。双胞胎看着她，被她的举止惊呆了，停了下来，说："妈妈？"她回答说："你们今晚真要在床上跳吗？"在吸引到他们的注意后，她说道："故事时间到了。"然后带着他们出了卧室。她的余光瞥见丈夫正在努力模仿她的姿势，双臂交叉，双眼紧盯着两个孩子。她问他："你在干什么呢？"他回答："我正在模仿你。这个技巧真是太好了。这叫什么技巧？"南希告诉他，"我叫它控场。"然后她继续用这个技巧，引导着詹姆斯和萨拉入睡。

依恋之舞的层次

　　成人和儿童之间的关系需要分层次，以便自我实现的依恋之舞的展开——父母需要引导，儿童需要跟随。这种舞蹈是一种无法控制的本能。当父母摆出照顾孩子的态度，并为孩子创造了依赖他们的条件时，依恋就会被激活。依恋的最终目的是培养不成熟的儿童对负责他们的人的依赖。成年人需要通过在关系中占据主导地位，解读孩童的需求，并给予孩童丰盛的满足来激励和邀请年幼的孩子来依赖自己。成人与孩子之间的关系从来不是对等或是基于友谊之上建立起来；关系要承担的是带领孩童走向成熟的责任。

孩童不只是需要依附于成人，他们也需要与成人建立正确的关系。正确的关系是孩子接受大人作为他们的看护者，并听从大人的领导。孩子需要在大人的照顾下成长，而非告诉大人如何照料他们。南希的双胞胎跟她形影不离，但他们之间的关系并不合适——他们试图掌控一切。正如一位父亲问我的那样，"为什么孩子会跟随他们的父母？"答案很简单，因为父母通过关爱和责任的完美结合的方式来引导孩子。

正确的关系在本质上就像舞蹈，舞步由人类与生俱来的驱动力和本能控制。驱动依恋的本能有两种：承担照顾责任的阿尔法本能；寻求照料和接受照料的依赖本能。阿尔法本能会引导父母承担起抚育孩子的责任，而依赖本能会引导孩子信任他们的监护人。当一个成年人扮演起养育者角色时，孩子的本能会激发出来寻求成人的照顾。这就是依恋如何变得同步如舞蹈一般的过程。父母和孩童都会从对方那里得到暗示，并找到自己相应的位置。3 岁的托马斯说："爸爸，我会永远跟着你的。"这句话很好地总结了依恋模型。

当孩子因为依赖本能而依附于父母时，他们会进入信任、找到自己位置、被照顾、服务他人和服从指令，并表达自身的需求，以及寻求成人的指导的阶段。通过依赖的方式产生的依恋会使孩子自然地服从大人的命令。当孩子不听话时，父母就会抱怨，好像是孩子出了问题似的。从未被质疑的是，一个年幼的孩子是否会依附于父母，并被引导着跟随他们。

图 5-1 纽菲尔德的依恋层次模型（改编自纽菲尔德课程《阿尔法孩子》）

　　年幼的孩子并不会服从他们并不依恋的人，这是保有依恋对象领导地位的自然方式。然而，年幼的孩子通常会置于一种毫无预设的情境中，他们被期待着服从命令。例如，在救助项目中，与新教师或护理提供者相处时，面对牙医预约或者其他医疗的情况时。5 岁的索菲亚的妈妈说，她的女儿在公园里对一位她不认识的家长说话很粗鲁。这位家长命令索菲亚做点什么，但索菲亚转过身来说："你不是我妈妈。你不能告诉我该怎么做！"问题不在于索菲亚，而在于人们期望她不加区别地接受命令。因此，照顾小孩的首要任务就是建立一种关系来培养依赖性。只有正确的关系才会让他们敞开心扉去接受别人的影响，而不是照料者的头衔、教育程度、法律权利或他们的权威。

　　阿尔法本能有助于引导父母在孩子的生活中占据主导地位。

阿尔法本能的激活伴随着沉重的责任感，以及在犯错时产生的负罪感。人们的警惕性和保护意识增强，同时也会产生"熊妈妈"或"熊爸爸"那种类型的反应，随之而来父母的深切关怀也让孩子的牺牲成为可能。当一个成年人认定自己的提供者的角色时，他的阿尔法本能会促使他们去保护、指导、寻找、支配、下达命令，并与儿童分享他的价值观。父母经常告诉年幼的儿童，"这是今天的计划"，因为他们要去调整方向，告诉孩子和发出指令。阿尔法本能应该会促使父母隐藏自身的需求，儿童不是生来负责疏解父母的情绪、压力、困难和自我牺牲。幼小的孩子不应该努力照顾父母，而应在父母的照料中慢慢长大。

儿童会本能地注意人际关系中的等级关系，因为他们就是这样安排自己的世界，并在其中找到自己的位置。4 岁的菲奥娜这样跟我解释："我是我妹妹的老板，然后妈妈是我的老板。妈妈也是爸爸的老板。"要重点考虑的是孩子怎么理解等级制度，他们所理解的并不一定会反映社会如何阐释权威和社会角色。教师、家长或儿童护理者可能拥有主管的头衔和责任，但只有孩子的直觉认为他们处于主导地位，孩子的依赖性才会被激活。人际关系的等级秩序会让孩子产生可预测性、稳定性和被照顾到的信念。

建立正确的关系对敏感或如兰花型的孩子更有挑战性，因为依赖他人会让自己处于一个脆弱的境地。他们通常有更强的洞察力，当管理员不知道如何对待她，或者状况太多或太难管理的迹象出现时，他们会受到影响。把一个敏感的孩子带入正确的关系中，需要一个主导型成人提供的有力的、安全的、慷慨的照顾。给他们时间接受关系，同时让他们感到舒适是很重要的，因为很多敏感的孩子对压力并不会有很大的反应。

依恋的神秘力量在于它如何使我们彼此建立正确的关系。这是一种同步的、相互促进的阶层舞蹈：成年人给予的越多，孩子就会在他们的照料下休息成长得越多；孩子对大人依赖得越多，就越容易满足他们的需求。重要的是这种关系如何内化，并成为一种独特和个性化的体验。当正确的关系形成时，它们不易复制或竞争，因为它们对双方都有好处。

阿尔法儿童和失败的依赖

当今儿童早期普遍存在的依恋问题（除了第 4 部分讨论的同伴取向之外）是阿尔法儿童的存在。[2] 当孩子的自然依恋层次颠倒时，孩子的主导问题就出现了。也就是说，跟成人在一起的孩子进入主导位置，而非待在一个依赖的位置。在觉察到无法依赖照顾自己的成人时，阿尔法儿童会本能且情绪化地支配大人。他们不再跟随成年人，而是命令成人，并且告诉他们自己需要什么以及如何照顾他们。阿尔法儿童不会听大人的话，而是希望父母顺从他们的意愿和要求。他们精心安排与成年人的互动，甚至假装无助，以唤起成人照顾他们的反应。这样的孩子本能地认为自己是老大，他们想取代父母的主导角色。

主导问题不是一个后天习得的问题，它的出现是为了满足孩子的情感需求，因为这样的方式会为他们提供更多的被照顾的机会。这就是南希的双胞胎——詹姆斯和萨拉的问题——他们已经在与父母的关系中处于主导地位。问题不在于这对双胞胎，而在于他们与成年人缺乏正确的关系。他们不再信任他们在家里所受到的照料。依赖他人会让自己处于脆弱的境地，因而需要信任。对于阿尔法儿童而言，依赖产生的脆弱感太过令人担忧，因此，他们的大脑本能地将他们置于阿尔法位置，以确保自己在情感上得以生存。问题就在于如果孩子不依赖一个成人，这个成人是无法照料他的。

不同的阿尔法儿童会有不同的行为表现，这使照顾孩子即便不是一场噩梦，也常常让人觉得困难。家长们常常说他们的孩子贪得无厌、难以管教。他们不再听从成人的指令，而是不断地命令成人，告诉他们："你不能控制我，我告诉你该怎么做。"不要把这和一个有时会惊呼："你不是我的老板"或"我要自己来"的3岁孩子的状况搞混。主导型问题产生于一种深层次的依赖性缺失，其发展是更加缓慢的，而非不固定的和多变的状态。阿尔法儿童常常被误解为坚强和独立的孩子，他们实际上掩盖了内心的绝望。他们已经对他们的照顾者失去了信心，所以他们才会本能地求助于自己。

受困于主导位置的孩子会对别人针对他们提出的要求做出迅速的抵制和反对，因为他们认为跟随和依赖别人是不对的。阿尔法儿童会表现出高度的挫败感，因为他们的成人关系并没有得到满足，当他们提出的要求受阻时，他们可能因此变得咄咄逼人。例如，南希的那对双胞胎的挫折感蔓延到他们与同龄人的关系，导致争辩和打架。

阿尔法儿童可能会让人内心响起警报——包括焦虑和躁动，因为他们觉得不安全，也得不到照顾。詹姆斯和萨拉都表现出焦虑，正是这种焦虑影响了他们集中注意力的能力，也影响到了他们在学校的学习。他们出现了进食问题，因为被别人喂食激发了孩子的依赖本能，而这种本能正是他们一直对抗的。詹姆斯的表现是拒绝在餐桌上吃饭，而萨拉是命令她妈妈每天晚上做特别种类的食物。

阿尔法儿童的共同特点

- 可能专横，强势，或苛求，即使与自己地位对等的孩子或者自己需要依赖的人在一起
- 总是想要站在舞台的顶端或占据中心位置
- 在不需要这样做的情况下，必须接管或掌控
- 在跟别人关系对等的情况下，会表现出优越感
- 觉得接受别人给的指令或向外求助困难
- 跟实力相当的人或者被别人依赖的人在一起时，有驱动力赢得互动或要有最终的话语权
- 一定要知道一切，可以扮演万事通的角色

图 5-2 阿尔法儿童的共同特点（改编自纽菲尔德课程《阿尔法孩子》）

当主导型问题出现时，年幼的儿童会变成焦躁不安的猎手，没有多少自由玩耍，也无法形成自己的人格。正如一位家长的描述：

> 洛根看起来不开心，而且很多时候都很沮丧。他不能一个人玩，所以要求我跟他一起玩。我不完全按他的意思去做，他就会生气。哪怕我和他待了一整天，在我有其他的事情要做时，他也会觉得心烦。没有任何事情能够让他满意，他就是像有用不完的精力。即使打了曲棍球，骑了自行车，去了公园，到了晚上还是精力充沛——他貌似从没觉得累过。
>
> 洛根的父亲显然很沮丧，他的绝望和疲惫显而易见。在他开始了解洛根行为背后的主导型问题时，他才看到解决问题的希望。

对于解决阿尔法儿童现象的挑战，在于他们的特征和问题被认为是毫无关联的行为集群，跟产生它们的反向关系是脱离的。父母和专业辅导人员可能会在与症状的斗争过程中偏离正题，而不是把各个部分联系起来，找出问题的症结所在。当我解释阿尔法儿童现象时，一位精神病学家惊呼道："我给这些孩子开了药，我甚至不喜欢给孩子用药！"阿尔法儿童通常给人的印象是坚强和独立，表面上的虚张声势让人看不见他们的绝望。他们看起来并不可怜，也不愿意接受最亲近的人的帮助。此外，他们的行为几乎无法激发出成年人的关爱本能，因为这种阿尔法儿童的行为可能会让人觉得疏远。好消息是，当你理解了主导型问题的本质后，你就会采取战略性的行动来解决问题。当一个成人在依恋之舞中重获主导地位时，孩子将自然产生依赖，接受指引，放松下来，开始玩耍并且再次成长。

为什么我们会有阿尔法儿童

一般来说，提起依恋，人们不太懂得，孩子只能感受到父母的爱是不够的；孩子需要感受到自己被照顾，并且相信这种照顾会持续下去。年幼的儿童需要感觉到父母身上有种坚实的东西可以让自己依靠和依赖。如果没有，他们会本能地想要去掌控这段关系，专注于满足自身的依恋需求。

有一些明显的原因可以解释为什么儿童会对照顾他们的成人失去信心：父母对孩子的忽视、父母对自我的专注或成瘾性行为。然而，主导型问题也会出现在充满爱心和关怀的家庭中，就像是南希这种类型的——专心致志地帮助孩子成长为对社会和情感负责的人的父母。那到底是什么促成了今天的父母和孩子之间的自然依恋等级的瓦解？

　　幼儿家长面临的最大挑战之一是作为主导型的照料者，他们角色本身缺少文化上的支持。当抚养孩子的答案出现在书本，而非父母自己身上时，我们既没有赋予父母应有的权力，也没有支持他们坐上驾驶的位置。当父母面对让孩子快速成长的压力时，养育子女这件事情就从培养孩子的耐心、时间和信念这些价值观被迫进入了竞技领域，而这些价值观的培养本可以按部就班地让孩子们渐渐变得成熟。当父母通过计算孩子参加的活动数量、他们对技术设备的熟练程度或他们的学业成就来衡量孩子的进步时，成长的答案已经与父母和孩子的关系脱离联系。当孩子们被迫过早地独立，他们会出于现实所迫而担起主导的角色。

　　不幸的是，如今许多流行的照顾方式都导致了阿尔法现象产生，因为它们颠倒了父母和孩子之间的关系。有 7 种实践方式特别容易产生主导型问题。

1. 父母对自己背景状况的反应

　　当父母对孩子的照顾方式源于对自身背景的反应时，这对孩子的需要得到满足几乎没有帮助。例如，如果父母自身有专制的父母，为了避免给孩子造成同样的伤害，他们可能会表现得过于宽容。在这种情况下，被照顾到的是父母的感受，而不是孩子用同理心的方式学会理解限制与约束的需求。在另一种情况下，如果父母在孩子成长过程中很少支持他们面对自己的痛苦与悲伤，他们可能很难帮助孩子面对限制和约束，因为不舒服的事情会让自己产生心烦意乱的感受。一位母亲说：

看着自己的孩子大哭并且因为我的拒绝而难过，是件很难的事。当我还是一个孩子时，我不能对任何事情表现出不开心，这是为了让我有积极思考的半杯心态。但是当我难过的时候，我的感觉真的很不好，好像是我出了什么问题一样。作为妈妈，每当我必须给我的孩子设定限制并要她感到沮丧、悲伤或不安时，我的那些感受就回来了，我需要挣扎一番。好的一面是，我越了解这样做对她的重要性，我就越有能力做到这一点。

如果照顾孩子是源自一个成年人未被满足的需求或基于个人成长背景做出反应，这个过程会使父母失去天生的主导本能，而转移到孩子身上。

成人的解决之道是在涉及他们的个人期望和动机时，他们要力求做到反思和透明。我们可以从什么对我们的孩子有效或无效开始反思，专注于对他们需求的理解。如果需要从不同的角度看问题，那么你可以向其他成人寻求反馈，以形成每天向孩子展示自我意愿的姿态。

2. 按需育儿

主导型的看护角色是一个积极的角色，父母读懂孩子的需求并为他们提供富足的帮助，这样的方式会让父母占据主导地位。如果父母采取被动的方式照顾孩子，并且仅仅满足孩子的需求，孩子就要承担起满足成人需求的责任。例如，如果一个孩子说："我饿了。我需要点吃的。"父母已经错过了读懂孩子需要和满足孩子需求的时机。有时候，是因为父母太忙或太累，或是发现自己对照顾孩子应承担的一些责任并无兴趣。然而，如果他们不处在主导地位，他们就会为年幼的孩子在关系中占据主导地位创造条件。

3. 平等教育

年幼的儿童被照顾的时候会被问询很多次。一些问题，比如"你想吃什么？""你要不要在外过夜？""去看你的爷爷奶奶还是出去郊游？""你更喜欢哪个托儿所？"还有"你想上什么学校？"这些问题都表明孩子在不该拥有权威的时候拥有权威。当孩子们被要求处理依恋关系的接触和亲密，或照顾他们的问题时，这将导致主导型问题。

一个年幼的儿童需要理所当然地认为他们应得到照顾，而非成为关注自身需要的顾问。这并不是说小孩子不能做出选择，而是关于照顾他们要做出的事情，比如食物、安全，或者与依恋对象的接触和亲密，不需要他们来做出选择。他们想穿哪条裤子，想听什么样的睡前故事，想玩什么样的玩具，这些选择为他们的成长提供自由活动的空间，让他们得以伸展和弯曲，成为一个独立的个体。

拥有一个5岁名叫莫妮卡的阿尔法儿童的父母正因为孩子的事情备受煎熬。问题一定程度上源于父亲的从不拒绝的策略，还有就是询问孩子过多照顾上的问题。我问孩子的父母，母亲能不能每周晚上出去一次，交给父亲负责。我希望他能经历两件事：在被主导的时候说"不"，而在孩子难过的时候表现出同情心；在吃饭、洗澡和睡觉的时候，不要问照顾孩子的问题，而是引导孩子进行互动。父亲很高兴能有机会独自照顾莫妮卡。第一天晚上，这位母亲在两个小时内接到了莫妮卡打来的紧急电话，莫妮卡当时很不高兴。她说，"妈妈，你得回家。我不知道爸爸怎么了，他对我说不，而且说得都很好笑。你能回家把他治好吗？"母亲安慰她说，爸爸知道他在做什么，他能照顾好她的。随着莫妮卡的母亲每周都会外出，父亲也逐渐承担起更多主导的角色，莫妮卡主导的情况也越来越少。

4. 过度分离

分离焦虑在幼儿中普遍存在，也反映出儿童对依恋不可减少的需求。虽然身体上的分离是幼儿日常经历的一部分，不过过多的分离，或者不可信任或者间断式的连接会逆转成人与孩子之间的关系。老师或幼儿护理人员在照顾幼儿时，需要建立正确的人际关系，以防止孩子进入主导的角色。尽管成人可能把儿童看护看作是一种付费服务，但是对于孩子来说，只有照顾他们的人强大到可以依赖，才能取代父母的角色，他们才会接受照料者的看护。托儿所的工作人员告诉我，当孩子误称他们为妈妈或爸爸时，这时候才表示孩子的内心真正接受他们的照顾角色。

有一天，一位母亲很苦恼，给我打电话，因为一位幼儿园老师惩罚了她的女儿，拿走了孩子的吊坠盒，里面有一张全家福。4岁的艾玛心烦意乱，不想再上幼儿园了。她拒绝向老师求助，也不吃午饭，也不听从老师的指令。艾玛服从得越少，她从老师那里得到的暂停和苦果就越多，这些事情导致了他们之间的主导型问题。她的老师不愿意改变，也无法恢复他们与艾玛的关系。为了能够在主导问题上取得转变，家长们别无选择，只能更换幼儿园。

艾玛的故事告诉我们成年人激活孩子依赖本能的重要性。只有在孩子确信接受照料不会让他们受人嘲笑或与他们所依恋的人和事物分离时，依恋才会发生。孩子们受到纪律约束，影响到他们的依恋需求，并制造出分离警报，以实现孩子顺从的目的，这些对于培养良好的照料关系几乎没有什么用。在第10部分你会找到更详细的关于纪律和幼儿的讨论。

5. 被父母、兄弟姐妹、同龄人或老师欺负

在情感或身体上受到成年人或其他孩子伤害的经历会加剧主导型问题。例如，如果一个幼儿园老师不能在课堂上驯服一个欺凌者，这个班级的其他孩子很可能会感到不安全。如果父母不采取行动保护孩子不受到兄弟姐妹的欺负，孩子受到最大的伤害不是来自兄弟姐妹，而是来自于父母未能确保家庭安全。对保护行为的破坏会对儿童造成最深的影响，它会造成情感上的痛苦和主导型问题。

6. 极度敏感和极端脆弱

有些孩子天生对他们的世界过于敏感。强烈的感官接受能力，会很容易导致情感、思想和刺激压倒了他们。一个敏感的孩子会有强烈的感觉，在热情和绝望之间摇摆不定。他们强烈的反应让父母震惊不已，从父母的描述就能发现。比如"真是受不了你了！""你怎么这么戏剧化？"还有"我不知道该拿你怎么办！"这样的表达会削弱父母的领导作用，因为这些话语是在向孩子传达父母不理解孩子或不知道怎么去照顾他们。敏感的孩子需要强大的主导型家长，因为哪怕年幼的孩子也会产生巨大的情绪反应和有很难处理的行为问题，强大的主导型家长在面对这些时，仍能保持照顾孩子的姿态。

7. 令人震惊的经历或情形

令人震惊的经历和事件可能会颠覆正确的关系。因为这些经

历和事件表明，尽管父母的意愿是好的，但他们无法保证孩子的安全。在孩子经历了骨折、车祸、牙根管治疗、手术、入室盗窃或有人去世的事情后重新回到主导地位。但是，当一个成年人采取强有力的照顾态度时，孩子会在他们的照顾下再次休息，然而做到这些往往需要时间和耐心。

驯服一个阿尔法儿童

如果我们没有从反向依恋中看到阿尔法问题的根源，我们最终只能解决一些表象问题，如抵抗或和反对、挫折和攻击、焦虑和躁动或饮食问题，但这些都会加剧潜在的主导问题。对一个成人来说，唯一持久的解决办法是重新在依恋之舞中占据主导地位。这么做的挑战在于，对阿尔法儿童而言，所有的事情都是反过来的——他们宁愿倾听那些他们并不依恋的人，也不会服从那些他们最亲近的人。他们最亲密的依恋对象首当其冲地受到他们最恶劣行为的影响，并且感到困惑，因为这些人通常是照顾孩子最多的人。自然的照顾本能不能指导父母与阿尔法儿童，因为孩子自身缺乏对父母的依赖。还有一个需要面临的挑战，是听取有关养育的批评意见和接受外在主动给予的建议。这使得父母处于从属的地位，而不是帮助父母进入主导的位置。大多数建议都不是基于对阿尔法问题的本能和情感问题根源的理解提出的。

考虑到阿尔法儿童的强烈抵制和反对，伴随着他们的挫折感和攻击性，人们常常会听到这样的建议：这些孩子需要一只"更强硬的手"来教训他们。主导型问题的产生不是因为不成功的教训，而是因为孩子缺乏对照料者的依赖。如果父母的反应是减少孩子的依赖，拿走东西，惩罚他们，或者对他们行使权威，那么他们为赢得孩子信任所做的事情将少之又少。与此同时，父母不能屈从于孩子的要求，因而也无法带领孩子渡过难关。父母必须引导阿尔法儿童的地方是父母才是照顾的施予者——成人掌管照料的一切，孩子才不会经历不利的影响或情感上的伤害。只有通过温暖、慷慨以及在处理不安时设置的界限，成年人才能令人信服地证明他们才是孩子的最佳选择。

　　以下8种策略可以帮助父母在依恋之舞中重新获得主导地位，也可以防止他们失去主导地位。你会在书中寻求到来自了解主导型问题的专业人士的帮忙，以及本书后面列出的纽菲尔德研究所提供的额外资源，内容包括阿尔法儿童课程。

1. 表现出强烈的领袖气质

　　驯服"阿尔法儿童"最重要的策略之一，就是通过引导孩子担当责任并展现出主导特性的存在。这就意味着你要承担起责任，确保关系正向且长远地发展，让孩子远离伤害，不让孩子处在不可控的境况里。阿尔法儿童的父母需要有自己照顾孩子的意愿，并由此与孩子产生互动。父母可能会因为孩子的行为不想与孩子产生连接，但这却正是消除主导型问题的关键一步。如果一个有主导型情结的孩子明白他们的行为让成年人感受到困惑和挑战，孩子就不会信任成人所给予的照顾。有人不顺从他们的要求时，阿尔法儿童会有强烈的挫败感，但当这种感觉太过强烈或势不可挡时，就会强化他们的主导者立场。一个成年人需要向孩子传达的是，当孩子遇到接触、亲近和照料方面的问题时，他们就是孩子所寻求的答案。

2. 为孩子依赖你创造轻松且安全的环境

如果父母想带领一个主导型的孩子，他们需要做的是让孩子感到依赖父母是很安全的事。拿走他们的东西或否认既定特权的这种滥用权威来强制孩子服从自己的做法，很难跟孩子建立起信任关系。使用暂停、威胁和讲大道理的方法所导致的敌对关系会加剧幼儿的主导者的姿态。父母必须能处理好孩子们的过激行为，并向孩子们传递出他们能控制局面的信息。

应对主导型儿童的关键策略是不要在照顾孩子的时候显得不知所措，不要在互动中伤害他们，也不要在回应时表现得很被动。当南希开始避免与双胞胎的争吵，并且拒绝把他们放在与自己对等的位置进行商量时，她开始改变家里的氛围。例如，当萨拉拿走詹姆斯的玩具，还打了他的时候，南希控制了局面，她说道："弟弟不是用来大吼大叫，也不是给你打的，莎拉。我现在要拿走这些玩具，过一会儿再跟你们俩谈。我们现在要做些不同的事情。"她会在当天晚些时候或与每个孩子单独相处的某一时刻，时不时地再次提起这件事。她会承认不安的感受，而且在他们愿意接受的时候，她会告诉他们今后如何处理类似的情况。

大多数事件最好在发生之后立马处理，有时父母的帮助是必需的。在这种时候，保持一种主动关爱的姿态并驶离风暴区很有必要。例如，一位母亲说，她 3 岁半的儿子会和她争论所有的事情，尤其是在天气很冷的时候要不要穿夹克这件事上。她决定先让儿子知道他们会在他穿上夹克后才去公园，然后等他出来。多米尼克大喊大叫，不过妈妈一直保持冷静，还告诉他自己知道会出现这样的情况。尖叫了一段时间后，多米尼克的大脑最终明白，他的反抗是徒劳的，妈妈不会因此改变主意。虽然他的妈妈只是成功地让多米尼克穿上了夹克，但更重要的信息是，他的妈妈在掌控着一切，依赖妈妈是安全的。

促成依赖父母这件事的关键是成人不能利用孩子的需要、自卑、弱小、恐惧和依赖。尽管在遇到难题时找到相应的解决办法需要耐心和创造力，但保护孩子和父母的尊严本身对纠正错位关系大有裨益。

3. 读懂孩子需求，发挥带头作用

阿尔法儿童带来的挑战之一是，他们会不断地对自己的看护人提出要求。当年幼的儿童指挥你时，你是无法照料他们的。我们的目标是满足他们的需求，而不是满足他们的要求。有一个策略是给予孩子超出他们所需要的，从而满足他们的要求。例如，如果一个主导型的孩子要求父母给他们穿衣服，父母不要马上满足他们的要求，而要读懂他的需求且胜过这些："我正要去给你拿裤子和袜子，因为我知道你想要别人帮你穿衣服。我连你最喜欢的夹克也准备好了。"当父母给予的远超过孩子的要求时，满足了孩子的潜在需求时，这些行为传达出的讯息是父母理解他们，他们可以依靠父母，父母在负责一切。比如，南希跟詹姆斯一起的早晨都是满满的命令和挫败感，所以她主导起事态发展，先搞定他。在某个时刻，詹姆斯跟她说："我不知道我怎么了。以前我的脑海里有一块'是否板'，每次你要我说'是'的时候，板上出现的是'不是'。每次你想让我说'不是'的时候，板上出现的是'是'。我好害怕，妈妈，我的'是否板'正在消失。"随着詹姆斯变得越来越不抵抗他的看护人，他也越来越容易被照顾。因为南希感受到作为母亲越来越高效，她引导詹姆斯的自信心也越来越强。她的自信增长得越多，詹姆斯越容易听从她的指令，这些重建了他们之间的正确的依恋之舞。

4. 为主导型本能提供一个合理的表达

给幼儿一个释放自身主导型本能的出口有助于减少亲子关系中主导型本能的强度。可以通过组织型的活动或游戏来培养这些发泄的方法。例如，南希给詹姆斯报了钢琴班，他很喜欢。他开始和自己竞争，看自己能走多远，走多快。南希为萨拉报名空手道班，她在这项个人运动中释放了争强好胜的本能。南希还发现萨拉最喜欢的扮演活动之一是建立兽医诊所，在诊所里她负责拯救所有的动物。萨拉对着她想象中的雇员发号施令，指导每个人正确地治疗受伤的动物。她编造了一些只有她才能拯救局面的场景。在她的扮演中，莎拉能够表现她的主导性本能，南希因而免受她的一些命令和要求的冲击。关键的是要找到孩子可以负责的领域，这些领域又不会与父母的照顾责任出现竞争。

5. 培养自然的等级关系

当孩子被列入到自然的依恋层次结构中时，他们依赖的本能会被角色和环境适当地激活。例如，萨拉和詹姆斯有他们欣赏和追随的堂兄和堂姐们。他们的堂兄和堂姐们对他俩专横的方式没有反应，在一起做体育运动时，他们总是坚定地充当领导者。萨拉和詹姆斯的祖父母、婶婶和叔叔们也在纠正依恋层次结构方面发挥了重要作用，他们给双胞胎介绍了自己的爱好，和他们一起玩游戏，带他们出去玩。

这对父母不再把萨拉和詹姆斯安排在同龄的玩伴中，而是专注于父母与每个孩子的关系。他们开始把詹姆斯和萨拉分开，花更多的时间一对一地相处。他们为萨拉和詹姆斯寻找机会和年幼的孩子们在一起，以一种健康的、照顾孩子的方式激发他们的阿尔法本能。问题的关注点转移到改变双胞胎的环境，并将他们放到一个自然的关系层次结构中，而不是试图改变他们的行为。环境的变化传达了他们在层级中的位置，并且激发了他们依赖的本能。

6. 负责环境和决定

引导孩子意味着能够传达出在不征询他们意见的情况下，你知道他们需要什么，以及为他们所处的环境或决定承担责任。例如，有一天，在购物时，萨拉要求她妈妈给她买一个洒水壶。南希告诉她会考虑一下，并且在他们买好生活用品的时候告诉她可不可以。购物结束的时候，南希转向萨拉跟她说："妈妈仔细想了想，我决定给你买一个洒水壶，因为你会在花园里玩得很开心。"萨拉回答说，她不想再要那个洒水壶，虽然她闪着泪花的眼睛和翘着的嘴唇却不是这样说着。妈妈主动告诉萨拉，她打算买下它，因为她知道萨拉以后会想玩的。萨拉面临的挑战是，在这个时候，依赖母亲带来的脆弱感强烈到难以承受，而她的主导性本能想要母亲放弃照顾她的努力。母亲的行为向萨拉表明，妈妈是掌控局面的人，她可以放心地依靠妈妈。

在面对任何一个孩子时，隐藏自己的恐惧和需求也是非常重要的，尤其是在他们处于主导地位时。否则的话，孩子会读懂父母的恐惧或担忧，并且很有可能去控制或照顾父母。此外，父母告诉阿尔法儿童他们的育儿计划或应对策略只会增加他们的抵触情绪。例如，如果一个家长说："当孩子对我大喊大叫，还拒绝按照我说的做，这样让我很生气。"尖叫和阻力极有可能会增加。明确的指令或指示会诱导孩子的主导性本能掌控局面，并表现出相反的行为，以此来显示自己的统治地位。不太明确的要求会更好，例如，"我想知道我们今天步行去幼儿园的时候，天气会怎么样？"而不是"穿上夹克。我们要去上学。"虽然可能很多父母会因为孩子不听话而感到沮丧，但是问题的关键是不要在孩子面前暴露你的无能。

与阿尔法儿童打交道最难的挑战之一，就是不要把他们的行为个人化，不要因为失控的情绪对他们做出反应。父母会感到疲惫、沮丧和无望。有时，他们无法接受养育孩子是那么困难，可能很难找到对孩子的爱，也可能会和伴侣为如何有所改进而争吵。他们很难把希望寄托在正确的关系会在行为问题和挑战中获胜。父母需要做的是退后一步，理解主导型问题的根源。这些会让他们预见到问题，超越这些问题，并把握住他们试图改变方向的大局。

7. 为成为孩子的答案做好准备

有一个对阿尔法儿童行之有效的策略是，在孩子必须依赖父母时，寻找机会，其中包括培养他们一种爱好或是郊游。许多阿尔法型儿童拒绝走出家门，因为对他们而言，家就是他们的"王国"，或是因为他们直接提出了要求。尽管他们提出了抗议，但引导他们到一个新的地方或参加一个新的活动，可以改变他们的领导姿态（尽管是暂时的），同时为父母提供一个主导的机会。父母们经常会说，孩子在外出活动中表现得多么出色，而当主导型问题特质再次出现在家里时，他们又是多么沮丧。驯服阿尔法儿童需要时间，而且前进的步伐又很小。有些小步前进的例子——南希开始带詹姆斯出去抓青蛙，詹姆斯也很开心能有时间和妈妈独处，并学习了解一些他最喜欢的生物。南希还充分利用双胞胎生病或遇到麻烦时对自己的依赖，在这些时候所表现出悉心的照顾，培养了两个孩子对她的信任和依赖。

　　当南希发现她体内的主导型父母时，她的内心感受是既美好又激动的。她来到我的办公室，告诉我她是如何处理棘手的情况的，还有她无法理解的地方，以及她一直渴望理解些什么。南希努力主动夺回她在詹姆斯和萨拉的生活里应有的位置——不是使用技巧，咒语、指令，或贿赂、威胁和惩罚。她的发现更有说服力，并将带她全力带入孩子的青春期。随着南希的主导性本能的苏醒，她激发了双胞胎的依赖本能，并且开始把他们拉到以她为中心的轨道。她很惊讶主导性一直在她心里。当南希的丈夫目睹她的成功，他也开始参加辅导课程，从而更好地了解他的孩子，并进入关系的主导位置。

　　我们需要和孩子一起舞入正确的关系，接受关系的经营是我们的责任；抓住主导位置，读懂孩子需求，从而接纳主导型角色；给予的部分超过孩子追逐的部分，以便给予的关心超越孩子对连接渴求的满足。在孩子的生活中，父母要求应有的地位体现着父母的尊严和成长。从这一步开始，他们会找到理解孩子的信心，带领他们的力量，以及相信自己有足够的照顾他们的勇气。当我们跟孩子一起在正确的关系中起舞时，我们让自己成为不可替代的父母。

6

保卫脆弱的情感：
让孩子的内心保持柔软

理智永远不知道它的心要什么。

——布莱士·帕斯卡[1]

克莱尔站在墨西哥瓦哈卡市的一个小型摄影棚里。她看着墙面上挂满了孩子们的画像，有的微笑，有的在大笑，有的在大哭，有的在皱着眉头，有的在害羞地掩面。每个孩子的情绪都围绕着一幅中心图画以循环的形式表现出来，展现着艺术的特色。克莱尔想知道为什么有人想要定格孩子发脾气和反抗，而大多数父母都愿意完全避免孩子发脾气和反抗的状态。她找到了这些作品的主人，问他为什么要捕捉处在这些状态下的孩子，他很自然地回答说："这些肖像代表了所有的情感和生活中的方方面面。有的人严肃且体贴，有的人快乐，有的人悲伤。Es la vida——这就是生活。"克莱尔被他的解释打动：暴躁成为一种艺术形式，这让他觉得自己打破了一个禁忌或是某种神圣的传统。她想知道这些照片背后的父母是谁，他们又是怎样开始珍视孩子的情感的——哪怕是那些凌乱的情感。

这些肖像给克莱尔留下了深刻的印象。这些肖像到底能告诉我们关于孩子的情感和追寻幸福的什么故事？为什么这些父母并不担心让孩子冷静下来做这件事，为什么他们要庆祝孩子内心的喧嚣？克莱尔觉得这些孩子很幸运，因为他们有愿意帮助他们学习心灵语言的向导。这些画像体现了每个孩子的需要——保卫脆弱的情感和柔软的心灵的人。

儿童的情感生活

作为情感动物，不出所料，小孩子是不可预测的。他们有广阔的情感世界，却很少有语言能描述。他们充满了情感能量，却无法控制它们。他们能注意到别人的情绪，却不了解自己的情绪。

他们对自己的行为有良好的意图，但这些良好的意图会在强烈的情感体验中消失。他们无节制的情感表达违背理性。任何殴打或反对孩子的父母都能轻而易举地证实他们的情绪不成熟。例如，当 3 岁的托马斯沮丧地打他的父亲时，爸爸要求他用语言表达自己的情绪。托马斯听从指令，说道："爸爸，我要在你身上尿尿。"

好消息是，当需要了解他们的情绪状态时，小孩子是最容易读懂的人。他们的身体诉说着快乐或挫折，他们的笑声传递着喜悦，兴奋时双脚跳跃，生气时跺脚。小孩子通常会把自己的感受展示给大家看。挑战在于，情感表达可以庞大、强烈、喧闹、混乱、无序，而且最不便记录时间。在杂货店里，人们会发脾气，当有姻亲来访时，就会出现抵触情绪。孩子们的情绪表现得很自由，虽然有日常安排和父母耐心程度不同。问题在于，当小孩子的情绪高涨或爆发时，我们该怎么办？我们在回答这个问题的时候，不得不将培养情感健康和成熟需要什么考虑进来。我们需要把儿童期的无拘无束、肆无忌惮、杂乱无章的情感表达带到青春期，并在成年后走向情感成熟。摆在我们面前的是一场情感的马拉松。

人类情感的研究一直受到自身的无形和无常状态的阻碍。[2] 美国心理学家 B．F．斯金纳提出的行为研究方法中，把感觉当作讨厌的变量，并且通过强化计划和操作性条件反射来消除这些变量。斯金纳的观点已经产生了持久的影响。它们推进了当前的自助餐式的管教方式，并且试图在幼儿情绪爆发和喷涌时压制并平息他们的情绪。

但更复杂的是，理性和成熟被等同于缺乏情感表达，尽管现今很少有神经科学家支持这一观点。神经科学家一致认为，人类大脑在出生就已具备预设且丰富的情感。[3]这种情绪观的出现与空白理论形成了鲜明的对比。按照空白理论来说，人类行为都是后天习得的，先天和情感驱动根本不存在。情绪存在有其目的，也有其工作；他们存在的目的是在适当的时候给我们一拳，让我们朝着有助于生存和成长的方向前进。

著名神经学家安东尼奥·达马西奥已经明确表示，大脑的理性部分是建立在大脑情感中心（或边缘系统）之上的，并与之相连。新的发现为重新定义情绪的作用铺平了道路，其中包括映射神经化学、神经通路和情绪在大脑整合中的作用 。幸运的是，神经科学正在向我们揭示情绪在健康成长和发展中的关键作用。[4]戴安娜·福沙、丹尼尔·西格尔和玛丽安·所罗门在《情感的治愈力量》一书中写道："人们天生就会利用情感与他人建立联系。我们的大脑、身体和思想与赋予它们生命的情感密不可分。情感是思想与行动、自我与他人、个人与环境、生物与文化的纽带。[5]"简而言之，情感是人类发展的发动机。

什么是情绪

情绪被定义为一种能唤醒人们并促进人们付诸行动的东西。情绪是发生在我们身上的事情，而非我们有意识控制的事情。大脑自身有激活情绪的原因，尽管表面上看起来非常不理性。我们不能把情绪当作有逻辑的那样与它争辩——疯狂时有应对方法，情绪激发的背后藏着目的。大多数3岁的孩子都能证明，"怪物"会在睡觉前出现，而且几乎没有什么解释能阻止它们的出现。一位母亲给了她3岁的孩子一个捕梦器，用来消除噩梦，但是她的女儿却说："妈妈，捕梦器坏了——我睡着的时候眼睛里还会冒出怪物。"另一个孩子用了另外的方法，告诉她父亲："如果你穿袜子睡觉，怪物不会吃你的脚趾头。"和"睡觉时我不会把手放在头上，因为大猩猩会来挠我的胳肢窝。"年幼的孩子会找到"合理的"方法来解决情感上的困扰。

情感是大脑触动孩子做出反应的方式

- 面对警报时的谨慎
- 渴望接触、亲密和关系时，寻求团聚
- 遭遇徒劳无功时，及时停止
- 当基地稳固时，就冒险前进
- 面对不喜欢的人，避开接触
- 关心别人的依恋
- 依恋之外的处境，对抗
- 依恋饥饿得到满足时，以独立的个人出现

图 6-1　情绪的大脑如何触动孩子（改编自纽菲尔德课程《心灵很重要：情感的科学》）

　　情感创造了一种行为潜能，推动孩子去满足自己的需求或解决问题。简而言之，情绪不是问题，它们为解决问题提供动力和能量。如果我们想了解一个孩子是怎么被激发的，我们需要考虑的是情绪是如何转变的。如果孩子跑到父母那里寻求庇护，很可能正是警报促使他们这样做。他们对探索和发现的行动是由向前冒险和成长的动力所推动的。情感是驱动人类行动的发动机；在量化和衡量人类行为的过程中，情感正是行为范式忽略的一点。

虽然情感可能是肉眼看不见的，但我们不能否认它的存在，不能否认它激发和驱动我们前进的能力。问一问那些深爱着自己孩子的父母——言语无法捕捉到他们是如何被感动去关心孩子，和为他们做出牺牲的。

情感对孩子的全面发展至关重要，它们是推动孩子人格成长的引擎。孩子们不需要被教导如何表现出成熟的样子，而是要学会怎么感受正确的感觉以达到最终的目标。他们需要内心被触动，学会去谨慎，去关心，去感到悲伤，当面对生活的徒劳，去信任，学会有信心和勇气，还有希望。正是他们那些脆弱的感情，特别是那些关心和责任，使他们富有人性，成为一个完整的人。柔软的心以一种脆弱的方式感受情感，并被它们所感动。

情绪健康和成熟的 5 个步骤

父母是孩子理解内在情感系统中的冲动、情绪和激动的第一个向导。我们的目标是培养他们的能力，学会将情绪放在一个由决策、意图和反思组成的系统中，他们从而能够开始负责任地分享情绪。如果发育进展顺利，大脑的整合就会在 5~7 岁的孩子身上出现，敏感的孩子会在 7~9 岁出现。父母需要努力工作为孩子提供让他们情感上成熟起来的条件，而不是命令他们在情感上成熟起来。

纽菲尔德的"情绪健康和成熟的 5 个步骤"包含孩子作为一个情感个体的情绪发展顺序。孩子会随着时间的推移与他们的情绪建立一种关系，这种关系需要向孩子介绍自身感受的成人的帮助下建立。这 5 个连续的步骤不能被忽略，并且是通过一系列逐

情绪健康和成熟的 5 个步骤

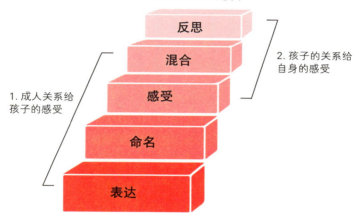

图 6-2 情绪健康和成熟的 5 个步骤（改编自纽菲尔德课程《心灵很重要：情感的科学》）

步复杂的阶段展开：表达、命名、感觉、混合和反思。在引导孩子度过这 5 个步骤，塑造他们作为情感个体的整体潜能上，父母要扮演 3 个重要的角色：

- 父母是促进情感表达的向导，帮助孩子学习自己情绪的名字。
- 父母是保护盾，他们保护孩子柔软的内心，帮助孩子把感觉变成意识的一部分。
- 父母是调和剂，决定如何恢复孩子情感系统的平衡和流动，帮助孩子混合和反思他们的情感。

1. 父母是情感的向导

情感需要表达，就像筑坝中的水寻求释放。情感的目的是推动孩子前进，但它需要一个渠道流入，一个地方流动。对于儿童来说，这种情感能量就像是在木筏上沿着白水急流前进。与水的力量做斗争毫无用处，因为毫无用处，只能屈服或被流水的力量带走。唯一的办法就是找一个向导，当浪峰、浪花和瀑布上倾泻而下时，你可以紧紧抓住向导，跟着他们向前走。年幼的孩子需要信任这样一个向导，带领他们穿过棘手的路途，并将他们安全地送到安静的水域。依赖本身的脆弱性会时不时抬头，驱使孩子考虑向导能否被信赖，来照顾他。对于儿童和他们的父母向导来说，这种"情绪波动"是每天甚至每时都会发生的事情。木筏象征着他们之间正确的关系，成人会引导它前进。

情绪会上升并流经我们的孩子，但它们的存在不是问题，尽管它们可能是许多问题的原因。父母需要指导孩子的情感系统，以确保它保持流动、开放和充满活力。父母的自然定位是促进孩子情感的表达，并邀请孩子将情感表达出来，同时告诉孩子与之相匹配的词语。要成为一个向导，父母需要使用自己的情感系统来理解孩子的情感状态。读懂他人情绪的能力源于边缘共振，"这种无言的和谐我们随处可见，却认为理所当然——母亲和婴儿之间，男孩和他的狗之间，隔着餐馆的桌子手牵着手的恋人之间"[6]。幼儿应在父母的照顾下寻求情感上的慰藉，父母是孩子迷失或困惑时的指南针。当父母能读懂孩子的情绪，邀请他们表达情感，并传达出他们会关心孩子时，正向的关系就会加强。情感上解读幼儿的能力就是使父母成为向导的能力，以及孩子间接地了解他们自己内心情感的能力。

情感表达为父母传授心灵语言提供原材料。与其他哺乳动物相比，人类的独特之处在于我们有能力给自己的情绪状态命名。我们给我们的情感状态起的名字就是我们所说的感觉。感觉是我们有意识地用来表达我们是如何被激起情感的词语。当孩子们为他们的感情起了感觉的名字，他们的话就会为他们打开一扇门，让他们感受到更多的脆弱，更敏感和更具洞察力。父母要先让孩子的心和口协调一致，这将是他们正直和真实的根源。当我们不尊重孩子内心的想法时，为了让我们与他们亲近，我们把他们送上一条改变自己的轨道。为了照顾好我们的情感和所有我们无法控制的感受，我们贬低并污染了他们的自我。

当一个孩子收到邀请去表达他们的情感时，他们也会相信他们的内心会给父母提供有价值的信息。当父母认同孩子的感受时，它传达了一种信心和信念，那就是父母无言的支持是可以在做决定时依靠的。当我们帮助孩子与他们的感受建立关系时，他们将会负责任地与他人分享这些感受。我们的孩子需要一个可以分享的自我，一颗有感觉的心，一张会说话的嘴，以及一种信念，即生命的丰盛来自于以一种脆弱的方式去体验它。当父母尊重孩子的情感时，孩子会对包括情感和心理亲密在内的未来关系产生期望。

（1）邀请情感表达带来问题

邀请孩子表达情感的问题在于，他们的表达可能会混乱、困难、粗鲁和不文明。当孩子的表现令人震惊、无法接受、疏远和伤人时，父母应如何保持中立，并让孩子的情绪保持流动？例如，5岁的贾斯珀对他爸爸大吼："把我带到警察局去，这样他们就能朝我开枪！"6岁的玛丽娜对她妈妈说："你的皮肤和骨头在你的身体就是一种浪费！"伊桑的妈妈说，她3岁的儿子对他爸爸大喊："我恨你！我要挖出你的眼睛，用电锯把你锯成一块一块的！"一天晚上，和一群家长在一起时，我把最后一个故事作为例子讲述给家长听，然后我觉得很沮丧，因为他们瞪大眼睛，惊恐地喘息，惊呼着"太可怕了！"我大吃一惊，因为在我看来3岁的伊桑已经能够清楚地表达自己没有按照规定做事后的沮丧，清楚地表达了自己的意图，并且发音清晰。我所看见的是人类潜能，在家长眼中看到的却只是犯罪。

我并不担心伊桑的不成熟，相反，我想知道是什么原因让他如此沮丧。我让他的妈妈告诉我，他在说这些威胁的话语之前发生了什么。很明显，他这么沮丧是因为度假的爸爸在家里待了一段时间以后，不得不出去工作。伊桑想和爸爸一起玩，当他被告知不能玩时，他的沮丧变成了犯规。他选择电锯作为武器，是因为他跟爸爸在一起时最喜欢的活动是看他锯木头。伊桑需要的是有人给他一些情感表达的空间，给他心中的东西起个名字。只有和他有良好关系的，能够理解他的感受，能够承认什么是难以接受的，能够用温暖舒缓他的沮丧的人，才能促成这种情感过程的进行和释放。伊桑情绪的答案是照顾。他需要听到的是"现在什么你都不想玩。你想让爸爸陪你玩，但是他不能。"或者"你太沮丧了，爸爸现在不得不去工作。"一旦伊桑的眼泪掉下来，他的心就会软了下来，他开始接受生活中最艰难的事实之一：有时候你不能把你爱的人留在身边。为什么我们要惩罚一个在这样的问题上挣扎的孩子呢？伊桑想要的是和父亲的接触和亲密；他得到的是与他母亲的连接，因为她引导他找到了沮丧的根源，并最终让他流下眼泪。

父母可能很难理解孩子的情感，但邀请他们表达自己的情感并不需要理解。父母在给予表达空间时，犹豫和恐惧的根源在于，如果他们"给予一寸"，孩子就会"得到一米"。父母们担心情绪表达永远不会停止。它将接手一切，并且永无止境。情绪能量不会停止，直至被释放。压抑的情绪会导致更大的情绪爆发和进一步的爆炸。当情绪系统被激起时，它会不断施压，并找到释放的渠道——任何减轻内在压力的东西。如果你试图压制情绪，它们会让你走得很远。

父母也可能错误地认为情感是后天习得的，必须通过强化和后果来消除。新的情感科学研究表明，这样理解是不正确的。我们不会教孩子表现得沮丧、惊慌、关心、悲伤，他们生来就有能力感受这些情绪，并本能地离开这样的状态。父母的角色是引导他们通过了解自己的情绪，从而最终达到稳定、平衡和自我控制。

我们需要考虑的问题是，父母对伊桑说的话对他来说到底意味着什么。"你这样说话的话，我们不会在你身边。"或者"回到你的房间去，3分钟后出来。"或"你对你爸爸太坏了。什么样无礼的男生才会说出这样的话？"这些话会让伊桑陷入情感困境。如果表达内心的沮丧会让他失去最想要的人，他的大脑就会上演一出精心编排的牺牲剧情。与他所依恋的人分离的警报会使他的大脑压抑或压制那些威胁到他的关系的情绪。就像魔法一样，伊桑会在他的暂停时间后，"平静下来"，而且表现得像"金子一样的好"。被送走的警报会消除他的沮丧，让他重新回到与父母的关系中。然而，潜在的挫折并没有得到解决；他仍然会被鼓动起来，无法表达，对挫折也没有什么洞察力和意识。猫、狗或其他孩子可能会受到挫折的冲击，但他的父母不会，因为他的大脑会战略性地移动，以保护这些关系。暂停和基于分离的纪律之所以有效，是因为它们制造依恋警报来劫持大脑的情感系统。如果这种反应经常发生，伊桑不仅会遇到挫折，还会受到警告。分离是最强大的体验，它塑造了情感大脑。

（2）情感表达受阻的问题

当孩子的大脑为了维持父母关系而必须抑制情感表达时，这对孩子来说意味着什么？如果在一个为运动而建立的系统中，表达受到阻碍，情绪健康和成熟的代价是什么？代价是他们与他们的情感形成的关系，以及他们如何演变成一个情感的存在。当父母对孩子的情感做出反应时，他们传达出哪些情感是可以接受的，孩子内心的版图就被雕刻成形。如果孩子想和父母建立关系，他们的大脑会无意识地塑造情感表达，以匹配父母所发出的邀请。不受欢迎的情绪被推入黑暗，超出了被认为可以接受的范围，留下了他们内心千篇一律的轮廓。例如，如果孩子看到爸爸不喜欢他们难过的样子，他们就会努力正向思考，为了能和爸爸建立关系，孩子的大脑可能就会压抑悲伤的感受。在童年和成年时，如果没有其他人能够邀请表达悲伤感受并帮助他们命名，他们就很难处理好难过的情绪。受挫的表达也会导致主导型问题和一系列的情感问题。正确的情感表达是治疗抑郁症的完美处方。

表达受挫最终失去的是孩子内心世界的完整，以及表达脆弱情感所带来的活力。只有在孩子符合父母所喜欢的形象时，父母才会传达出温暖和亲近的愿望，因此在这种照顾关系中，孩子没有得到休息。开始调动自身动力是对自己表现的一种关注。孩子的精神会在社会和父母双重的得体要求下被压垮、削弱，并且被定义。例如，有一天，6岁的佐伊放学回到家，说她的老师说她很可爱，因为她在课堂上很乐于助人。佐伊说："我爱露西克女士。我会一直对她很好。"幸运的是，她的妈妈明白，佐伊所有的感受都需要被邀请表达，就跟她说："如果你想在学校表现得

图 6-3 附加参数（改编自纽菲尔德课程《心灵很重要：情感的科学》）

那么和蔼可亲，那么你在家里就会特别暴躁，因为没有人能够一直都能那么友好。"妈妈想让佐伊明白，他们之间的关系能够承受她可能需要表达的任何情绪。

　　表达受挫的解药是告诉孩子，他们所有的情绪都是受到欢迎的，而且不会导致分离。例如，一个小男孩看着他的母亲处理他姐姐发脾气的过程。他问妈妈："你只有一个那样的孩子，你不应该感到高兴吗？"妈妈勇敢地回答他："我要是有一百个尖叫的孩子，我也能把他们都照顾好。你如果需要发脾气，你也可以这样做。"她说，孩子没有接受她的提议，不过她很高兴有机会向他传达妈妈也能处理好他的情绪挫折。

　　孩子们需要成人盛情邀请去表达他们内心的想法。混乱的部分，喧闹的部分，受伤害的部分和伤人的部分——都是孩子的一部分。我们有责任让所有的部分都表达出来，而不仅仅是我们喜欢的那些部分。如果我们不能引导我们的孩子面对这些，他们又将如何与自己"最不能接受"的一面建立关系？当我们无法看到他们或我们自己的情绪时，我们又怎么成为他们心灵的守护者？如果我们不允许他们表达自己的感受，我们又怎么能引导他们用文明且负责任的方式分享他们的感受呢？我们能传达的最有力的信息就是，我们之间的关系能够承担起他们是谁以及他们所带来的所有的压力。在他们说伤人的话、头脑混乱和情绪混乱的时刻，我们要向孩子发出邀请，邀请与我们建立起能够逾越双方鸿沟的联系。

年幼的孩子需要空间来表达自己的不成熟，内心深处原始的、无拘无束的情感冲动。情绪没有好坏之分，重要的是我们如何认识它们，并且如何用感觉的词汇负责任地表达它们。最终的目标是让孩子的情感世界处在自我控制、意图、决策和反思的系统中，不过这些直到 5~7 岁之间才开始逐渐形成（敏感孩子的形成期是 7~9 岁）。即使到了那个时候，面对强烈的情绪时，他们也会像成年人一样，努力克制自己的反应。没有指导，幼儿无法获得情感成熟——这是正确的人际关系的作用之一，旨在照顾脆弱的心灵，并让它们保持柔软。

2. 父母是脆弱、柔软心灵的盾牌

心是一种美丽的象征，它代表着能够感受自己情感的脆弱。心脏持续跳动的怦怦声就像我们在孩子成长过程中感受到的情感脉搏。不仅我们的身体会受伤，我们的感情也会受伤。如果我们没有感觉，我们就永远不会感到害怕、失落、悲伤或困惑，也不会感受到背叛和失望的刺痛。我们也将永远不会感受到爱、责任、

满足、希望，或对无忧无虑的喜欢和玩耍的渴望。

情感推动成长，情感寻求意识，它们赋予生命活力。它们在面对情感上的伤害时，变得脆弱。小孩子经常感到被他人伤害。例如，西蒙告诉妈妈："我的妹妹推我，这让我很受伤。"还有"她不愿意跟我玩。她真的太坏了！"人类的情感给我们创造了一个困境：我们不得不冒着经历绝望和失落的风险，才能够经历爱和喜悦的兴奋状态。爱是通往失落的大门。在失去我们深爱的东西之后，绝望的感受会喷涌而来。

人类情感所呈现的悖论的答案是什么？面对如此多的心痛，我们如何既保护脆弱的感情，又保持内心的柔软？答案是盾牌，有两种盾牌可能帮助我们过滤世界对内心的影响，为人类的心脏提供一个保护层，使其保持柔软并富有表现力：以大脑为中心的情感防御机制；与有爱心的成年人建立正确的关系。

（1）情感防御机制

几个世纪以来，心理学争论得非常激烈，而现今神经科学家的观点是，保护脆弱心脏的情感防御机制是存在的。[7] 当脆弱的感觉让大脑不堪重负时，大脑可以建立起防御机制来抑制和抵御它们。防御是一种保护机制，在感受可能阻止我们做需要完成的事情的情况下，它允许我们继续把事情进行下去。

防御是负责大脑情感部分的一种战略性行动，其目的是确保人在伤害太大的环境中生存下来。例如，如果父母不停地对孩子大喊大叫或吓唬他，让他乖乖听话，这种持续的警觉状态可能会让孩子建立起情感防御，他们在这么多的情感波动中不受影响。在这种情况下，父母必须更大声地叫喊，警告孩子，以使他的意愿越过孩子的情感防御墙。情感防御是自然发生的，并且不受意识的直接控制。

情感防御需要流动、退潮和涨潮，以保证不断发展变化。当防御被中断时，发展问题就会出现，因为可被感知的脆弱感觉减少了。当防御机制陷入困境时，孩子不再能感受到成长所需的脆弱感受，尤其是关爱他人和被关爱的感觉。他们不再有一颗柔软的心或者在适当的时候感动流泪或表现出恐惧，相反，他们会表现得很坚强，几乎没有脆弱情绪的迹象。

最容易被抵御的脆弱感觉是徒劳、受伤、依赖、满足、尴尬、羞耻、警惕、关心和责任。关爱和责任都要同理心的表达，如果不加以保护，就会在孩子与他人的互动中消失。当情感防御一旦构建，孩子就不太可能看到或听到伤害他们的事情。这些事情包括看不见自己的错误，记不住那些会让自己感到脆弱的事情，看不见麻烦或拒绝的来临，也没有了严重的注意力问题。简而言之，任何让你感觉糟糕的事情都不会被看到或听到。

成年人通常不会注意到孩子什么时候失去了脆弱的情感。成年人一定会注意到因为缺乏警惕、徒劳或关心而引起的行为问题。例如，一个不依赖父母的孩子总是说："我不在乎"或"没关系"。如果这些防御是临时的和情境性的，它们可能不会给孩子的发展带来什么问题。当这些反应是因为受伤害的环境而发生或确实是有必要的发生，儿童的全面发展就可能要付出代价。当感觉长期处于麻木状态时，儿童的心就会变坚硬，脆弱的感觉就会消失。

这些会影响他们成长为具有社会性、独立性和适应性个体的潜力。

4 岁的安妮要跟妈妈分开，被送到外婆那里住 3 个星期，因为妈妈有一项延期的工作项目要完成。安妮突然看不见那些平时

脆弱的感情更容易被防御

- 无用的感觉（忧伤、失望、悲痛、懊悔）
- 依赖的感觉（空虚、需要、想念、孤独、不安全感）
- 害羞和胆怯的感觉
- 尴尬的感觉（包括脸红）
- 羞耻感（我有问题）
- 受伤的感觉（感情伤害、苦恼、疼痛）
- 惊慌的感觉（忧虑、不安、焦虑和恐惧）
- 关怀的感觉（同情、同理心、奉献、关心、提供、满足需求、珍惜、投入）
- 责任感（难过、悔恨、让事情顺利进行、主动关心、让事情变得更好）

图 6-4 脆弱的感情更容易被防御（改编自纽菲尔德课程《心灵很重要：情感的科学》）

会给她警报的东西了。她和邻居的孩子们一起玩耍，他们无情地嘲笑她，但她还没有意识到他们对自己的嘲笑，也没有受到影响。安妮也开始出现状况，她开始尿裤子，虽然之前受过如厕训练。当她身上的汗渍被发现并不是她的尿渍时，她也表现得很坚决。与妈妈分离跟并不是非常依恋的外婆生活在一起，这样的脆弱让她在情感上感到非常痛苦。她的大脑通过抑制痛苦和脆弱的感觉来补偿。这让安妮能忍受分离的痛苦，但也产生了一些其他的问题。幸运的是，妈妈回来的时候，花了些时间接走安妮，并让她恢复到她的日常生活中，她的情绪防御最终消失，她的柔情回来了。安妮的情感系统开始解冻，她不再弄湿自己，哭诉自己被留在外婆身边这件事。

大脑还能唤起情感防御，因为预估到可能会受到伤害，我们远离并避免依恋某人。例如，一位父亲疯狂地给我打电话，因为他的 4 岁儿子艾登在公园里和弟弟打架，被妈妈骂了一顿之后逃跑了。艾登看都没看就匆匆地穿过一条繁忙的街道，然后消失了。当他们最终找到他时，发现他正躲在自己的房间里。艾登不愿意出来，也不让任何人靠近他。他们等着他出来并且告诉他他们会帮助他，但不会强迫他时，他的情绪防御开始慢慢减弱，他又出现了。父母对艾登的行为感到震惊，并寻求帮助，想要了解到底发生了什么。当他们开始明白艾登很敏感，很容易受到伤害性语言的伤害，他们开始用减少情感挑衅的方式来对待他。情感伤害通常是照顾敏感儿童时会遇到的挑战。他们能从父母的声音中听见挫折感的刺痛，或者看见他们脸上皱起的眉头，一旦预测到伤害，他们的大脑会迅速地将他们剥离出这段关系，以防他们受到伤害。他们可能会逃跑，躲藏，拒绝倾听或不服从，做与预期相反的事情，从而变得难于管理。

为了达到最佳的情感功能，孩子应该能表达一系列脆弱的情感，如在需要休息时感到疲倦，在被暴露时感到尴尬，恐慌时感到谨慎，发生不好的事情时感到抱歉，展望未来时充满希望，受伤时感到受伤或者关心他人。以下几种迹象表明孩子的大脑可能已经建立起情感防御：

- 他们不再谈论什么使他们痛苦或他们受伤的感情。
- 他们在面对让自己不安或恐慌的事情时，不再感到不安全或恐慌。
- 他们不再看到拒绝，或者他们无法远离伤害。
- 他们不再适应生活中出现的匮乏和失去，这些往往伴随着更多的挫折和侵略。
- 他们不再感到空虚或欲望，只是一种长期的无聊感。

当一个孩子的大脑已经开始抵抗过多的伤害时，生活中的成人就要承担起通过他们的关系来软化孩子的责任。

（2）与有爱心的成年人建立良好的关系

良好的人际关系是保护孩子脆弱心灵的终极屏障。当孩子把父母当作指南针来确定他们的情感方位时，父母就有了保护孩子的能力。幼儿会转向父母求助，寻找让他们感到痛苦的原因，从而阻止大脑抑制脆弱的情感。与父母良好的关系，让孩子可以帮助自己消除羞耻感（当他们感到自己有问题时）、减少隔阂（当他们被拒绝、不受欢迎或不被邀请时）、降低警惕（当他们在身体和情感上感到不安时）的人。爱是孩子脆弱心灵的终极盾牌，这样的盾牌是一个美丽的设计。

父母和成年人需要抓住孩子的心，并通过照顾他们紧紧抓住它。如果父母成为伤害的源头，孩子要面临太多的分离、羞耻和恐惧，那么孩子就不太可能请求父母来帮助他们处理这些情绪。只需要一个成人就足以来保护孩子的内心，不过越多越好，为孩子创造一个更大的情感安全网。

父母作为盾牌的角色可以帮助孩子以一种脆弱的方式来表达自身的感受。这种做法包括邀请孩子告诉你他们的感受，反思你听到的东西，并承认这种感觉是什么样的。当你靠近他们的感受和经历时，你是在尝试传达你能够理解他们的情感是如何被激起的，你这样做是来帮助他们的。父母能做的最重要的事情之一就是帮助孩子把内心的情感世界带入他们的意识觉知中。当你和一个孩子在一起时，你是在引导他们经历情感体验。

陪伴孩子的情绪向前走就是不要做相反的事情，比如用"没什么大不了的，到外面去玩就好了"或"别担心犯错，这只是学习的一部分"。当我们驳回或否认他们的感受时，我们就无法创造出他们需要的空间来认识、命名和理解他们的恐惧、欲望和挫折。其他无益的反应包括试图用逻辑将感觉合理化，比如"不要让别人的话打扰你。他们的话伤不了你。"或"你说我从来不给你买东西是什么意思？你怎么这么忘恩负义？前几天我给你买了……"我们的感受不会因为解释就会消失。事实上，我们需要在阳光下看待我们的嫉妒、悲伤和失去。对孩子情绪改善无益的反应还包括，告诉孩子应该如何处理一些事情，或者抓住机会教训孩子："如果你的东西都摆放得很有条理，你才能在你需要的时候找到他们。"陪伴孩子的感受其实是想要传达出一种真诚的渴望，了解孩子的内心深处，并承担起通过理解情感反应来帮助他们的责任。

例如，一位母亲说，她上幼儿园的孩子因为要上学而脾气暴躁，而且开始经常使用"笨蛋"这个词。她很生他的气，叫他不要说这样的话。他不愿意停下来的时候，她威胁孩子说一周不可以玩平板电脑，孩子听她这样威胁就说要打她。她问我她应该怎么做，我带着回顾了一下她可能错过的感觉，并且告诉她，如果能和她的儿子在一起的时候，她可以让孩子了解自己的感受。她可以说："我看见你今天对于要上学这件事很暴躁。""过了一个这么开心的，只玩不需要学习的周末，星期一去上学确实有些难。"或者"今天早上我看到你感到沮丧。你怎么啦？"和孩子一起面对挫折会帮他减弱挫败感，提高他对挫败的意识，并帮助他学会用更恰当的词汇来表达。年幼的孩子在理解自己的情感世界方面不够成熟，和父母在一起面对会帮助孩子把脆弱的情感带到意识觉知中，并让孩子知道如何负责任地分享这些情感。

幼儿情感伤害另外一个比较大的源头是其他儿童。年幼的孩子需要强大的成人盾牌来保护他们脆弱的心灵，以免其受到同龄人之间互动的伤害。杰克 6 岁了，他的父母向我求助。由于他是独生子女，他的父母错误地认为他需要跟同龄孩子互动来学习社交技能，因此给他安排了固定的玩伴。后来杰克进入幼儿园，他喜欢与同龄人待在一起，等到了一年级，他已经变得以同龄人为中心了。他不停地要求和他的同龄人在一起，跟他们一分开，他就觉得沮丧和无聊，不听父母和老师的话，对成年人说话也很无礼。父母一意识到问题的根源在同伴导向上，他们就迅速采取行动，恢复并加强与他的关系。杰克跟同龄孩子约定的玩的时间被削减，他开始和他的父母约着一起玩，减少了课外保健的时间和玩电子设备的时间，他们培养了杰克和老师之间更强的关系，他的阿姨、叔叔、爷爷奶奶和年幼的堂兄弟也加入进来，形成了自然的依恋等级结构。几个月后，他们取得了显著的进展，当杰克开始倾听并向他们求助时，他们异常激动。

　　一天放学后，杰克和爸爸开车回家，下面这个对话是基于杰克和班上一个爱指挥人的小男孩之间的故事展开的：

　　杰克："爸爸，我有腹肌吗？"

　　爸爸："腹肌——你在说什么？"

　　杰克："卡登说我要是有腹肌我就要掀起衬衫给他瞧瞧。我给他看了，然后他说我没有腹肌，接着他们都笑了。"

　　父亲："噢，杰克，那感受一定不好。你感觉怎么样？"

　　杰克："我真的很困惑，因为我不知道那是什么意思。卡登对我也总是很不友好。我不喜欢这样。"

　　父亲："我知道你会感到尴尬和受伤。杰克，没有多少人有腹肌，有腹肌表示这个人锻炼身体，腹部肌肉发达。你看看我。我有腹肌吗？没有。看，这里有点赘肉。这样没有关系的。你跟我和大多数人是一样的。"

一个星期后，杰克放学后上了车，告诉他爸爸："卡登今天来找我，说我没有腹肌，我告诉他没有人真的有腹肌，我现在这样很好。卡登只是看着我，他不知道要说什么，然后就走开了。"杰克的父亲给我讲完这个故事后，很快就转移话题去讨论其他事情，但我拦住了他，问道："你看到你为你儿子所做的一切了吗？"他被我的问题弄糊涂了，所以我又说："如果不在他的书包里放一种东西，你儿子不会去学校了。"他看起来还是不明白，因此我就说，"是你。你不在那里的话，他不会不去上学。你爱他就像他爱你一样，他对待自己就像你对待他一样。你重新夺回的东西让他保持强大。"就在这时，我们都停了下来，因为看到的一切那么美丽，那么清晰，那么完美地展现在我们面前——他已经成为他儿子心灵的盾牌。

在过去的 35 年里，关于复原力的研究表明，儿童的情感健康与社会成功之间的联系，与他们与成年人的密切关系紧密相连。[8] 即使孩子在家里面临欺凌、贫困、成瘾或精神疾病，爷爷、奶奶或学校或教堂里的成年人等替代性的成人存在，也是影响情绪健康的最重要因素。[9]

韧性是我们需要在孩子身上培养的最重要的品质之一。[10] 不幸的是，人际关系是人类脆弱的答案，而这一信息并没有付诸实践。现在仍然有一种运动，就像他们学习的一门学校课程一样，教孩子们使用工具、技术和策略，让他们变得更有弹性。孩子从来就不应该有责任保证自己的内心安全或柔软。正向的人际关系自然生发出韧性，在这样的关系中，成年人是面对痛苦时的情感盾牌。重要的是在孩子难过时会向谁求助，他们会向谁倾诉秘密，他们会和谁一起流泪，他们相信谁能引导他们。孩子需要坚定地看到、感受到和听到父母相信他们，他们可以依靠父母的信息。

父母需要确认的是受伤是生活的一部分，而答案就是紧紧抓住那个紧紧抓住你的人。当孩子觉得他们对父母很重要时，别人怎么看他们就不那么重要了。我们不需要把我们的孩子从他们所生活的伤害世界中拯救出来——这是不可能的。我们能做的是确保他们不是两手空空地面对这个世界。韧性、情感的脆弱和柔软的心灵的根源都揭示了一个简单的事实：无论孩子把自己的心交给谁，那个人都有能力用自己的心来保护它。我们需要在依恋之舞中占据主导，这样我们才能成为孩子柔软心灵所需的盾牌。

3. 父母是调和剂

因为不成熟，幼小的孩子缺乏对自己情绪的内在控制。一个成熟的情感系统会容许他们理解和更负责任地与他人沟通，但这需要大脑的发展程度达到相应的层次。幼儿所面临的挑战是他们一次只能体验一种情绪。在他们的大脑成熟之前，他们的情感被特别地识别出来之前，他们无法混合和整合情感。因此，面对强烈的情绪时，他们几乎没有能力去调节自己。解决幼儿情绪冲动的办法是让他们依附于一个有自控能力的成年人，这个成年人可以作为孩子情绪能量的调节剂。

词语"调和"的意思是作为一种中和或平衡的力量，起到缓和、减弱、减少、减轻或软化的作用。这是用以描述父母面对孩子强烈情绪时的行为的完美词汇。调和起到的是一个积极的作用，它不会把情感的责任推到孩子的身上。调节孩子的情绪需要清楚孩子的情绪状态，并且确定能让孩子情绪稳定和平衡的最佳方法。在这个过程中，成人最大的挑战是不要迷失在孩子的情绪反应中或者在这个过程中发脾气。

当我想到一个很小的孩子情绪来的速度和强度时，我脑海中浮现的画面是火车。当一个孩子的情绪真正被激发起来的时候，他们的能量就像一列火车以惊人的速度冲出铁轨一样。几乎没有刹车功能来阻止它们——更不用说脱轨的风险！面对这样的情绪能量，家长们会感到无力，通常会告诉孩子停止或闭嘴，但收效甚微。一位家长在演讲中问："我的孩子打我、朝我扔东西时，我该怎么办？"坐在她旁边的朋友回答说："你需要闪开，别被伤着。"虽然我们都笑了，而事实上这样的行为可能会保护父母不受伤害，但它不会向他们输入照顾孩子的信念，也不会保护其他脆弱的人免于孩子因为违反既定规则产生的沮丧。我们知道必须允许情绪能量在一个年幼的孩子身上流淌，但我们要如何承担起照顾他们的责任？

父母应该承担起决定何时、何地、如何以及由谁来处理孩子的情绪的角色。这就是调和剂的作用：它能读懂孩子的想法，在目前的条件下，考虑到对孩子最有效的策略，这种策略允许孩子表达、感受和恢复情绪平衡。处理孩子的情绪的时刻可以是在当下，也可以是稍后，情绪的强度降低时，或者两者兼而有之。孩子的情感表达场所既可以是私人空间也可以是公共空间。例如，你可以选择在购物时分散他们的注意力，但在家的时候，你可以邀请他们表达自己的想法。你引导孩子处理他们脆弱的感受的方式，可能是直接和他们交谈，阅读绘本，或者帮助他们通过游戏来表达自己的感受。有很多人可以帮助孩子处理他们的情绪，但是父母必须来选择一个跟孩子有深层关系的人来把脆弱的情感表露出来。

情绪能量必须流动，这是没有商量余地的，但是通过平衡和中和幼儿的情绪来创造安宁的责任在于父母。例如，凯的妈妈说她给4岁的凯订了一些模型飞机，模型飞机是他最喜欢跟爸爸分享的一个爱好。凯知道这个消息的时候非常兴奋，开始不停地询问飞机什么时候会到。48 个小时后，妈妈越来越没有耐心，说道："相同的答案我已经跟你说了一百遍了——它们要再过一个星期以后才会到——不要再问我相同的问题！你不明白你需要等待吗？"但是凯没有耐心，因为这其中包含了两种情感的混合：沮丧和关心。他对飞机的渴望正在折磨着他。凯当时所感受到的是一种强烈的欲望，他所缺少的是为不得不等待他想立刻拿到的东西流下的眼泪。他的父亲回应着凯连续不断的问题，他陪着他一起难过，还在说："我知道你爱这些飞机，你很兴奋通过邮寄的方式收到它们。听说你不得不等，这件事确实很难。它们现在不在这里，你觉得特别沮丧。"当爸爸用这种方法对待凯的时候，他把凯的挫败感转化为眼泪。当凯的眼泪掉下来的时候，他明白了再问有关飞机的问题和飞机何时到达的问题都是徒劳的，他最终抒发了自己的情绪，安静了下来。

　　凯的故事说明，当孩子们最激动的时候，他们是没有能力在情感系统中创建秩序的。告诉孩子停下来某件事可能会减少或改变他们的表达，而不是帮助他们理解自己的感受以及如何处理这些感受。这就是为何父母必须成为调剂剂，而不是用"切断它"的方法，对孩子的情绪能量产生一个中立的影响。

　　孩子真正想让我们了解的是，他们的情绪不成熟会导致冲动、好斗、不体谅他人和以自我为中心的行为。他们需要帮助和指导，让自己在情感上成熟起来，并且能够以负责任的方式与他人相处。这就意味着一个成年人需要与孩子的情感建立一种关系。父母需要帮助孩子学习一门心灵的语言，在情绪内容的冲动得到控制之前为他们争取时间，并缓和他们的强烈反应。如果没有成年人的关系的防护和保护他们柔软的心，儿童就无法像情感生物一样进化和成长。

7

眼泪和发脾气：理解挫折和攻击性

上帝知道，

我们无需为自己的泪水而羞愧，

因为泪水就像雨水落在模糊我们视线的灰尘上，

浸没我们坚硬的心灵土壤。

流过泪水的我们更加美好，更加慈悲，

更深入地了解内在的不足，也更加温柔。

——**布莱士·帕斯卡**[1]

一个商务会议正在进行中，伊莉斯被婆婆发来的一条疯狂的信息所骇住，她的婆婆正在照顾她3岁半的儿子纳森。奶奶用一种克制却充满恐慌的声音讲述孙子是如何在人行道上崩溃的，他尖叫、大哭和拒绝行走。当伊莉斯问起发生了什么事时，奶奶回答道："我正照着你说的那样带他去吃寿司午餐，但他却有别的主意——他忽然尖叫他要吃'汉——堡'。我做错了一件事，带着他从一家卖汉堡的餐馆门口经过，现在他不听我的了——你能和他谈一谈吗？"伊莉斯回答："你所要做的就是说不，并且安慰他。他哭也没关系。"婆婆停顿了很长时间，让伊莉斯听听她儿子的哭喊，"我要薯条！我要汉——堡！"奶奶回答说："他太吵了，他实在太难过了。我就是说不出口。听到他哭和对他说不让我的心都碎了。我可以把电话给纳森，这样你就可以跟他说不要这样做了。"

伊莉斯听到儿子的哭声和奶奶绝望的声音，她知道吃一顿寿司午餐是徒劳的。她不能远程解决这个问题，她也不能冒险让纳森知道婆婆根本搞不定他。伊莉斯用最佳选择回复给婆婆："告诉纳森你改变主意了，你真的很想午餐的时候吃汉堡。告诉他你要做决定，然后带他去那里。"伊莉斯听到奶奶松了一口气，她希望这足以让纳森信服，他们在解决困难的时候，实际上是有人在负责的。

年幼孩子的挫败感会使成年人紧张并寻求庇护，但这将以成年人让孩子接受限制和约束的能力作为代价。面对眼泪和愤怒，成年人需要知道什么时候该为孩子改变，知道什么时候该帮助孩子接受他无法改变的事情，并有智慧知道两者的分别。

学步儿童的力量和学龄前儿童的飓风

　　幼儿是凶猛而顽强的变革者，他们会不惜一切代价得到自己想要的东西。他们的要求都是源于情绪，却与现实的约束脱节。如果一块饼干很好吃，那么一整袋饼干一定"更美味"。他们的欲求和愿望无法调和，因为他们知道不是想要什么就会得到什么，他们也不知道什么对他们是好的。他们可以像律师一样辩论，像销售人员一样谈判，并且展示为什么抱怨是人耳听到的最恼人的声音，比高音调的桌锯发出的声音还要刺耳。[2] 这并不是开在父母身上的残酷玩笑，而是一个精心设计的，成年人需要帮助孩子适应他们生活的世界的发展功能。孩子们并非生来就预置好关于限制和约束的知识，这里有充分的理由：要考虑到他们在适应环境的过程中会呈现灵活、多样和可塑性。这个挑战在于，成年人须向孩子呈现生活的徒劳，历经挫败感，直到他们接受这些徒劳的存在。如果不能做到这一点，孩子就会容易产生主导型问题而且会在面对逆境时缺乏韧性。

　　小孩子会以自己独特的方式爆发体内的挫败感，尖叫、大喊、踢打、咬人、撞头、抓痒、拧人、呕吐，或者出现混合行为。就像一位父亲说的，"我两岁的儿子得不到他想要的东西——巧克力，他姐姐的椅子，一个玩具，房子周边随便什么东西——他就会打、咬、扔手边的任何东西。他也会大声尖叫，流眼泪，不过这些眼泪都是非常愤怒的眼泪。"

　　具有讽刺意味的是，似乎一个特别喜欢表达不满的孩子常做的事与他们的看护者最反感的事情是一致的。有呕吐恐惧症的父母的孩子好像都是呕吐者，对声音敏感的父母，他们的孩子都喜欢尖叫。一个一出生时就被收养了的孩子，她的母亲问我："我们不会在家里大喊大叫。我丈夫和我是最安静的父母，但是我女儿开始在地上打滚，拼了命地大声尖叫。我担心——她的心理健康是否有问题。"虽然我让她放心小孩子发脾气是很常见的，她问我："不过她这样的时候，我该怎么办呢？"

父母会证明，早期的童年是一个暴力时期，因为他们的孩子缺乏对冲动的控制，同时又有强烈的情绪。正如戈登·纽菲尔德所说，"对我们来说，幸好他们身材很小而且目标短浅。"[3]他们的沮丧可能会在一瞬间爆发，随之而来的是意想不到的挑战和不文明的行为。看到孩子打别人，父母就会感到不安，一个妈妈给我的留言就说的是这样的事情："今天我3岁大的孩子用拳头打我的头，我把她从一个商店拉出来，她还尖叫和踢我，就因为我说不能买她要的东西，那个时候，我意识到我需要更好的策略来对付她！"好消息是，孩子的不受控制的反应会随着期待的发展逐渐消散，大约在5~7岁时发生。身体上的攻击应该转化为语言上的攻击，孩子会开始震颤，但是很少会爆发攻击。就像一个5岁的孩子因为自己的尖叫感到难过之后所说："我试图控制住自己，但我的脖子和嘴巴根本无法忍受。"

这种从5~7岁的转变带来的感受和想法的混合，带给孩子一种自然的解决办法，使他们不再压抑自己的挫败感。当一个孩子对某人觉得有挫败感，同时又对伤害这个人的想法觉得恐慌时，这些感觉间的相互冲突会减弱他们的反应。当他们既有一种攻击别人的冲动，又顾及不能去伤害别人时，他们就会表现出更好的自控能力。情感和思想的交融让他们的爆发停止下来，语言成为他们表达自己挫败的方式。在大人的引导下，他们说的话也会转化成更加文明的表达方式："拉粑粑在你脸上，我恨你，爸爸。"会变成"我好沮丧。我不喜欢你的答案。"

挫败感通常被视为一种有问题的情绪，因为它与攻击能量和攻击行为有关。然而，挫败感并不是我们需要忘记的东西。它是一种人类与生俱来的重要情感，它的存在有充足的理由。挫败感作为强大的力量有其职责所在——挫败感是变化的情绪。挫败感能量十足，但它并不是我们可以逃避或消灭的东西。挫败感会调动我们为想要的一切努力工作，改变那些对我们没有帮助的事情。如果我们能帮助孩子们在他们尚未成人的时候利用它的力量，并把它纳入一种意愿和决策系统，我们就能让挫败感很好地为他们服务。他们将能以一种文明和负责任的方式推动变革并产生影响。他们将能够让自己和他人相互监督哪些不起作用，哪些东西需要做出改变。我们需要帮助孩子理解他们内在强大的情感能量。当我们成熟的时候，挫败感是我们改变周围世界和自己的能力基础。

我们如何帮助孩子克服挫败感

挫败感是一种强烈的情绪，它促使孩子去改变对他们不起作用的事情。然而，孩子们需要有能力生活在一个这样的世界里，他们并不总是能得到他们想要的。有时候，他们是需要做出改变的人，父母需要帮助他们放弃计划，让他们意识到不按那种方式也可以生活下去。要实现这一点，成人需要接受这样的事实：幼儿的需求和愿望并没有错的——如早餐吃饼干或熬夜错过了睡觉时间。重要的是，成年人不要忘记呈现生活中的徒劳，这种情况有许多，比如帮助一个 3 岁的孩子睡觉，这时他们却声称："我就像我的仓鼠一样喜欢在夜间活动。"

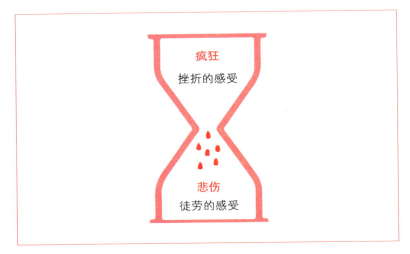

图 7-1 疯狂到悲伤的感受（自纽菲尔德课程《理解攻击性》）

帮助孩子接受一些事情是徒劳的过程，不是一个逻辑过程，而是一个情感过程。孩子不善于判断什么是徒劳的，需要帮助孩子来确定哪些追求是可以实现的，哪些追求需要放弃。他们可以不断地追求自己想要的东西，而成年人将需要发挥积极作用，帮助他们从徒劳的努力中解脱出来。努力以一种合理和理性的方式说服一个幼儿放弃某件事通常是注定要失败的。我们需要看到他们的内心，而不是他们的头脑来接受这种无用，他们需要感觉到自己在面对生活中的限制和约束。我们需要让他们心里明白，有些事情是不会发生的。我们需要帮助他们听到我们所说的"不"，并在情感上主动接受它。就像在迷宫里一样，小孩子需要感觉到哪里有死胡同，这样他们会找到另一条路穿过。当一个 4 岁的孩子意识到他的父亲并不会改变主意时，他说："爸爸，我不喜欢你说不。我要向妈妈告你的状。"

只有当事情无法改变时，孩子才会感到悲伤、失望和失落，此时他们才会接受有些事情是徒劳的。如果孩子的内心柔软，可以感受到脆弱的感受，疯狂最终会走向悲伤。挫败感应该会化为无力的感觉。悲伤的眼泪（不要与疯狂的眼泪混淆），标志着孩子徒劳的追求的结束，也传达出他们的大脑已经得到信息，有些事情不会改变。幼儿们无休止的抱怨、满是挫败感的循环能量，就像魔法一样，会转化为悲伤或失望。挫败感会因此叫停，情感能量会投降——孩子们才会有机会休息。幼儿们接受无法改变的事情时，他们的眼睛可能会充满泪水，然后留出眼泪。因为事情无法改变，幼儿们会流泪，感受悲伤或失望，他们就会接受生活中的徒劳，变得更有韧性，也更加机智。

碧翠斯 3 岁，很爱吃糖果，经常不停地要糖果，尤其要糖果做早餐。她多次被拒绝，多次流下了伤心的眼泪，妈妈也安慰了她很多次，然后，她接受了这个结果，不再要糖果。一个月后，当碧翠斯又要糖果当早餐时，妈妈大吃一惊。妈妈有些沮丧，讽刺她说："当然，你早餐想吃多少糖果就吃多少。还有饼干和蛋糕。别忘了冰箱里的冰淇淋——拿上你的碗，把它装满！"碧翠斯睁大眼睛，张大嘴巴，但是什么也说不出来，直到她喘了一口气说："妈妈，要发生这种事，你得死掉才行！"母亲很放心，碧翠斯已经适应了，但她的精神在这个过程中没有被摧毁。碧翠斯知道早餐不能吃糖果，但这并不意味着她必须停止要糖果吃。

悲伤眼泪的重要性

悲伤的眼泪或失望是在告诉我们孩子已经接受徒劳无益这个概念。正如发展心理学家索特尔所说："当孩子哭泣的时候，伤害已经发生。哭泣表达的不是受伤的过程，而是没有受伤的过程。"[4]根据神经科学家的研究，人类在面对情感上的痛苦会流泪的能力，是人类独有的能力。这也支持了达尔文的观点，达尔文认为，流泪是一种只有我们才具备的特殊的表达方式。眼泪会让我们解脱、减轻紧张和恢复健康。威廉·弗雷的研究发现，悲伤时流的眼泪会将血液系统中的有毒废物排出体外。[5]当眼泪流下来的时候，身体里面会释放催产素，是一种抑制生物压力的化学物质皮质醇。当孩子哭泣并从依恋对象那儿得到安慰时，也会提升催产素的水平，与压力相关的催产素水平也会降低。[6]对于一个年幼的孩子来说，眼泪是情绪系统运转良好的最好指标。

眼泪的问题之一是，男孩和女孩对眼泪表达的态度并不一样。当前对男子气概的定义使得父母抑制男孩的眼泪和压制男孩脆弱的感觉。[7]有趣的是，情况并非总是如此。泪水曾被视为男性具有美德和良好品格的标志。[8]当眼泪不被邀请出来时，它们就会被卡住，孩子的挫败感就会转化为不那么脆弱的表现形式，比如身体上的攻击。

尽管眼泪对男孩和女孩都有恢复作用，但在这个将情绪分为积极和消极两类的世界里，眼泪备受威胁，人们追求幸福和平静需要以悲伤和不安为代价。威廉·布莱克写道："欢乐和悲伤交织在一起。"[9]这句话表明，有意义的生活包含着快乐和悲伤的感觉。当我们告诉我们的孩子，悲伤是有问题的，我们就是阻止他们流泪和把他们从无法改变的事情中释放出来。缺乏对眼泪的认可是要以培养适应能力和韧性为代价的。父母有时候认为眼泪是孩子做错事的标志，而眼泪实际上象征的是孩子对父母全心全意的信任。

或许，社会和文化对眼泪的抵制根源在于，眼泪代表着脆弱和依赖。进化生物学家奥伦·哈森认为，眼泪的出现传达出的信息是，自己降低了对外界的防御，愿意接受别人的安慰和照顾。[10]在这个以独立为荣，催促孩子快速成长的世界里，眼泪则表达着相反的意思。眼泪是一种依赖的信号，传达出一种渴望被关心的信号。一个年幼的孩子要想在情感上生存下来，需要和一个有爱心的成人紧密生活在一起。

　　小孩子不应该照顾他们的感受，他们只是刚刚开始认识什么是感受，而且无法控制它们。我们不能再因为孩子心烦意乱就把责任推到他们身上，还说"控制你的脾气。""冷静下来。""为什么你不能解决这个问题？""我已经跟你说过一百遍了……""别再这样了。""别说了。""你需要更积极地思考。"经典台词是"你为什么哭？我会让你哭个够的。"我们需要照顾他们的挫败感和眼泪，眼泪是告诉我们孩子需要帮助的最清晰的信号。帮助孩子明白他们流出的眼泪到底是在诉说什么才是关键，不过孩子不会轻易和任何人分享他们的情感。帮助一个孩子哭泣的能力把我们带回到依恋之舞，以及这个孩子是否依赖于看护人这样的问题。

　　眼泪的美好之处在于它们一直在寻找表达，就像挫败感一样。有时候通往悲伤的大门会以一种最奇特的方式打开——一个断了的脚趾，一个坏了的玩具，一只丢失的泰迪熊。一旦为眼泪打开渠道，父母会对孩子流泪的多少和强度感到惊讶。当你明白眼泪是等待被表达的时候，你会更容易从一些看似微不足道的小事中看到眼泪的作用。一位母亲回忆说，她看到患有自闭症的孩子意外地哭泣不已：

　　　　亚历克斯刚刚从一年的极度恐慌、痛苦中走出来，这比我想象的一个4岁孩子所能经历的多得多。一天，他坐

在电脑前，发现了一些音乐，一首忧郁的情歌。他被情歌
里美丽的悲伤所感动，哭了起来。这是一种柔和的、悲伤的、
深沉的哭泣——而不是我一年来一直听到的那种尖叫和痛
苦的抗议。我很久没有听到他这样哭了。

妈妈被儿子激动的表情感动得热泪盈眶，她很惊讶这首歌能
从她儿子的心里引出这么多东西，因而由衷地感谢它。我们能给
孩子最好的礼物之一就是珍惜他们悲伤的眼泪，给它们足够的空
间让它们流动。

儿童是一种适应性很强的生命个体，等待着在父母正确的照
顾下一一展现自己的能力。这是一个混乱的过程，嘈杂、无序、
暴力、不可预测、疲倦，但是有益，因为适应的成果就呈现在我
们眼前。我们能给小孩子最好的礼物，就是当他们面对无法改变
的事情时，帮助他们找到悲伤和眼泪。他们将能够从错误中学习，
被他们无法改变的东西改变，并且利用挫败感来改变可以改变的
事情。当我们从徒劳的追求中获得休息时，有时候，挫败感背后
的情感力量只能被眼泪带来的顺从平息。我们必须成为孩子们需
要流泪和安慰的时候的强大后盾。

常见的童年时期的徒劳行为

当我们的孩子面对他们无法改变的事情时，疯狂的情绪需要
被转化成悲伤的情绪。以下是幼儿会面对的 15 个最常见的徒劳
而无益的行为，以及 4 个对他们而言最难处理的情况。

1. 试图抓住良好的经历是徒劳的

当孩子们玩得很开心的时候，他们不想结束，那谁能责怪他们呢？不得不离开奶奶家，或者结束一次玩耍或生日聚会，都会触发幼小孩子的沮丧反应。任何时候，他们都要转变，他们都要说再见，而这些都可能带来悲伤和沮丧。

2. 试图让无法运转的事情开始运转是徒劳的

年幼的孩子们相信成年人可以修复所有坏了的东西，从坏掉的玩具到坏天气都可以修理。他们可能会在阴天告诉我们，他们想要有阳光的天气，或者让已经关掉的商店开门。他们的期望与现实无关，而是与他们的欲望有关。

3. 试图拥有父母——或任何人都是徒劳的

一旦孩子出生，脐带被剪断，他们就再也不会跟一个人那样亲密了。但这并不能阻止他们去尝试，他们开始为自己争取和占有别人。与任何人分享他们爱的人都会比较困难，并且可能导致竞争。

4. 想把自己的兄弟姐妹送回妈妈的肚子是徒劳的

孩子适应一个新的兄弟姐妹常常会让他们感到沮丧，为所有变化的事情而流泪，包括受到的关注减少、噪声增多和不得不共享生活空间。4 岁的加布里埃拉对怀孕的妈妈说："如果你肚子里是女孩，我就叫她'垃圾桶'，把她扔进垃圾箱。如果是个男孩，我就叫他'宝贝'，然后去给他买一个特别的礼物。"

5. 想要比别人聪明是徒劳的

幼儿在上学时所经历的不近情理的事情之一就是，他们与其他孩子的不同。他们可能想要像其他孩子一样读书或投球，或者在跟别人比较天赋时，觉得沮丧。他们并非生来就意识到每个人都是不同的，很多东西都是通过试错才学会的。孩子们看到的是他们当下所处的位置和他们想要到达的位置间的差距。

6. 想要完美或避免失败是徒劳的

当年幼的孩子犯错误时，或者他们脑海中的形象没有按照他们预想的方式出现时，他们会觉得很挫败。瘫倒在地上，眼前的画面没有脑海中想象的美好，这些都导致挫败感爆发。直面人类的不完美是令人沮丧的，让人流泪。

7. 试图控制环境是徒劳的

生活中有很多事情我们无法控制，比如时间的流逝和失去我们钟爱的一切。这些经历对幼儿来说是非常令人沮丧和担忧的。一位母亲写道：

> 我记得女儿杰思敏跟我第一次养小鸡的时候。一开始就有一只小鸡看起来不太健康。女儿给他起名叫汉弗瑞。在接下来的3天里，我们齐心协力想让这只小鸡活下来。她为预见到的死亡而哭泣，因为它明显身体不太好。小鸡死的时候，我注意到我心里的一部分想假装这件事没有发生，想要说"它跑掉了"，或者"它在夜里死了"，然后把小鸡尸体和所有残存迹象都拿掉，就为了防止她难过。相反，我们把小鸡留给她，她在早上看到它死去。她哭啊哭啊哭啊。我们聊了几个月汉弗瑞，但是提起它的时候，她的眼泪还是会流下来。第二次，我们失去了一只鸡，时

间是大约一年后，杰思敏掉了几滴眼泪，然后她说："第二次失去就容易接受多了。"

8. 试图让时间倒流或撤销已做之事是徒劳的

年幼的孩子往往会改变他们的想法，并且试图重做不同的决定。他们会吃巧克力冰淇淋，然后转身告诉你他们真的很想吃香草味的冰淇淋。对于一个年幼的孩子来说，无法挽回已经发生的事情是很难理解的，而且会产生挫败感。

9. 试图使用魔法或违背自然法则是徒劳的

幼儿期是学习自然规律的时期。一位小男孩的爸爸告诉我，每次他把球拿到半空中某个特定的位置，儿子都会感到沮丧，他希望球能留在那里，所以当球掉到地上时，他就会很沮丧。看到自己的想象和现实之间的鸿沟实在是令人沮丧。

10. 一直想要赢是徒劳的

孩子玩游戏的时候，他们常常想赢——不惜一切代价，哪怕是作弊。他们会根据自己的需要修改规则，或者在此过程中制定新的规则。我听过孩子们说："如果你真的赢了意味着你正在输，而如果你输了，那就表示你才是赢家。"我建议幼儿不应总是赢，一位家长被这个建议惊呆了。她问："你是说我每次和 5 岁的儿子下棋，不应该都让他赢吗？他还小啊。"作为回应，我问她，让她的孩子知道自己不会永远是赢家的最佳地点是哪里。她仔细考虑了一下，并说也许她确实应该为儿子在学校操场上的失利做好准备。

11. 想要变得更大是徒劳的

当孩子拿自己和别人比较时，他们可能想要变得更高、（年龄）更长或更大。一个 5 岁的孩子问他的父亲："我还没有到 6 岁，那我能告诉别人我已经 6 岁了吗？"当他爸爸问到原因时，他说："因为班里的每一个人都比我大，我也想变成 6 岁。"父亲智慧地回答说："你就是你现在的样子，你改变不了这些的。"

12. 想在每件事上都做最好和争夺第一是徒劳的

年幼的孩子有寻求表达的主导性本能，他们想要成为第一和最好的，并且要超在别人前面。"可怜的失败者"是那些没有得到过帮助，接受"期待自己总是能成功"根本就是徒劳的孩子。当孩子们在学校排队的时候，当他们互相撞到对方的时候，这种在孩子们中争抢位置的行为就显露出来了。防止一个年幼的孩子总是得第一名是很重要的，并且会帮助他们认识到他们也能挺过"失败"这一关。

13. 想要被别人需要却得不到的徒劳

有时候，幼儿不被邀请参加生日聚会或玩耍。有时他们的兄弟姐妹不想和他们一起玩。有时候，成年人需要帮助孩子找到他们被拒绝时的悲伤和为此流出的眼泪。通常成年人都急于解决同伴之间的关系问题，坚持认为所有的孩子都应该成为朋友，尽力避免伤害各自感情。这是可以理解的，尤其是对于一个受到很多同龄人排斥的孩子，但让一个年幼的孩子能够理解不受欢迎的地方，并做出相应的反应也是很重要的。

14. 想要知道将要发生什么是徒劳的

有时年幼的孩子想知道即将会发生什么，通常是由于惊慌和不确定的感觉，比如上幼儿园的第一天。帮助一个孩子发现即将到来的变化可能会让他们流泪，并让他们放心，他们会得到照顾，这些会有助于减轻他们对不可预测的未知的担忧和沮丧。

15. 想要避免烦恼是徒劳的

年幼的孩子通常想要避免沮丧，比如悲伤或无聊。他们可能试图分散注意力或寻求刺激。父母的部分职责是帮助他们处理生活中随之而来的烦恼，比如丢了一个气球或处理掉在地上的冰淇淋，而不是试图完全阻止它们。

4 种最难面对的徒劳

1. 在界限和限制面前的徒劳

只要一个小孩子开始走路，他们的兴趣和欲望就会随着探索周围环境而变得鲜活起来。孩子们通常不喜欢强加于他们的界限和限制，他们更喜欢做任何想做的事情。他们会坚持要玩耍，而不是午睡，想要不穿外套就出门，或清空橱柜和抽屉。任何时候，只要大人对小孩加以限制，他们一定会产生挫败感。重要的事情是，父母不要总用分散注意力或其他方法来避免孩子难过，而是要帮助他们找到自己流泪的原因。

2. 试图控制别人的行为和决策的徒劳

当幼小的孩子无法控制他人的行为时，他们会因为自己无法改变结果而倍感沮丧。一个 4 岁的小女孩告诉她的朋友，在他们玩泰迪熊的时候不要再把桌子弄脏了。尽管她一而再地试图叫他住手，他还是不听。绝望之际，她朝着他尖叫，开始用塑料餐具戳他。他也开始尖叫但无法阻止她，于是他大声嚷："不是我弄乱的，是泰迪熊干的！"就在这个时候，她开始用叉子戳他的泰迪熊。当孩子们意识到他们无法控制别人的行为时，他们很难接受这一现实。

3. 源于个人本性的徒劳

幼小的孩子常常想要精通一些他们的身体还在学习的事情，比如系鞋带，系上安全带，爬攀岩墙，在线里面涂色，或者写下他们的名字。有的孩子身体不健全，这会使得运动或学习具有挑战性。身体或情感上的局限会让人沮丧，并召唤眼泪帮助他适应可能发生的事情。敏感的孩子经常需要为那些不为他们改变的事情掉很多眼泪。

4. 不能实现的目标的徒劳

成就感来自于获得我们想要或渴望的东西，但这并不一直都是现实或可能的。有时候孩子得不到他们想要的东西，比如他们在圣诞节向圣诞老人要的宠物小狗或小猫。他们没有得到满足的欲望、日程安排、要求和需求，都将制造挫败感。如一个男孩大声说，"我哥哥生日那天是我一生中最糟糕的一天！"需求没有被满足产生的最痛苦的徒劳行为之一就是和想要亲近的人分离，比如无法和他们在一起的父母。随着追求他们爱的人，这样的情况将会引起警报，更详尽的部分将在第 8 部分中进一步讨论。

帮助一个年幼的孩子适应生活中的徒劳

当孩子的挫败感爆发并喷涌而出时，我们该如何帮助他们？我们如何与他们的挫败感建立一种关系，以帮助他们适应生活中的不如意？纽菲尔德的挫折环岛演示了挫败感可能带来的 3 种结果，以及父母应如何帮助孩子适应无法改变的事情。当挫败感被激起时，会产生 3 种可能的结果：孩子试图改变对他们不起作用的东西；孩子适应他们无法改变的东西；孩子转向攻击。

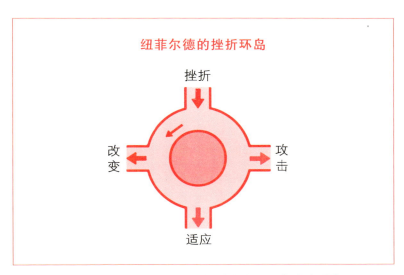

图 7-2　纽菲尔德的挫折环岛（改编自纽菲尔德的课程《理解攻击性》）

1. 孩子会去改变对他们不起作用的状况

当孩子觉得沮丧时，他们可能会做的第一件事就是通过乞讨、恳求或抱怨来改变现状。如果父母答应他们的要求，他们的挫败感就会消失，但是父母每次都会根据情况见机行事。考虑的因素包括时间、地点、会说"不"的人以及潜在的不安。父母不应该只是为了证明观点对孩子说"不"。孩子筋疲力尽、饥饿或生病的时候，他的适应能力就要承担更大的压力，他也更容易被挫败感压倒。

如果孩子不能在某一特定方面接受"不"，比如早餐吃糖果，那么家长可能想在这个问题上表现出徒劳对孩子的影响，直到孩子接受了界限和约束。如果为了避免孩子难过和流泪，父母总是通过让步、分散孩子的注意力，或贿赂孩子的方式来缓解孩子的沮丧，这样孩子会有更少的经历来适应徒劳，这也会对他们的整体适应性产生负面影响。如果一个孩子看到父母一直在害怕或不确定该怎么处理他们的挫败感，那么由谁主导的问题也会出现。父母了解孩子和实际情况，从而决定什么时候说"不"，什么时候满足孩子的欲望，这是很重要的事情。

如果父母不愿意满足孩子的要求，孩子的挫败感可能会转向去改变父母的主意，开始问"为什么我不能？"一个年幼的孩子可以变成一个毫无感情的推动者，拒绝接受"不"这样的答案。父母可能犯的致命错误是告诉他们为什么说"不"。父母可能会陷入与孩子的逻辑对话中，争吵和反驳，孩子寻求和拒绝谈判。面对孩子没完没了的"为什么"，父母只能简单地回应，得不到他们想要的答案是让人沮丧的。

有一对父母来找我，每次他们拒绝年幼孩子的要求，孩子都会不停地讨价还价，直至发脾气。进一步审视这件事，他们显然陷入了一场合乎逻辑的循环对话。

泰迪："爸爸，我能再吃一块饼干吗？饼干太好吃了。"

爸爸："不能再吃了，你刚刚吃了一块，还有今天早些的时候你也吃了一块。"

泰迪："但是你说我可以在晚饭后吃一块。"

爸爸："晚饭后我的确给过你一块。就是这样。"

泰迪："但是为什么不能多给我几块呢？饼干太小了。"

爸爸："因为我说过。饼干吃多了对你不好。"

泰迪："我吃光了所有的蔬菜。能再给我一个吗？"

爸爸："不能再吃饼干了。我跟你说过睡前吃这些东西不好。"

泰迪："妈妈让我再吃一点饼干。我还要一个。"

　　我问孩子的父母，能否用一种坚定而关爱的方式对孩子说"不"，同时避免争吵和向孩子解释理由。他根本听不到他们说的"不可以"，因为当他们和他争论时，他觉得自己还有机会改变他们的想法。

　　当听到我的建议时，这对父母大笑起来，说道："我们俩都是律师，这就是我们整天做的事——我们争论、辩论，行事有逻辑。回家面对这样一个学龄前儿童觉得那么难。我们需要一套完全不同的技能体系。"我完全同意他们的观点，并鼓励他们在没有协商的情况下说"不"，这样做他们就能帮泰迪意识到在什么时候坚持是徒劳的。

2. 孩子可以适应他们无法改变的事情

　　如果我们想让孩子适应一些无用的东西，那么我们需要关闭改变外界的大门，打开适应外界的大门。关闭改变的大门意味着我们对他们的要求或议程提供一个明确而直接的否定，几乎没有解释。如果答案被领会，徒劳也从情绪上被接受，孩子会因为触动而去适应，他们会感受到失望或悲伤，甚至可能开始哭泣。悲伤的眼泪表示通往适应的大门已经开启，孩子正因为他们所没有的事物做出改变，而伴随眼泪而来的是孩子的韧性和足智多谋。一旦孩子接受了父母的回答并适应了，那么父母就可以与孩子分享拒绝的理由，因为他们再也不会转向而反对那些理由了。

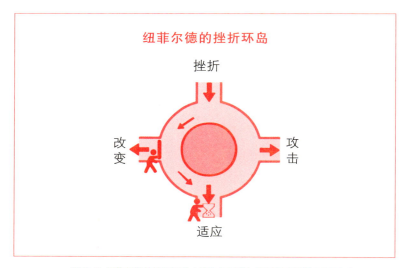

图 7-3 纽菲尔德的挫折环岛（摘选自纽菲尔德课程《理解攻击性》）

当一个孩子感到沮丧，无法做出改变时，我们的目标是让他从"疯狂变成悲伤"。要实现这些，孩子必须有能力流出伤心的眼泪，并且有一个关心他们的成年人与之建立良好关系，这个成人会帮助他们实现这样的目标。在适应的大门打开之前，成人需要在挫败感中抱紧年幼的孩子。这与其说是一门科学，不如说是一门艺术，其中包含一个 3 步走的舞蹈动作，在这个动作中，父母成为无用和舒适的双重代理人。

第一步，跟孩子介绍什么是无用的，父母需要清楚什么是不能改变的。例如，"不，我们不会把你妹妹带回去，她的名字也不会叫垃圾桶"。

第二步，在孩子经历挫败感的时候抱着他，意味着要把挫败感拉出来，并且依靠它，而不是反对它、轻视它或因为它而惩罚孩子。例如"我知道有个小妹妹对你来说很难。你想让事情回到它们之前的样子"。孩子可能回答："是的！我不喜欢我妹妹——把她带走！"再一次，这是关于抱着孩子试图徒劳地改变一些不会改变的事情："不，我们要留下你妹妹。我知道你对所有的变化感到沮丧。"重要的是，父母没有在试图说服孩子去喜欢他们的妹妹，或说服他们需要成为一个好哥哥，或他们要帮助新生儿。这不是要说服他们走出沮丧，而是带着他们走进他们无法改变的伤悲。

第三步，当孩子似乎变得容易接受，并且理解在这件事上的徒劳时，让孩子释放出更多的伤悲："我知道你对这些变化感到难过。你喜欢只有我们两个人，但现在我们是 3 个人。"孩子可能会哀叹，"带她回去，哦，求你了。我不想做大姐姐"，眼泪在这个时候开始掉下来。在理想的情况下，父母应该能够读懂孩子的反应，孩子的沮丧情绪软化下来，他们正放下对外界的抵抗。只要能够帮助孩子越过这个障碍，父母都应该给予孩子——一个拥抱、抚摸、适时的沉默、足够的耐心，或者像"我在这里，这确实很难"这样的话语。

适应之舞三部曲

- 第一步：呈现徒劳
- 第二步：保持体验
- 第三部：引出悲伤

图 7-4　适应之舞三部曲（改编自纽菲尔德课程《理解攻击性》）

每个孩子从疯狂到悲伤的情感之舞都是不同的，因为他们的情绪在强度和脆弱程度上各不相同。父母需要读懂暗示，相信疯狂会转变为悲伤，并且穿越风暴一路向前。一天晚上，一位 4 岁孩子的母亲在一堂育儿课上讲述了经历挫折环岛过程的挑战：

> 一开始的时候，克洛伊把她哥哥从椅子上推下来，而且坚持说那是她的。本开始大哭，所以我把他抱起来，并且告诉克洛伊她不能坐那把椅子。她勃然大怒，倒卧在地，大声尖叫："我要那把椅子！"我就由着她尖叫，而我的丈夫就在旁边问我："你在干什么？你不能让她这么做。"我告诉他："她很沮丧，需要发泄。"我告诉克洛伊，我在这里只是想给她一个拥抱，而且我明白这件事让她很沮丧。我丈夫低声对我说："你要因为这个给她一个拥抱吗？"

> 过程很艰难，但我坚持了下来，乞求、哭泣、跺脚、拍手，直到我听到一个声音，我知道快结束了——"妈妈，妈妈，我想回家"。就好像我能听到她脑海里的齿轮一点点减速，悲伤的泪水流了下来，而我终于可以靠近她、拥抱她了。我的头脑中所能想到的就是，"终于甜蜜地投降了，谢天谢地！"直到这个时候我才意识到我有多累。

> 我知道我丈夫很难知道在她这么心烦意乱的时候该怎么办，他还在摸索着她的脾气什么样。当她像这样难过的时候，我只是渴望她会流泪，尽我最大的努力抓住她的挫败感，不让事情变得更糟。

该小组的家长承认，孩子的挫败感处理起来是很麻烦的，这其中还需要自我控制。这位母亲补充说，虽然她并不总是像自己希望的那样有耐心，但当她知道自己可以帮助孩子流出眼泪的时候，她还是为这种不错的感觉而惊喜。

要打开适应的大门，孩子需要一个安全的地方哭泣，还需要一个安全的人可以一起哭。成年人在帮助孩子流出眼泪这件事上觉得有些挣扎，背后有很多原因，最常见的是缺乏被需要的意识，缺乏文化上的支持和对于强烈感情的智慧，害怕或者心烦孩子的反应，克制不住地要做能改善孩子情况的事情，过分依赖自身的理性，与孩子没有建立起足够稳固的关系，这些都无法让孩子放心流出眼泪。当年幼的孩子感到沮丧，面对他们无法改变的事情时，他们需要抓住能安慰自己的人，直到可以通过悲伤或失望来释放他们的挫败感。

如果孩子没有一颗柔软的心，或者不能以脆弱的方式流下眼泪，保持他们的沮丧会导致攻击能量的升级，注意到这一点很重要。解决这个问题首先要做的是重建孩子的情感易感性，正如本书第 4 部分、第 5 部分和第 6 部分所讨论的，然后再帮助他们适应生活中的徒劳。此外，父母只能在可控的环境下，给孩子呈现徒劳。如厕训练、吃饭、睡觉或做任何卫生杂务都需要孩子的配合，所以让他们在这些事情上感受到徒劳是困难的。围绕这类活动的战斗将在第 9 部分中讨论。最重要的是，父母不必对孩子所面临的每一次徒劳无功说不，他们也可以选择为孩子做一些事情。

3. 孩子转向攻击

当孩子感觉不到尝试改变一件事情是徒劳的，没有眼泪流出来时，他们就会转向攻击。根据孩子的成熟程度，会有多种攻击形式，包括打人、咬人、扔东西、发脾气、尖叫、羞辱、侮辱、讽刺、奚落，甚至对敏感的孩子来说，还有自我攻击。成年人经常干涉孩子的攻击行为——"你为什么要扔玩具？"或"你为什么打你哥哥？"——这是在要求孩子有逻辑和理性。孩子因为情绪上受挫转向攻击，这是父母需要关注的地方。一位母亲描述了她是如何被孩子的攻击行为所困扰，而没有意识到儿子当时是多么沮丧：

> 我儿子大概3岁的时候，就开始在孩子们的脸上乱抓。这种情况不常发生，但我们对这种行为感到震惊，并且对产生的缘由很困惑。我尝试了通常用的"这样不合适"的中止的方法，但无济于事。我感到尴尬、受挫，而且无法理解这一切。现在回想起来，我发现有很多事情让他很沮丧，而那种行为就是他承受太多的发泄方式。

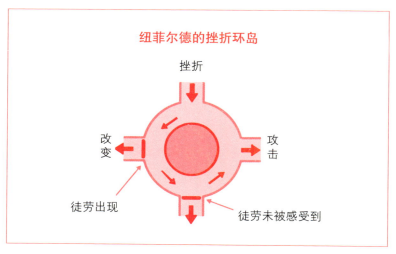

图 7-5 纽菲尔德的挫折环岛（改编自纽菲尔德课程《理解攻击性》）

攻击性的挑战在于，当我们关注孩子的攻击行为时，我们就丧失了对挫折感感知的直觉，这种直觉正是由挫败感触发的。这往往会导致家长利用后果和孤立的举动让孩子安静并停止。这些各种各样的纪律策略只会增加孩子的挫败感。一位 5 岁孩子的妈妈讲述了一个善意的回应如何适得其反，进而加剧了女儿的攻击行为的故事：

> 爱丽丝要买商店里的一些贴纸，我拒绝了，她崩溃了。一位老太太看见我们，就走过来想帮忙。她开始和爱丽丝说话，并且告诉她如果她不安静下来，圣诞老人就不会给她带任何礼物。爱丽丝发出一声凶猛的吼叫。到底是什么让这个女人用威胁来处理我女儿的沮丧？难道她看不出来她正在火上浇油吗？现在爱丽丝相信她得不到贴纸和圣诞礼物！我很懊恼，差点对着那位女士大发脾气。但我没有对那位女士发火，我还告诉爱丽丝圣诞老人总是会来我们家，她现在觉得沮丧也没有关系。

当一个幼儿充满攻击性的能量时，家长想要实现的是引导他们绕过挫败感，回到适应之门，允许一些攻击性的能量得以释放，与挫败感同时存在，但要确保他们和其他人都不会受到伤害。这样做的目标是让他们回到悲伤或眼泪中。如果一个孩子已经无法流出眼泪，也没有流露脆弱的情感的迹象，如关心和难过，那么目标将变为经历过事件之后每个人的尊严都完好无损。例如，父母可能会说，"这没什么用。我们要做些不同的事情"，或"我看出来你很沮丧。我们一会儿再讨论这个"。当眼泪流不出来的时候，重点必须放在重建情绪系统上，然后再去适应。

如果父母面对孩子的攻击行为回应的是沮丧，这会增加孩子的攻击性，并且关闭适应的大门。幼儿的攻击能量对父母是挑衅的，常常会引起父母的情感反应。一位家长描述了一次她本可以用不同的方式来应对女儿的挫败感的情形：

> 我们给我家一个 4 岁和一个 2 岁的孩子买了一间昂贵
> 的玩具厨房作为圣诞礼物。我们手头紧，但我们认为这是
> 他们真正喜欢的东西。前一分钟，他们还在观看而且很享
> 受的样子，摸一摸，到处探索。下一分钟，大的孩子脸上就
> 流露出非常沮丧的表情，把厨房推倒了。我非常非常受挫。
> 我把这样的行为理解为忘恩负义。我女儿试图打开一扇门
> 或抽屉，但没有成功。她觉得很失败，于是把它推倒了。
> 她不是"忘恩负义"，而是非常沮丧。非常抱歉，面对她
> 的挫败感和攻击性我处理得并不是很好，而我也没有很友
> 好地邀请她表达自己的情绪。而且我猜想这是许多父母的
> 挣扎之处——找到自身的复杂的感觉，这样他们才能邀请孩
> 子去表达情感，即使是让人觉得暴躁的挫败感。

当一个孩子充满攻击性的能量时，有三个关系原则要牢记在
心，以保持与孩子的关系：

第一，使攻击失去活性

如果孩子踢打、尖叫或咬人，告诉孩子他们行为恶劣、品行
不端、令人失望等，只会增加他们的挫败感和攻击能量。家长们
要使攻击失去活性，让孩子们认为攻击与他们的行为有关，但不
会传达出对攻击行为的评判——例如，"腿不是用来踢人的"或
"牙齿不是用来咬人的"。

第二， 关注挫败感，保持尊严，与之相伴

陪伴孩子的感觉，会帮助他们中和自身的挫败感，让他们经

历转变过程重新适应环境。例如，父母可能会说："你用牙齿咬人是因为你觉得内心很受挫。我会帮你的。"当孩子情绪爆发时，重要的是要保护好他们的尊严，以避免加剧孩子的沮丧和惊慌。

第三，父母传达出关系可以减轻孩子情感负担的信息

当孩子攻击时，他们经历的最大威胁是失去与父母的联系和亲密感。当父母传达的是什么都行不通时，他们也需要传达这段关系仍然完好无损。这些可能意味着告诉孩子："我知道你觉得很艰难，但我还在这里。"或者"我们没事的。我知道你很难过。我们会挺过去的。"父母需要承担起维护关系的责任，在孩子道歉之前，不要为了释放情绪而保持联系和亲密。当面对孩子的攻击时，运用分离的策略，会加剧挫败感和增加攻击的可能性。

敏感儿童的挫败感和眼泪

对于敏感的孩子来说，发的脾气可能会更激烈、持续时间更长，而且会让流泪变得更加有挑战性。他们强烈的欲望和关心会让他们陷入更猛烈的失望感中。他们常常想象出比他们能实现的多得多的东西，并且极易因为自己的人性缺陷而受挫。他们的感情可能激烈，难以应付，失去控制。他们需要强大的看护人来帮助他们度过这些风暴，为他们提供休息和喘息的机会，远离这个太过于沉重的世界。挑战在于，敏感的孩子常常觉得父母难于应付，反应太大，容易压垮其他人。至关重要的是，照顾者的回应方式要传达出他们能够照顾好孩子，处理好孩子的行为和情绪，同时确保不会让分离成为后果或惩罚。

　　当管理一个敏感的孩子的挫败感和眼泪时，有三件具有帮助作用的事情是需要考虑的：

第一件，保护他们远离过多的经历

　　当环境、人际关系和经历对一个敏感的孩子来说过于复杂时，照顾者需要了解情况并相应地保护他们。例如，父母会为年幼的孩子报名上音乐课，可能只是为了让他们在噪声出现的时候可以逃避这些声音。孩子可能会发现到处都是视觉或听觉刺激，如果有这种情况的话，应少让他们身处这样的环境中。让他们超过极限状态通常会导致敏感的孩子封闭自己或者心慌意乱。然而，对成年人来说，重要的是要了解孩子能做什么，哪怕是小小的能力表现，而并非一味地保护他们。

第二件，引导孩子进入脆弱的领地

　　敏感的孩子以避免令人不安和惊恐的经历而闻名。他们可能会回避书中的悲伤故事，害怕看儿童的电视节目。必要的时候，父母需要温柔地引导孩子朝这些方向走，并邀请他们表达他们正在经历的事情，而不是推着他们向前走。敏感的孩子可能会试图把注意力从感觉上移开，所以读懂线索中最困难的部分可以帮助成人理解什么最让敏感的孩子激动。当烦恼发生时，他们可能需要一段冷静的时间来减少这种经历的刺激。之后，他们会更好地谈论是什么激发了他们的情绪，但他们可能需要一个成年人来引导他们。承认孩子的感受，命名并使之正常化，可以帮助他们与内心世界建立更好的联系，因为他们的内心世界常让他们感到难于应对且异常忙碌。

第三件，在事件之外讨论问题

当讨论问题行为时，最好是在事件之外温暖的关系背景下进行，轻轻地触及问题。最好等到强烈的感情平息下来后再来处理事件。万不得已的情况下，父母可以简单地告诉孩子："这种行为是不好的，我们稍后再谈。"一个孩子可能会回答："我不想谈论它。"对于这样的反应，父母应该回应说他们会尽可能地让事情变得简单、快速，尽可能地没有痛苦，但有时需要把事情说出来并处理好。当父母在表达孩子的反抗是徒劳的时候，需要确保的是亲子关系还是完好的。

因分离而恐慌：
睡眠时间、分离和焦虑

万物之王马克斯很孤独，
他想去最爱他的人在的地方。

——莫里斯·森达克[1]

"我不喜欢睡觉。"4 岁的莎蒂在睡前活动进行到一半时大叫道。"这不公平——你们两个人睡在一起，我只有一个人！"艾米丽和丹已经厌倦了与莎蒂在睡前斗智斗勇，觉得每天两个人都要受到孩子的挟持。他们每天努力遵循就寝仪式，保持耐心，但让莎蒂入睡俨然已经变成一场噩梦。

当我要求他们描述一下战斗是如何展开时，艾米丽说她通常晚上在家工作，让丹做睡前的惯常活动。莎蒂睡前喜欢听人讲故事，喜欢被人拥抱，不喜欢一个人独自入睡。一天晚上，一切都很顺利，直到丹要离开她的房间，这时莎蒂从她的床上跳起来，要求他留下。丹告诉她："到睡觉时间了，你需要去睡觉。如果现在不睡觉，明天你会很累的。"莎蒂恳求他："不要，爸爸，请你留下！我不喜欢黑暗！"丹打开房间里的夜灯说道："你必须得睡觉了。我还有一些工作要做，你妈妈也是。"丹把莎蒂安顿回床上，并且答应会再来看看她。爸爸走了 5 分钟后，听到莎蒂沿着走廊奔跑去找她妈妈要水喝。一看到她，他就说："我告诉过你我会再去检查一下的。现在回到床上去，莎蒂，该睡觉了。你不能再这样了。你需要让身体平静下来，然后上床睡觉。"莎蒂带着强烈的抗议被带回到床上，她说道："爸爸，请不要走。我要你陪我！妈妈在哪里？我要妈妈！"丹说他当时很沮丧，就让她待在床上，然后走出了房间。莎蒂开始哭起来，但似乎在逐渐平静下来，直到他听到从她房间里传出的一声巨响。他跑去看到底发生了什么事，结果看见莎蒂躺在地板上。他冲过去把她抱起来说："莎蒂，你没事吧？发生什么事了？你为什么会在地板上？"她回答说："哦，爸爸，我的毛绒玩具把我从床上扔了下来！"丹被激怒了，把莎蒂放回床上，好不容易才使她平静下来。

艾米丽和丹非常绝望。他们问："她怎么了？我们该怎么办？

我们好累、好沮丧。"我回答说："小孩子是不会想要分离的。分离对他们来说是一种警报。你离开莎蒂房间的时候，她感受到你不在身边。睡觉时间最长可达 10 个小时，因为她自己处于无意识状态，对她而言你看起来遥不可及。没人在她的梦里等她。她孤身一人，这一点让她很害怕。就寝时间就像你和孩子之间的依恋之舞的映射。跟他们分离的方式，就跟你邀请他们与你相连的方式一样重要——就人类的连接而言，分离和依恋是交织在一起的。"丹和艾米丽想了想，问道："那么，我们该如何改变呢？"我回答："你们需要在她睡觉时帮助她入睡，让她面对的是连接而不是分离。"

幼儿不是为分离而生的

依恋是打开分离之门的入口，依恋和分离就像是同一块硬币的相反的两面。人类之间的连接是我们最大的需求，因而，真实或者预见的分离是所有经历中最有影响力的部分。睡觉、告别和过渡都表示不同形式的告别，这也是为什么幼儿在面对这些问题时会表现出很难接受的样子。从脐带被切断的那一刻起，幼儿就面临着分离。我们需要把他们培养成独立的、社会性的个体，他们可以自己睡觉、玩耍、上学，最终离开家。答案不在于教会他们如何分离，而在于让他们觉得分离不是一件难事。当他们觉得我们紧紧抓住他们时，他们会放开我们。换句话说，如果分离是问题，依恋就是问题的解决办法。

对年幼的孩子来说，断绝关系是一种挑衅行为，因为他们的人际交往能力尚未完全发展。深层关系的能力需要 6 年稳固的发展才能实现，在本书第 4 部分中有讨论。幼儿还在发展自我感，这样的需要使得他们高度依赖身边的成年人。孩子越是不成熟和依赖他人，分离也会变得越困难。我们不应该因为他们想要接触和亲近的愿望而反对他们，而是应该感激他们想要接触和亲近我们。如果一个年幼的孩子不能和我们在一起，我们需要确保有一个可以替代的人与他们建立起牢固的联系。在就寝时间，我们需要让他们把注意力放在期待和我们在一起上，从而减少他们对要面临分离的恐惧。

什么是分离警报

　　恐惧是人类最古老的情感之一，而且它的存在有充分的理由。根据神经学家约瑟夫·勒杜的说法，大脑是一个复杂的警报系统，恐惧激活它，从而让我们变得谨慎。[2] 作为一个警报系统，大脑对威胁保持警惕，并且高度适应。依恋是我们最优先的需要，因此，分离被视为最大的威胁，并且激发强烈的警报反应。[3] 和其他哺乳动物的幼崽一样，年幼的孩子也会发出害怕分离的叫声，来表达想要照料者靠近的意愿。这种警报响应既不是错误也不是问题，而是将成人和儿童捆绑在一起的复杂系统的一部分。小孩子的情感系统关注的是是否有人在照顾他们。当他们面对分离时，他们表现出所有的行为，执着、紧抓不放、不安、疯狂、发声和占有，这些都是为了缩短自己与依恋形象之间的距离。如果没有人始终如一地帮助他们，这可能会激活他们的情感防御，让自己感情麻木，让痛苦消失。[5]

　　对于年幼的孩子来说，面对分离是难以承受的，不管是真实

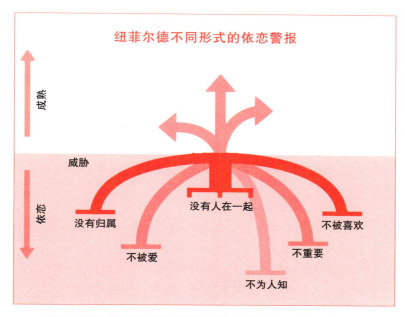

图 8-1 纽菲尔德不同形式的依恋警报（改编自纽菲尔德课程《依恋迷宫》）

的分离还是预期的分离。当一个孩子意识到他们必须去日托所，睡觉，或去其他父母的家，他们可能会对预想到的分离爆发出恐慌或沮丧。分离的体验取决于孩子在本性上怎么依恋成人，和主观的程度。如第 4 部分所述，孩子的依恋是从感觉、同一性、归属、忠诚、意义、爱和被了解这些方面按照顺序来划分。分离警报源于 6 种依恋方式——连接与亲密的缺失。

　　当他们面临着没有人在一起，没有归属，不重要，不被爱或不为人知的威胁时，分离警报就会响起。例如，一位母亲告诉我，当她的女儿无法通过感觉牢牢抓住她时，女儿是怎么变得惊慌失措的：

我的女儿在晚上会变得非常焦虑，而且想要紧紧抱住我。她需要在家里听到我们说话或者看见我们。一天，她睡着了以后，我坐在楼下看书。她醒了过来，惊慌失措地来找我。因为我在看书，屋子里太安静了，她以为我不在屋子里，离开了她。因此，现在我都是在楼上看书，开着电视或收音机作为背景音。

一位姑妈去看望她两岁的侄子，她试图采用找出相同点的方式和他产生联系，当她指出他们之间的差异时，她注意到了孩子的惊慌：

他慢慢地对我产生了好感，但当我开始给他读书时，我说："我们非常相似，我们都喜欢读书。"他又要了一本书，当他选好的时候，我说："那是我最喜欢的书之一。"他笑眯眯地看着我，问我还喜欢什么书。有一次他问："你喜欢棉花糖吗？"我一时忘记了采用依恋的"相同"形式，说了句："没有那么喜欢。"他脸上的失望和惊慌让我的心都碎了，然后我立刻恢复讨论我们的相似之处，这样做的时候，他的笑容又回来了。

小孩子通常害怕黑暗，害怕被落下，害怕被遗忘。所有的这些主题都代表着与他们最亲近的人分离。一天晚上，4岁的玛吉躺在床上5分钟后，就开始哭起来，哭喊要妈妈。她边哭边说："妈妈，我做了一个噩梦。屋顶被扯掉了，我被吸到木星上，而你没有办法到木星上救我。"玛吉对太空旅行恐惧的原因并不合逻辑，而是情感上的释放，这个梦解除了她的分离警报。幸运的是，妈妈并没有因为她的星际旅行和她争辩，而是说："我永远知道你在哪里，我会照顾你的。"年幼的孩子们需要反复听到的是，成年人紧紧抓牢他们，尤其是在睡觉的时候——一天中最大的分离时刻。

在幼儿的生活中，有许多潜在的分离根源，如新生的弟弟妹妹、父母的工作、去学校、搬家、日托、离婚和收养。也有隐藏的分离根源，比如成为自己，变得更加独立。当孩子们进化成独立的个体时，随着逐渐离开父母的照顾而能够"自己动手完成"时，警报就产生了！对于父母来说，要想减弱分离警报，就是要不断加深孩子对父母的依恋，并邀请孩子依赖他们。

年幼的孩子在很多让他们恐慌的方面面临着分离，比如不被需要或没有被选择，或者没有成为最被喜欢的人或不被理解。当他们面对这些令人担忧的徒劳无益的欲望时，他们可能需要帮助来找到他们的委屈并流出眼泪，因而能够得以休息。其中一个最难以面对的徒劳是时间的推移和死亡的不可避免。年幼的孩子可能不想在生日那天年龄变大，可能因为掉了一颗牙而沮丧不已，或者可能会告诉你，他们永远不想长大，好像可以停止时间的向前流动。他们也能从宠物或大家庭成员的离世中，意识到存在的问题和生命有限的本质。这些事件带着他们转向最终的分离，他们可能会因此问这类问题，如"你也会死吗？"敏感的孩子能迅速抓住分离的可能性，并能被激起情绪来。拥有一位 4 岁的敏感儿童的家长注意到，在她女儿生日那天，听说邻居家的狗快死了之后，她的女儿变得非常警觉：

> 我把玛蒂尔达抱上床后，正在检查她的情况，这时我注意到她脚上的肿块。我掀开毯子，看见她穿着她的崭新发亮的黑皮鞋。我问她为什么，她哭了起来，"噢，妈妈，我就是喜欢我的鞋子。我不想让我的脚变大。我的脚长大了以后，你会再给我买一双吗？"我答应了她，然后说她永远不会长得大到我不能照顾她。玛蒂尔达变得很安静，

> 然后问我："妈妈，你死了的时候，你会在天堂爱我吗？"
> 我设法告诉她，"是的，我会永远和你在一起。你永远不
> 会有离开妈妈的爱的一天。"

我们帮助孩子面对一些最令人担忧的徒劳的生活因素，例如时间的流逝和死亡，就是将我们转向依恋。我们可以向他们保证，我们永远是他们的父母，我们永远爱他们，我们中间只是隔着一个想法或感觉的距离。当一个孩子失去他所爱的人时，我们可以通过故事、照片和与之有关的物品帮他们把这个人留在心中。

帮助孩子理解生活中令人担忧的分离的最好方法之一就是用一种不令人担忧的方式来呈现它们。例如，自然、植物、动物、季节以及月亮和太阳的周期都代表着时间的流逝或生命有节奏的流动。为即将到来的分离所做最好的准备，是通过生与死的自然表征来实现，比如失去祖父母。养宠物是一个很好的途径，以帮助孩子理解徒劳是生活的一部分。一个妈妈说："我有一个养了很多孔雀鱼的鱼缸，但是鱼儿好像不停地离我而去。每一次有鱼死的时候，孩子都会很难过，我甚至发现 4 岁的孩子跪在地板上，为死掉的鱼儿祈祷。我告诉过他我一定是买了特别特别老的鱼而已，所以它们才不停地死掉。"

如果我们必须引入一些可能会让孩子感到惊慌或暗示我们无法保证他们安全的事情，比如进行地震演习或在学校实施紧急封锁，那么最好的办法就是采取一种不报警的方式。给他们简单的指示，就像空乘人员做的那样，以真实友好的方式传递基本的安全信息。我们不想让他们面对太多分离，这样会给他们带来更多的恐慌；面对一些生命中最让人恐慌的分离时，他们太不成熟。幼儿面临的挑战是他们对依恋的需求很高，不成熟让他们变得依恋他人，同时自身又生活在一个充满分离的世界里。

幼儿焦虑

　　焦虑和基于恐惧的心理障碍是当今儿童中最常见的心理健康问题。[6]高警觉性的症状包括过度发脾气，避免某些情况或刺激，恶心、胃痛或头痛，拒绝独自睡觉，不去幼儿园或日托，甚至不说话。[7]有焦虑症状的孩子经常会做噩梦，充满恐惧或无所畏惧，有恐惧症和强迫症，注意力分散，肌肉痉挛或神经抽搐，精神不宁，烦躁不安，或高度惊吓反应。他们也可能会有强迫性的减轻焦虑的行为，比如吮吸、咀嚼、咬指甲、捻弄头发、摩擦生殖器、进食，或者不断地从泰迪熊玩具这样的过渡性客体中寻求安慰。

　　当幼儿高度警觉时，成年人可能会感到困惑，不知道孩子所面临的是什么样的分离。当一件事令人担忧和苦恼的时间太长时，大脑的情感防御机制会转向抑制脆弱的感觉和感知。例如，孩子可能不再说起在托儿所或学校欺负他们的欺凌者，甚至可能开始和那个人一起玩，虽然他们没有被善待。孩子仍然会感到惊慌，但却不再确定背后的原因。他们的警报的真正来源可能被有意识的觉知阻断，以保证孩子在恐慌的情况下或环境中依然能够正常生活。当大脑的情感防御阻断孩子看见引起惊慌的真正原因时，他们可能会告诉你害怕的感觉，但却不会告诉你原因，或者编造一个理由。简而言之，焦虑是一种惊慌的感觉，它对真正的根源视而不见。我们的目标不是要改变孩子对恐惧的想法或感受，而是要考虑分离的根源，从而努力改变孩子的环境，或者在孩子需要的地方让他们流泪。幼儿不应该承担起让自己感到安全或者保持内心柔软的责任，这是他们的照顾者要做的事情。

　　如今，有许多分离的原因导致幼儿的焦虑水平不断上升，恐慌程度也在不断提高。其中最常见的包括对分离的长期预期和使用分离为基础的纪律。如第 4 部分和第 5 部分所述，同伴导向型和阿尔法儿童也会表现出高度的焦虑。

1. 长期分离预期

如今，幼童面临着前所未有的与依附的人的分离级别，这不仅是因为他们的父母可能在外面工作，还因为离婚率的上升、地理位置的流动性以及缺乏与大家庭的接触。他们也更可能被安排参加早期的学习计划和有组织的活动，这么做会让他们在关系需求最高的年龄远离最亲密的依恋关系。[8]

当考虑孩子是否正在面临长期的分离时，要问的问题如下：

（1）一个孩子与他们最亲近的依恋之人的分离究竟有多少？

（2）谁照顾孩子？孩子是否依恋他们？如果依恋的话，怎么依恋？

（3）看护人是否持续地盛情邀请孩子依恋自己的照顾？

（4）当父母分开时，孩子与父母紧密连接的发展能力是什么？

（5）孩子有多敏感？分离会给他们带来多大的刺激？

一个 5 岁的孩子会通过爱来依恋他们的父母，相比通过感官产生依恋的新生儿，他们有更强大的与父母分离的能力。新生儿需要持续的照顾，还有一个愿意慷慨地发展深层依恋的照顾者。父母在生活环境中是怎么做到这一点的呢？或者他们能否和一个可以给予同样照顾的替代照顾者分享这些？

不可否认的是，每个家庭都面临着自己的挑战，每个家庭都有不同程度的支持和资源，因此在涉及照顾孩子、就业和生活安排方面就有不同的选择。许多父母需要和其他成人分担抚养孩子的任务。父母需要培育依恋圈来养育自己的孩子，下文将会讨论如何使用架桥和配对来解决分离警报。

2. 运用基于分离的惩罚

运用基于分离的惩罚，如暂停，隐瞒孩子关心的事情，或与成人的情感隔离会侵蚀依恋，还可能加剧孩子的分离警报。如果孩子预见到自己会因为行为而面对分离，将会产生不安全感，因为他们不能想当然地认为接触和亲密的需求会得到满足。在操场上，当孩子不愿意配合或不愿离开时，父母经常会假装要走了。他们可能会对孩子说："再见吧。如果你现在不跟我走，我就把你留在公园里。"这样做触发了孩子的分离警报，让他们奔向父母。持续使用基于分离的惩罚会让孩子的警报系统超负荷工作，并建立情感防御来让痛苦麻木。

艾丽西亚和斯蒂芬因为他们5岁的儿子赛斯找我咨询，孩子在家里和学校里经常发脾气，睡眠不好，总是焦躁不安，出现注意力集中困难。赛斯违反了幼儿园的所有教室规定，被按照常规送到校长办公室，但是他对老师说："我不在乎。"老师试图用贴纸奖励表帮助他表现好，但他根本不在乎老师或她的贴纸。考虑到赛斯生活中分离的各种缘由，显而易见惩罚是主要的缘由，以及对暂停、情感抽离和对不良结果的过度使用。赛斯失去了很多依恋的东西，从自行车到最喜欢的足球运动。频繁使用基于分离的惩罚已经侵蚀了他与父母的关系，并且导致不断升级的恐慌和挫折问题。他表达的恐慌和沮丧越多，他受到的惩罚就越多，这些加剧了他的分离问题。

当赛斯的父母停止使用基于分离的惩罚，开始接纳他，并为他的情感表达创造更多的空间时，他开始流出很多眼泪。有一段时间，他的眼泪根本就没有停过，而且随着他渐渐放下了对父母指令的抵制，他对父母的渴望也越来越强。当赛斯被告知父母再也不会用暂停或者收走最喜欢的东西作为对他的惩罚时，他立马去找到便利贴。他在每张便利贴上写下自己的名字，然后开始把便利贴贴在房子里每一个自己喜欢的东西上。他的大脑已经接收到这样的信息：再次跟物品和人连接足够安全。跟赛斯重新建立关系需要时间和耐心，他开始在父母的照顾下休息，自己玩耍，而且他听老师说话，也不那么激动了。可替代基于分离惩罚的选择在第 10 部分有论述。

如何使用依恋处理分离恐慌

过多分离教会孩子转向分离的解药——依恋。我们需要传达出，我们一直在牢牢抓住他们，这样他们就可以在我们的照顾下休息。我们可以有很多方法做到这一点：减少分离，跨越距离，配对，通过眼泪和培养韧性减少恐慌。

1. 减少分离

当一个孩子面临太多的分离时，重要的是要想办法减少孩子身体上和心理上的分离。如果需要的话，父母可以减少孩子在日托或幼儿园的时间。他们可能也可以减少一些不重要的活动，这些活动不会有助亲子关系，甚至会妨碍亲子关系，比如有组织的活动和玩耍时间。父母可以帮助孩子穿衣服，和他们分享爱好，或者通过外出郊游等方法来鼓励孩子依赖自己，将基于分离的惩罚措施更换为安全且友好的依恋措施也是可行的。如果在生活中，孩子与一个重要的成人没有发展出依恋关系，例如，一个 5 岁的孩子因为相似产生依恋（1 到 2 岁比较合适），随后加深这种关系将有助于减少分离。当孩子恐慌的时候，成人需要为孩子的感觉让出一些空间，并且照顾他们，比如陪着孩子等到他们睡着再离开，或者在家里跟他们保持亲密。不管是谁负责照顾孩子，那个人都需要先读懂孩子的需求并且主动满足他们，在孩子面前扮演主导的角色。

2. 跨越距离

搭建桥梁是一种依恋仪式，它让孩子的注意力转向连接。不再把注意力集中在分离上，并且鼓励孩子抓住代表与最亲近的人之间的依恋关系的东西。当我们搭建起一座桥梁时，我们是在帮助孩子专注于那些保持不变和连接我们在一起的东西上，尽管我们之间已经出现了鸿沟。无论何时分离出现，无论是上床睡觉、上学、在两个家庭之间走动，还是处理问题行为，都可以架起沟通的桥梁。只有在孩子和成人之间关系良好时，架起来的沟通桥梁才能减少分离恐慌。如果警报是由同伴取向或主导型问题引起的，让孩子回到正确的关系才是首要任务。

搭建桥梁包括在分离期间给予孩子有形的东西，还有对下一个连接点的关注。例如，一位妈妈把她的照片放在塑料袋里，装在 4 岁儿子的口袋里。她告诉孩子，如果他在上学前班的时候想她，她就在他的口袋里。一天，他回到家对妈妈说："妈妈，我今天好想你，我把你从口袋里掏出来，亲了亲你的脸。"另一位妈妈送给女儿一个盒式吊坠，里面有他们全家的照片。她对女儿说："如果你想念我们，你的挂坠里有无尽的亲吻和拥抱。"妈妈通过询问女儿每天需要多少亲吻和拥抱来衡量女儿每天的想念程度。

　　有时，托儿所和幼儿园会在教室周围悬挂全家福照片，这样孩子想所爱的人时，只要瞥一眼就能看到。午餐盒的便签是一座沟通桥梁。离开孩子的时候，你可以通过强调见面和你们要一起做的事情来帮助他们减少分离恐慌："我来接你的时候，会一起回家做手工。"

　　当父母因旅行、工作或离婚而不得不与孩子分开时，有很多方法可以帮助孩子在分开时减少恐慌。一位妈妈说："每当我的孩子去他们的爸爸家里或外出旅行时，我都会给他们写便条，装在信封里，封好，然后写上日期。这样每一天孩子都会看到一张便条。"另一位妈妈说，在艰难的日子里，孩子们特别想念他们工作的父亲时，"我们在电脑上给他做了一个菜单，然后我们去购物，买了所有的食物。然后，等他回家吃晚饭时，我们让每一个人拿着菜单，在门外排队进入'餐馆'"。另一位家长说，他的妻子上班是 12 小时轮班，3 岁的孩子非常想念她，因此"我们制作了'给妈妈的邮件'，然后把邮件放进邮箱里。然后我们给她发短信，告诉她回家的时候去拿信"。当成人通过搭建桥梁的方式帮助孩子们紧紧抓住他们所爱的人的时候，这也会增强看护人的信心。

连接夜晚

　　夜间分离的挑战是没有看护人能够照顾他们。睡眠和无意识是孩子一天中最大的分离，没有人在这时直接照顾他们，这也是分离恐慌累积一天最终出现的时刻。如果一个孩子正面临着长期的分离，他们的焦虑可能会更容易在睡前被唤起。

　　当艾米丽和丹向我请教有关莎蒂的事情时，很明显的是，莎蒂想念他妈妈因为妈妈晚上要去工作。幸运的是，她的妈妈能够调整一些项目，在睡觉前能够给孩子空出些时间。这有助于减少莎蒂对妈妈的追寻，培养了孩子更深的依恋，也一定程度上减少了她的分离恐慌。

艾米丽和丹也非常努力地帮助莎蒂，让她感觉到爸爸妈妈整晚都跟她在一起，而且一直没有放开她。他们带头帮助她休息，当莎蒂说："我睡不着。我不累。"他们回答："睡不着不是你的问题。这是爸爸妈妈的职责所在。"他们改变了姿态，不再觉得自己是在夜间受困的人质，而是开始变得更加慷慨大方。他们没有催促她或者施压让她上床睡觉，而是按照就寝时间安排，尝试着给她传达快乐、享受和温暖的感受。他们主动帮助她安顿下来，比如在她开口之前打开夜灯，谈论第二天的计划，并给她更多的拥抱、亲吻和背部抚摸。当他们离开房间时，每次只有 5 分钟，他们会拿一颗纸心给她抓着。莎蒂很喜欢这些纸心，希望每 5 分钟、10 分钟就能得到一颗心，等等。莎蒂早上醒来时，她看到床头柜上有一堆心，是她睡前的两倍多。她的父母告诉她，他们整晚都在把她当作一个学龄前儿童观察她，莎蒂相信他们说的话！

有很多方法可以与夜晚连接，包括在你们的床或心之间绑一些看不见的绳子。你可以把家人的照片放在孩子的房间里，或者在他们的枕头下放一本绘本，早上起来读。你可以跟他们说你在梦里遇见他们。对更小一点的孩子来说，穿一件闻起来有爸爸或妈妈味道的衬衫可能会对睡觉有帮助，让孩子通过感觉保持亲密。我们的目标是在依恋之舞中起引领作用，让他们按照你整晚都坚持使用的方式进行下去。

也许为了不再让孩子每天晚上闹着不愿意睡觉给我们带来挫败感，我们可以让时间快进到不再需要我们为他们掖好被子、给他们揉背、听不到他们走廊上的跑步声和不愿诉说他们害怕独处的时候。也许我们可以想一想，当孩子成长为独立个体时，他们最终会如何与我们告别。这样可能会提醒我们与深爱的人分离是多难的一件事。也许我们可以深入感受预见到孩子成长得太快带来的伤感，这样会有助于找到他们在深夜独处时需要我们给予的慷慨。

3. 配对

配对是一种依恋仪式，培养幼儿和他们生活中的人之间的关系。从兄弟姐妹、爷爷奶奶，到儿童护理工作者、医生、警察和教师——我们需要主动培养孩子和其所在依恋圈的成人之间的关系。年幼的孩子最需要感受到的是有一个无形的成人构成的矩阵环绕在身边，而它存在的目的就是照顾他们。

孩子是依恋的生物，当他们与不认识的人接触时——即使是与他们有关系的人，也会激发他们的害羞本能。孩子在家里可能既很合群，又很健谈，但是和陌生人在一起时，他们会退缩，变得沉默寡言。害羞本身不是一个问题，而在外向的关系类型被重视的情况下，害羞经常被认为是问题。害羞的本能是为了保持孩子与照顾者亲密，同时阻止外人引导他们。让孩子跟他们不认识而且不被成人接纳的人交谈让他们感到不舒服。如一位父亲所说：

> 我 3 岁半的女儿喜欢在家里和课堂上跳舞。年底有一场舞蹈表演会，所有的父母都被邀请去观看孩子们的表演。她拒绝在大家面前跳舞，只是坐在我的腿上看她的同学表演。我一直叫她去跳舞，但她拒绝了。我并不想强迫她，她很敏感，但我真的不明白为什么她那么喜欢跳舞，却不去跳舞。

　　对于这个敏感的孩子来说，在陌生人面前表演带来的脆弱感强大到难以承受，而他爸爸的反应确实值得赞赏。

　　逐步进入日托和学前班是让孩子认识新朋友的有效方式。为了能够让孩子和老师或照顾者建立良好的关系，相互介绍的时候应该指出相似之处，并帮助他们在报到的时候熟悉彼此。配对应该把孩子的注意力指向对成人的依恋，并作为他们对分离恐慌的解答。父母通过温和地谈论老师或照顾者，并传达对这种依恋关系的认可，从而支持新的关系形成。如一位 4 岁孩子的母亲说：

> 我儿子为要上学前班而感到焦虑，所以我抓住机会带他提前见到老师，让他更好地了解老师。他带了最喜欢的书，在介绍他们认识之后，我鼓励他们一起阅读。这位老师很棒，她告诉儿子这也是她最喜欢的故事之一。儿子还向她展示了自己背包里的东西，而且她对他告诉她的任何事情都很有兴趣。看着他们两人连接的感觉真是太棒了。

配对的三个步骤

- 第一步：介绍双方认识，并且为双方的笑容和表达期待对方在场的意愿做好准备。
- 第二步：通过将关注点放在双方的共同之处，比如相同的爱好，来建立联系。
- 第三步：创造有规律的情境、结构、仪式和传统，双方可以在这样的情况下碰面，比如假期、庆祝活动、聚餐、聚会、散步、郊游、游戏和互动。

图 8-2　配对的三个步骤（改编自纽菲尔德课程《强大的我：理解孩子》）

当孩子对照顾自己的人，像爷爷奶奶或者老师，产生依恋，他们的分离恐慌会减少。

5 岁的奥斯丁的父亲以前每天早上都特别努力地把他的儿子转交给日托所的工作人员，并为他们牵线搭桥。他会告诉她，奥斯丁是一位国王，然后说："今天我把我最珍贵的财产，我的长子、继承人交给你。"然后他把奥斯丁的手放在她的手上，对他说："我一会儿会来接你，护送你回到城堡，和你妈妈共享美味。再见，我的儿子。"奥斯丁喜欢他爸爸每天早上把他介绍给护理人员的那种开玩笑的方式，这让两人的分离不那么令人担忧。

4. 引出眼泪，培养韧性

当孩子们面对他们无法改变的令人担忧的经历时，最好的改变现状的方法就是帮助他们流出眼泪。当孩子在托儿所中心想念他们的父母时，和看护人在一起时的眼泪能帮助他们在家以外的日托中心安顿下来。我们不需要说服孩子们摆脱恐惧，而是要帮助他们找到方法来表达那些没有起作用的东西，随后转向悲伤或失望。

对于孩子来说，想要他们因为生活中的分离而流出眼泪，他们将需要得到一个可以抱持他们经历想念的过程，一直到悲伤显现的成人的帮助。做到这些，既需要与成人建立起信任的关系，也需要时间和耐心。当我看到我的孩子的托儿所工作人员能够安慰其他想念父母的孩子时，我被工作人员的同情心所感动。在看到她表现得那么温柔，那么温暖后，把孩子留下来给她照顾让我内心觉得更舒服了。遗憾的是，另一位儿童看护人员告诉我：

　　我知道小孩子需要哭，但这很难，因为我担心如果孩子不开心，父母会认为我没有照顾好他们的孩子。我知道孩子想念他们的父母，但有时候我会担心，如果我任由他们哭，他们一整天都会哭。我也知道，如果我不让他们哭，他们会更沮丧，对彼此更有攻击性。

　　当我们必须要和一个小孩子说再见时，最好把这件事看作是一个三步舞。这个三步舞是给孩子一个可以依靠的过渡物品，问候照顾者并确保他们可以接纳孩子，然后在你离开时提醒孩子你什么时间可以再见到他。让孩子处在分离的边缘，然后说再见，这样做的目的不是为了折磨一个孩子。与此同时，至关重要的是，孩子要依附于与他们在一起的成人。培养替代照顾关系是需要时间的，重要的是成年人能够接纳并安慰孩子。告别的三步舞是指导原则，而不是操作指南。三步舞的初衷是在孩子与父母分离时，为创造可预测的结构和常规提供一个想法，以帮助幼儿面对连接。

　　成年人可以通过向孩子传达他可以处理好道别的信心，来减轻孩子道别时的惊慌。

告别三步舞

- 第一步：介绍双方认识，并且为双方相互微笑和表达期待对方陪伴做好准备。
- 第二步：父母问候照顾者，表现出双方的友好，这样孩子会看到他们之间的关系，同时确保孩子被照顾者接纳。
- 第三步：父母告诉孩子下次见面的时间，然后在临走的时候适时地给他们一个吻或拥抱。

图 8-3 告别三步舞（改编自纽菲尔德课程《强大的我：理解孩子》）

　　提前为他们做好准备很有帮助，让他们知道自己可能会因为分开而难过，但他们可以处理好自己的感受。例如，许多家长在孩子开始上幼儿园的时候都很焦虑，但他们可以告诉孩子："你今天在学校可能会想我。我也会想你的。我知道你会挺过去，而且我期待后面见到你，听你说在学校的冒险经历。"从学校接孩子的时候，父母可以这样问孩子："今天你在学校的时候有没有想念什么？"从而引出孩子内心的悲伤。当一个孩子面对分离，并且能够为想念所爱的人而流下悲伤的眼泪时，他们自身的韧性也因此形成，因为他们知道自己能处理好分离并生存下来。小孩子很难与人分离，我们不应该因此而责怪他们。我们需要抓住每一个机会，带领他们面对连接，帮助他们在想念的时候眼中泛起思念的泪花。

"你不是我的老板":
理解孩子的抵抗与反对

无论什么时候你看到一块牌子上写着"非法侵入严惩不贷",
意味着这里马上就会有非法侵入。

——莱斯利·斯蒂芬（他的女儿弗吉尼亚·伍尔夫[1]引用）

一天晚上，苏珊和查理在上完育儿课后，两个人都很激动地跟我说话。苏珊说："我们在对 3 岁半的孩子做如厕训练时遇到了很多问题。开始的时候进行得很好，但现在一切都分崩离析。布莱克以前一直用马桶，但是现在他不愿意了。他只想穿尿片。"我让他们告诉我更多关于布莱克抵抗的事情。查理回答道："我们告诉他，他现在是个大男孩了，接着拿走了他的尿片，但是他就尿在内裤上。"苏珊惊慌失措地说："我们需要他为上幼儿园做如厕训练——如果他不会，学校不会收他的。"

我让他们告诉我事情是怎么发展到这一步的，苏珊说："每当他去洗手间时，我们都表扬他，告诉他做得很好。我不知道发生了什么事，布莱克不再对上厕所感兴趣了，所以我们开始给他一些小奖励。"查理插嘴说："现在我们叫他上厕所，他就假装听不见。我们还试图收买他。我们说只要他坐在马桶上，我们就给他买辆自行车，不过他拒绝了。"

我问了他们一些问题来确定布莱克反抗的根源，然后回复说："问题是布莱克在听你说话，但他就是不听话。小孩子对强迫很厌恶，你比他更想做如厕训练。你需要做的是减少对他的强制，为他的退化行为创造一些空间。"苏珊问："我们怎么做？"我回答说："我认为你现在暂时需要退到换尿片这一步。不要小题大做。只要去做这件事，并且停止所有的奖励、表扬、惩罚以及流露沮丧的迹象。在你给他换尿片的时候，让他看到你的快乐、享受和温暖。"苏珊和查理两个人都惊呆了。苏珊说："你是认真的吗？我们需要倒退吗？"查理回答："你给一个 3 岁半的孩子换过尿片吗？真恶心。"我承认我的要求似乎违反直觉，但我问他们能否给我的计划一些空间和时间。苏珊说："我觉得我们必须这样做。我们别无他法——他甚至都不愿意为得到一辆自行车去进行如厕训练。"她转向查理说道："你就只能假装尿片里都是巧克力布丁吧。"查理显然不觉得好笑。

苏珊和查理继续参加每周的育儿课。我每周都问他们近况如何，查理耸了耸肩说："黛博拉，这要是巧克力布丁多好啊。"苏珊说："没有改变的迹象，但是布莱克很高兴他又能穿尿片了。每当我改变他的时候，我都试着接纳他，并且会给他唱歌，有点像他更小一点的时候。"我重申他们应该坚持自己的路线，还要再多给一些时间。3个星期后，苏珊报告说："我认为有些事情正在变化。昨天早上6点，他跑进我们的卧室喊道：'我得去拉臭臭。'我准备好了给他换尿片，但他轻蔑地看着我说：'不，我在马桶上——我自己上！'然后跑去厕所！"我回答说："他的'我来做'回来了——你现在步入正轨了。"

儿童讨厌被强迫

当你告诉一个孩子要快一点时，他们的脚可能会开始拖着地走或者完全停下来。你可能给了他们明确的指示，结果却发现他们做的恰恰相反。一位3岁孩子的妈妈说："基弗从浴室窗户上拧下一颗螺丝钉，我惊慌地告诉他别把它弄丢了。他直视着我，然后把它扔到了外面！"小孩子很容易关注禁忌，所以当你告诉他们不要用"厕所"有关的词语时，他们就会有意不断地重复。在没有任何预警的时候，他们就会变得不听话、倔强、固执、抗拒、喜欢吵架、好辩、好斗、无可救药、不听话、目中无人。一位3岁孩子的妈妈对她的女儿说："假如你是一只恐龙，你就是那种爱胡闹的恐龙。"她女儿一如既往地回答："不，我不是。"

孩子有一种对抗的本能,每当他们感到被他人控制或胁迫时,这种本能就会被触发。[2]到两岁的时候,他们会对周围人的需求和愿望敏感,并会做出反抗。当他们突然反抗和反对的时候,父母们有时候想知道他们那个讨人喜欢的、自满的、随和的孩子发生了什么事。一位两岁孩子的家长说:"他对所有事情的第一反应都是'不'。即便是我问他是不是想要一杯饮料,一块饼干,他的第一反应也总是不!他可能随后会立即改为'是',但总是先说不。如果他需要坐在他的汽车专座上,他会先说不,然后大叫不!即使有人哄他、劝他或给他零食,他仍然会尖叫。"孩子的反抗可以被解释为故意的或操纵的行为,或者是当孩子只忠实于他们的对抗本能时,试图故意按下反抗父母的按钮。对成年人来说,有没有能力说"不"可能就是个问题,但这也是一个值得庆祝的成长成就。

抗拒和反对的本能是成人—子女关系中,最容易被误解的动力之一。逆反心理不是一种后天习得的反应,而是一种情感反应,在保护自我和成为一个独立个人方面起着至关重要的作用。小孩子很讨厌别人的日程安排,是因为他们还在试图做自己的安排,因此他们最喜欢的一句话是"我自己来"。一个孩子发展自我的意志越多,他们就越不会觉得有必要抵制和对抗他人的意志。幼儿的逆反心理源于他们尚未发育成熟的心理。理解一个人的价值观、目标和动机需要一生的时间。对于一个年幼的孩子来说,理解自己的喜好、想要的东西、愿望、优先级和决定是在他们休息和玩耍的时候发生的事情。当孩子们有了更连贯的自我时,他们不会随着年龄的增长而失去这些本能,但是会随着年龄的增长而失去依靠这些本能产生动力的需求。

没有什么会像抵抗的孩子一样能触动成人的按钮,尤其是如果父母自身有强大的日程安排或意志的话。每天的日程安排可能会成为引发幼儿逆反行为的扳机点：穿衣、睡觉、上厕所、刷牙或梳头，以及健康饮食。一位奶奶很想让她 4 岁的孙子尝尝她亲手做的南瓜派，可他却说："不，对不起，我不吃南瓜派，奥玛。我是个素食主义者。"当小孩子违背大人的意愿时，可能会引发一场意志之战，随之而来的是激烈的权力斗争。一位父亲说："我听到妻子在浴室里和我 3 岁的孩子争吵。她想让她从浴缸里出来，但劳伦不想。他们每个人都在原地打转，直到我终于把这个圈打破。"正如这位家长所发现的那样，与年幼的孩子进行对抗的争斗可能会让父母充满遗憾：

> 当我女儿 5 岁左右的时候，我们全家要去一家很高档的餐厅庆祝一个特别的节日。我告诉她必须打扮一下。在这个年纪，她只喜欢打扮，所以我想她会珍惜这个机会。然而并没有！那时我还不知道什么是逆反心理。她很生气，因为她"必须"盛装打扮，而且是由餐馆规定人们的穿着，她在这件事上没有任何发言权。我以为她只是在挑衅，突然间，我开始质疑我的育儿之道，担心我对她太松懈了，担心她不会遵循这样一个简单的指令。我很沮丧！我想我必须变得更严格——还有更严格。好吧，你可以想象接下来的对抗之战，我更加坚定地让她按照我的要求去做。如果那天晚上我知道什么是反意愿的话，我们就不会面对那么多的焦虑和悲伤了。

有些父母对孩子的逆反反应非常强烈，认为如果孩子不按照自己的要求做，只会导致进一步的反抗。当成年人不惜一切代价要求孩子服从或试图消除抵触行为时，孩子逆反的本能和情感原因就会被忽略。抵制与反抗是非习得行为的信念没有被认可或重视，拥有个人思想成长的益处也没有被领会到，我们需要培养孩子摆脱反抗，而不是惩罚或教导孩子做出其他行为。成年人有足够的力量让孩子顺从他们的要求，但这样的方式往往导致怨恨和困惑，并且腐蚀掉依恋。精神分析学家奥托·兰克撰写了大量关于对抗的文章。他说，父母对逆反心理的过度反应是孩子缺乏安全感的最大原因之一。[3] 为了保持与幼儿的关系，我们需要了解逆反心理如何为发展服务，如何避免引发逆反心理，以及当我们面对这些时要如何处理。

强制和控制的形式

有种观念认为年幼的孩子除非被强迫，否则不会做任何事情，这种观念传达出的是对孩子内心愿意为成年人做好事情的不信任。它没有考虑到依恋的力量，也没有考虑到年幼的孩子会如何自然地跟随与他们有联系的人。因此，成年人通过强迫孩子的身体、行为、情感和认知等错误的形式要求孩子服从，而非依赖依恋策略。

成年人可能会通过抱起或推着孩子来移动他们。当孩子还小的时候，这很容易做到，但是当他们长大了，这就很难了。孩子可能会受到身体上的胁迫，比如打闹、尖叫或跛行。当一位父亲在橄榄球架上一把抓住他 5 岁的儿子，然后跑出一家餐馆时，孩子开始尖叫："救命！救命！快来帮助我，我被绑架了！"当孩子们被逼向一个方向时，你可以预测到相反的力量。

负强化是一种行为强制，目的是降低某些行为被重复的可能性。然而，当一个年幼的孩子被告知他们会遇到麻烦，或者某些行为是禁止的，这实际上会增加他们这样做的可能性。例如，在经典的禁止玩具研究中，研究人员给孩子们一个严重或轻微的玩具威胁。威胁越严重，孩子们越想玩它。[4]孩子仍然没有意识到这种本能，当被告知不要做某事时，他们只是在不理解的情况下行动。一位家长告诉我："当我还在幼儿园的时候，有次我需要参加圣诞音乐会，上台前，我妈妈告诉我不要把我的内衣给别人看。在我意识到这句话的意思之前，我已经站在那里，把裙子拉过头顶，向观众展示我的内衣。"

强迫的行为形式也包括正面强化，即奖励或表扬儿童，以鼓励类似的行为。很多人都忽略了控制奖励带给小孩子的感受，这可能是因为奖励被认为是积极的。然而，奖励揭示了他人的欲望，这可能会压倒并削弱孩子自己的意图。一项关于幼儿动机的经典研究发现，那些因使用魔法笔而受到表扬的孩子，与那些没有得到奖励的孩子相比，对玩耍魔法笔的兴趣更小。[5]《被奖励的惩罚》一书的作者阿尔菲·科恩指出，外在的奖励是短暂的，会削弱孩子的内在动力。[6]为了达到听话而给予的奖励可能会干扰孩子学习或真正关心他人的天性。

强迫的情感形式包括羞辱孩子或试图让他们为自己的冲动和不成熟的行为感到内疚。成年人用孩子的情绪来控制他们的行为，比如"如果你是一个好哥哥，你就不会再打你的妹妹了。""如果你爱你的妈妈，你就会帮她捡玩具。""看看伊娃做了什么？她不是个爱帮忙的好朋友吗？"情感上的强迫性陈述暗示着这个孩子存在一些根本的问题。情感强迫不仅会伤害孩子和大人的关系，还会制造一种羞辱的环境。

强迫的认知形式包括告诉孩子该怎么想和相信什么，与成年人达成协议成为一种服从。小孩子应该自然地去理解他们的世界，并形成他们自己的认知。例如，一个4岁的女孩告诉她的哥哥：

"你知道你的舌头上有口味虫吗？"她还告诉他："花园里有刀叉虫，它们把所有的蔬菜都吃光了。这就是为什么蔬菜上面会有洞。"另一个4岁的孩子对他爸爸说："我的额头起了鸡皮疙瘩。"他的父亲不相信他的经历，纠正他说："只有在你兴奋或害怕的时候，你的胳膊和腿才会长出鸡皮疙瘩。" 小男孩说："好吧，那就是水痘。"

对抗的两面

对抗本能在儿童的发展过程中起着至关重要的作用，表现在两个方面：它通过抵制外部影响和指导来保护依恋关系，它为独立做准备。值得注意的是，幼儿可能存在抗拒心理的其他原因，如恐惧、焦虑、愤怒、挫折、敌意和不信任。不配合也可能是由功能障碍、好奇心、健忘或缺乏理解造成的，而不是由反抗本能造成的。在处理孩子的反抗和反对之前，考虑一下它是如何被激起的会很有帮助。

1. 反抗保护依恋

反抗本能使父母在孩子的生活中保持着应有的地位，即领导和照顾孩子。小孩子不应该听命于任何人，这也是为什么他们会抗拒陌生人。一位有两个小孩的母亲曾对我说一件事：

> 当我在商店购物的时候，一位老奶奶走过来，试着和我的孩子们友好地交谈。她告诉他们有多可爱，问他们的名字和年龄。她并没有恶意，但是我最大的孩子（4岁），伸出舌头给了她一张难看的脸。然后他躲到我的腿后面，

再也不看她了。我很尴尬。我告诉这位奶奶他很害羞，但我不明白他为什么会这样做。反抗是一种自然的依恋本能，它阻止孩子受到父母没有认可的人的影响和指导，而这些人并不是他们依恋圈的一部分。

反抗本能

- 是对感知到的控制和胁迫的防御反应
- 通过不受外部影响和指导来保护依恋
- 为发展服务，为独立功能做好准备

找到自己意愿的第一步是反对和对抗别人的意志

图9-1 反抗本能（改编自纽菲尔德课程《反抗过程的意义》）

这就提出了一个问题：当父母和孩子之间存在依恋关系时，孩子为什么还会抗拒父母的指导？对父母的抗拒源于幼儿大脑缺乏整合——他们一次只能依附于一个人或一件事。如果父母给他们一个指导或命令，而不涉及他们的依恋本能，孩子会感到被胁迫和控制，从而引发反抗。例如，如果一个年幼的孩子独自玩耍，或与同伴或兄弟姐妹玩耍，他们的依恋本能就不会集中在他们的父母身上。一个拥有2岁半和4岁孩子的父亲讲述了下面的故事：

> 我妻子让我叫正在看电视的孩子们来吃晚饭。他们甚至不看我一眼，好像我不在那里一样，所以我就把电视关掉了。这引起了他们的反抗。他们开始尖叫："不！不要关掉它，打开它！"我告诉他们该吃晚饭了，他们大喊："不！我们不想吃晚饭。"然后，我妻子对我喊道："你在指导

他们之前有没有把他们的信息收集起来？在你告诉他们做什么之前，你需要先收集他们的信息！"就在这时，有3个人朝我大喊大叫，这实在太残酷了。后来我告诉我的妻子，在她开始告诉我该做什么之前，她也没有来收集我的信息。

收集孩子的信息是激发他们依恋本能的最好方法之一，包括以友好的方式面对他们，得到他们的注视或微笑（如第4部分所述）。在给幼儿下达命令、义务、期望、要求或施压之前，收集他们的信息是很重要的，因为他们的默认模式是抗拒。依恋使一个年幼的孩子服从我们的照顾，使他们更愿意顺从我们的愿望，想要取悦我们，衡量我们，对我们好。简而言之，反抗和依恋之间存在着一种摇摇欲坠的关系。当依恋强烈时，反抗就会减弱或不存在。当依恋减弱时，反抗就会增强。

这位父亲可以做些什么来收集他孩子的信息呢？首先，电视屏幕是一个强大的干扰，因为它可以抓住孩子的注意力并刺激他们。为了吸引他们的注意力，父亲需要事先调动孩子的注意力。他需要走到他们身边，可以问问他们在看什么，试着吸引他们的目光，或者以某种方式参与进去，与他们分享几分钟对这部剧的兴趣。如果他能引起他们的注意，但他们又不愿意来吃晚饭，他可能不得不让他们流下失望的泪水了。如果父亲一再发现他无法集中他们的注意力，无法调动他们的依恋本能，那么应该严肃考虑他和孩子之间的关系是否存在问题。

当存在依恋问题时，反抗问题就存在

当一个小孩子的逆反心理长期而持久时，这可能是一个关系问题的表现。有许多依恋问题使孩子抗拒接受大人的指导，包括

同伴取向和阿尔法问题 (见第 4 部分和第 5 部分)。

　　导致儿童产生反抗行为的其他依恋问题包括孩子与负责照顾他们的成年人没有产生依恋关系。如果孩子不依赖他们的日托或幼儿园老师，他们默认的关系模式将是反抗。在孩子的生活中，大人的头衔或“角色”并不影响孩子是否真的依附于那个大人。一位照顾 5 岁侄女的姑妈说：“我让她帮我收拾玩具，她说不，还说我不是她的老板。我告诉她要吃饭，她又拒绝了。我提醒她我是她的姑妈，但这对她没有什么影响。”只要存在依恋问题，就会存在反抗问题。

　　另一个依恋问题是孩子与成年人的关系不够深，无法削弱他们的反抗本能。有时，孩子们通过感官、相同性或归属感肤浅地依恋着成人，这并不能让他们的看护者对他们有足够的影响力。此外，如果一个孩子的情绪被困住了，并且没有脆弱的情绪的迹象，他们的发展状态可能会被延迟，使他们更容易因为不成熟而做出反抗的反应。

　　当一个孩子陷入反抗的反应时，他在生活中更可能面临成人越来越多的胁迫和控制。反过来，他会由于感到压力越来越大，产生更强的抵抗力。当一个孩子被锁在抵抗中，成年人就会被困在推动他的局面中，这进一步削弱了两者之间的关系。孩子通常被视为有抵抗力的人，可能被贴上反对、不顺从或挑衅的标签。人们忽略的是为什么一个年幼的孩子在他们的生活中不依恋成年人。

　　当依恋问题使孩子陷入逆反心理的反应中时，孩子就不再有动力去忠诚，去衡量，去倾听，去敬仰，去听从他们的长辈。他们会消极地对待父母，努力去控制、反抗、反击、惹恼或激怒他们。改变这些反应的唯一方法是让成年人通过建立更牢固的关系来引

领孩子，而不是让自己被疏远。弥合问题行为和避免处理事件是两种策略，可以帮助防止进一步伤害他们的关系。（见第10部分）

被卡住的反抗循环

三幕悲剧

- 第一幕：当孩子被卡住时，大人开始推
- 第二幕：当孩子感到被推的时候，他们会踩刹车
- 第三幕：当孩子陷入阻力时，成年人往往会在他们的坚持中陷入困境

图 9-2 被卡住的反抗循环（改编自纽菲尔德课程《理解反抗过程》）

2. 反抗为分离和独立功能做准备

反抗是一种对他人意愿的天然防御，它可以让孩子发现自己的喜好、欲望、愿望、目标和志向。孩子不只需要有依恋的邀请，他们也需要邀请成为他们自己。一位家长告诉我："我和我的母亲关系很好，我直到3岁才有了自己的想法。她无法接受我和她有不同的日程安排，所以从那天起我们就一直很挣扎。"

幼儿表现出来的令他们难以照顾的特点，正是我们希望他们长大后能具有的特点——说不，有自己的想法，有计划和目标。鼓励我们的孩子只有在与我们的观点不矛盾时才能有自己的想法，这是行不通的。与此同时，成年人需要领导和负责照顾孩子。

孩子需要从心理上出生，而反抗会创造一个子宫，在那里自我可以成长，界限可以形成。自我是一个不断融合的过程，将思

想和情感融合在一起，形成一个"我"。尽管成长为自我对发展至关重要，但这并不是不可避免的，而是在大约 3 年的依恋完成后自然而然地发生的。当我们开始听到一个孩子说"我做"或"我自己做"时，这就意味着他成长了。儿科医生唐纳德·温尼科特写过，当一个孩子能够用"我是"的语言来识别自己时，人类发展的一个关键阶段已经展开。反抗是为了保护一个孩子的新兴自我不受他人的想法、议程、意图、判断、期望、要求、价值观和欲望的影响。强烈的逆反反应成为紧急自我的过渡。从 2 岁开始，幼儿的反抗反应可以是没有羞耻性的和不受惩罚的，但是随着孩子长大并开始产生复杂的情绪，[7] 他们会对自己的反应有更多的自我控制。

有一天，当我和我的孩子在公园时，我的朋友让我看着她 3 岁的孩子，同时她还照顾了另一个孩子。西蒙正拼命地爬上一只在金属弹簧上来回摇晃的玩具鸭子。当他挣扎的时候，我上前帮助他，但他严厉地看着我说："不，我来做！"我退后一步，让西蒙有更多的空间去挣扎，但如果他需要我，我仍然可以帮到他。他又挣扎了一会儿，但又看了我一眼，发现我的动作还不够让他喜欢。他用拳头对着我，把我从他的鸭子身上推开。他妈妈看见他，叫他别再推我了。我插话说西蒙只是想一个人爬上鸭子，而我只是挡住了他的去路。西蒙不能表达的是，"作为一个独立的存在，我正处于我的个人化和差异化之中，而你的意志阻碍了我的进一步发展。"如果没有语言和洞察力，3 岁的孩子们会用任何手段获得他们本能的反抗信息。

在回顾苏珊和查理的如厕培训问题时，很明显，他们的议程比布莱克的更重要，因为他们没有尿布。当布莱克按照他们的计划行事时，他们表扬并奖励了他，但这给布莱克的意志留下了很小的空间来在这条路上引领他。他"想做的"变成了"必须做的"，他没有主动尝试新事物，而是感觉到了父母期望的压力。在远离尿布的地方他可以找到自己的目的和意义，然而在那里他同样也会感到压力和父母给出的指令。他是被激励着上厕所，而不是出于自己的兴趣，因此这也减弱了他"自己动手"的欲望。布莱克越是抵抗，他的父母就越是坚持不懈，双方的反抗反应都在加剧。当苏珊和查理采取策略性的退却来依恋他，停止所有的压力时，布莱克的紧急自我开始引导他，他又使用厕所了。对儿童的策略是避免让他们看到或感觉到我们的议程比他们的重要，特别是在我们需要他们合作的事情上，如睡觉、吃饭、穿衣、上厕所培训和日常卫生任务。

当一个孩子成为一个独立的存在时，他会好奇，想要尝试新事物，为自己思考，看到生活中的选择和机会，想要与众不同，并寻求独立。我们不需要强迫孩子走向自主，而是要让自然的反抗本能为之做好准备。当孩子看到他们有选择并可以做出选择时，他们自然开始对这些负责，同时对他们的行为是如何影响他人的感到内疚。我们不需要把这些教训强加给我们的孩子，健康的成长和发展将为履行负责任的职能铺平道路。当孩子的意志在青少年时期发展和强化时，他们应该感受到这带来的自由和自主，以及作为一个独立的人所固有的道德责任和内疚。

区分反抗的两面性

父母常常想知道如何区分这两种形式的反抗。需要考虑的关键问题是，在反抗反应之前发生了什么。如果孩子的依恋本能在父母试图指导他们之前没有积极参与进来，那么父母就没有足够的关系影响力，这就导致了孩子的抵触情绪。例如，一位家长遇到了麻烦，因为她试图让儿子和她一起离开房子之前，没有收集她儿子的信息：

> 我儿子玩飞机的时候，我告诉他我们要把他的玩具收好，这样我们就可以去幼儿园接他妹妹了。他不理我，直到我提高声音，叫他穿上鞋子，因为我们必须离开。他喊道："不！"于是我走近他，他继续说着："不，不，不，不！"然后把我推开。我拿起他的鞋子，试着给他穿上，但他不停地踢腿，鞋子根本没办法穿上。最后，我终于决定不给他穿鞋，让他坐婴儿车出去，因为他实在是太难对付了。

如果父母将儿子的这种反应视为反抗，她可能会采取战术撤退而不是与他作战。在开始穿鞋之前，她本可以先去收集他的信息。

如果在与孩子完成依恋之后出现了反抗反应，则可能在帮助他们成为自己。例如，一个 3 岁半女孩的母亲一天早上对她的抵抗感到惊讶：

> 我收集了杰西卡的信息，读了她的书，谈到了我们的一天。当我给她穿衣服时，她变得非常抗拒。杰西卡没有像以前那样同意我的选择，而是开始说："不，我不喜欢那件衬衫。"她把抽屉里所有的衬衫都翻了一遍，选了一件，然后反复地改变主意。这太可怕了。当我对她说："来吧，让我帮你穿好衣服。"她转过身来对我说："不，女士，我要一个人完成这一切！"有时候她的双重性格让我困惑。

在这种情况下，杰西卡得到满足，她的自我开始出现，虽然并不成熟。在这两个反抗的例子中，真实的情况是，没有什么比小孩子对困惑、迷惑和蔑视成年人逻辑的抗拒更强烈的了。

处理反抗的策略——抵抗和反对

　　处理反抗的秘诀是不要把它个人化——当父母自己的反抗被激活时，这似乎是一个不可能完成的艰巨任务。作为日常生活的一部分，年幼的孩子们通常会陷入停顿。关键是让成年人在不中断连接的情况下，引导他们走出僵局。挑战在于不要用更多的力量和杠杆来控制孩子，这只会加剧他们的抵抗和或伤害你们的关系。

　　根据引起反意志反应的原因，有 3 种策略可以用来分散和管理幼儿的抵抗和反对：弥合反抗和增加依恋，减少强制和控制以及为幼儿的意志腾出空间。

1. 弥合反抗和增加依恋

　　在反抗反应中传达的最重要的事情之一是，尽管遇到了阻力，但关系仍然完好无损。成年人在面对孩子的抵抗时，需要找到一种维持主导地位的方法，而不是将自己的意志强加到孩子身上，有许多策略可以帮助你弥合有问题的行为并保持关系：

　　不要使用分离作为后果。依恋是孩子最大的需求，因此使用暂停，剥夺所有物或特权的方法必然具有挑衅性。这些行为可能会增加孩子的抵抗，增加挫败感和警惕性。

　　预见和期望对抗。考虑到幼儿不成熟，没有形成完全的自我，在和他们解决问题时，应该预见和期待对抗。其目的是将他们的

行为理解为由本能和情感所驱动，而不是个人的、故意的或操纵性的。虽然我们可能不了解他们抵抗的根源，但如果我们预料到的话，我们就不太可能反应过度而被他们疏远。

不要把行为作为底线。当孩子们抗拒时，成年人通常会要求他们先改变自己的行为，然后才允许做其他事情。这会增加孩子的抵抗力，加剧他们的反应。例如，如果一个孩子拒绝穿鞋，而父母要求孩子先穿鞋再做其他事情，那么双方都可能陷入自己的反抗反应中。

将反抗视为自然和正常。当一个年幼的孩子表现出抗拒和对立时，走近他们，承认他们感到被控制或被强迫，这样可以分散他们的反应。例如，一位家长可能会说："是的，我知道有时我告诉你该做什么，你不喜欢。"这并不意味着成年人必须放弃他们的计划，只是他们承认孩子的计划可能与他们的不同。

对反抗的反应进行检查。成年人越认为自己是孩子的主人，对孩子负责任，孩子的逆反心理就会越强烈。一位父亲说："我只是觉得，当孩子们反抗和挑衅时，我必须压制他们的情绪，这样他们才不会表现得像个成年人。"父母因被违抗而沮丧，甚至气愤。孩子的逆反心理是具有挑衅性的，而答案就是在这个时候不对他们做出反应。当父母能够坚持对孩子关心，对他们与孩子之间的关系关心时，他们在反抗面前的反应会得到缓解，并引导他们走向耐心和宽容。重要的是要找到一种方法，让每个人的尊严都完好无损地通过这些障碍。

修复反抗的过度反应造成的损坏。当你对孩子的反抗反应过度时，修复关系是第一要务。这可能包括主动道歉，并为自己的行为承担责任。如果在道歉之后，孩子仍然感到受伤，那么你要让他们知道你能接受他们的难过，这也很重要。父母的情感反应过度，如哭泣或请求原谅，会导致孩子出现问题，因为他们会认为自己要为成人的情感负责。我们的目标是抚平这段感情的创伤，为之承担责任，然后继续照顾孩子。为人父母不是要做一个完美的人，而是要为自己的不完美承担责任，然后继续前进。

在幼儿中弥合反抗反应的过程中需要耐心和信念，即孩子越是成长为独立的自我，他们就越不需要出于反抗本能而行动。同时，我们最好的措施是保持主导地位的存在，不允许他们的行为破坏我们的联系。

当谈到幼儿的反抗反应时，成年人需要把自己看作是引导儿童摆脱僵局的责任人。改变话题或推迟讨论可以达到这一点，因为可以给反应一些时间和空间，直到它消散。重要的是不要把孩子和他们的反抗反应联系在一起，比如"你为什么这么顽固？"或者"如果你这样做的话，没有人愿意和你在一起。"当孩子产生被控制或被胁迫的感觉时，这样的指责常成为自然发生的事情，让孩子感到羞辱。有时，父母必须用他们的主导地位，让孩子感到不安，以帮助他们认识到抵抗有时是徒劳的。

如果孩子的抗拒来自于与成人的脆弱关系，那么培养更强的依恋关系将是首要任务。在照顾孩子之前，成年人应该确保他们能够收集孩子的信息，表明他们有足够的依恋能力来完成工作。加强关系可以通过表达喜悦、享受和温暖来实现，也可以通过同一性、归属感、忠诚、意义或他们所依恋的任何其他方式去实现。

2. 减少强制和控制

减少儿童在以下方面所受的控制和强迫，可以帮助预防反抗反应，并在它们出现时加以处理：

*避免使用命令或规定的方式。*当大人给小孩子指导的时候，大

人往往因为预料到会被拒绝而改变语气。指示往往给人的印象是强迫的或更具命令性的，增加了反抗反应的可能性。

使计划不那么明确。成年人在向幼儿指示时可以非常明确。例如，父母可能会说："穿上你的鞋子和外套。我们要去上学了，我不想上班迟到。"这项直接而有力的要求很容易引起年幼儿童的反抗，而更隐晦的做法则不那么具有挑衅性。例如，父母可能会专注于当天的计划，而不是告诉他们快点做好准备，他们会给孩子穿上夹克和鞋子，并说："你的老师告诉我今天你们会有一个特殊的访客来表演和演讲，你知道是谁吗？"成人的计划不那么明显时，可能会产生更少的反抗反应。做一些好玩的事情是减少胁迫并使父母计划不那么明确的可靠方法。

不要专注于"应该""必须"和"不得不"。孩子听到的一些最具命令性的语句都包括这些词语。这些话通过暗示任何其他的事情都不会被容忍来迫使对方的反抗。此外，他们侵蚀了孩子的求知欲和内在动机，粉碎了他们渴望学习和尝试新事物的精神。

使用尽可能少的强迫和影响。身体、行为、情感和认知上的强迫都会加剧反抗反应，并产生敌对关系。有时，成年人不愿意放弃他们的消极和积极的强化工具，紧紧抓住它们，希望它们能让孩子更听话。这时，我们失去了这样一种意识：即形成依恋关系是孩子最容易顺从成人、顺从他们的意愿并分享他们价值观的环境。

在有一个更好的依恋关系之前，后退一步。当反抗反应被激起时，最有效的策略之一是暂时后退，直到依恋本能被激活。当遇到反抗时，一个成年人可能会说："我让你考虑一下，过一会儿我再来。"或者"我已经改变主意了。我再给你 5 分钟时间，然后我们就离开。"在这一过程中，重要的是要传达这样的信息：

你不会因为他们的反抗而疏远他们，主导地位也不会被他们取代。例如，一位母亲说，她的女儿去农场郊游时对她说："你越是告诉我不要碰那头驴，我就越是要去碰它。"幸运的是，人群继续参观了另一个动物围栏，这位母亲没有直接谈论她的行为，而是抱起女儿，给了她一份零食。在收集她的信息之后，她的母亲向她征求好的意图，希望她能听从别人的指示。

*使用结构和常规来组织行为。*考虑到小孩子对强迫和控制的敏感，结构和常规是使他们行为有序而不必"指点他们"的好方法。我总是很惊讶，我的孩子们的幼儿园老师是如何利用结构和程序来指示圆圈时间、游戏时间和点心时间的。她会开始唱整理玩具的歌，提醒孩子们从室内玩耍转向户外玩耍——但不是在他们拿起玩具之前。

*将注意力从环境中的强制性因素上移开。*一种情况越具有强制性，你就越想把注意力从那些会引起反抗的因素上移开。安全带、婴儿车和购物车都限制了孩子们的活动，而且经常会激起他们的抵触情绪。父母可以与孩子交谈、唱歌或喂他们吃东西，而不是让他们的注意力集中在约束元素上。孩子们有一种被强迫的感觉，那就是在餐桌上，他们被要求坐在那里吃饭。人们越是把注意力集中在吃他们的食物上，就越容易被激起反抗。减少用餐时间的强制性，让他们的注意力集中在故事、有趣的事情上，或者只是和家人一起，围绕着食物以外的东西，这些都能把他们的注意力从这个场景中最具强迫性的事情上转移开。你说的"吃蔬菜"越多，他们就越不想吃。

3. 为孩子的意志腾出空间

当孩子的反抗反应源于独立功能的发展时，给他们发挥自己意愿的空间是一个有用的策略。这可以通过许多方法来实现，但重要的是，不要让他们负责任何因为他们的关系需求而做的决定。

*提供一些选择的感觉。*当孩子对父母的安排有抵触情绪时，给他们一些选择或回旋的空间来调整自己的想法，可以帮助他们减轻压力。例如，当他们睡觉的时候，他们可以选择他们想穿什么睡衣，他们想读什么书，他们想用什么牙刷，或者他们想让你唱什么歌给他们听。

*关注孩子的意愿。*帮助孩子发现自己的意愿，强调自己的愿望、目标、理由和意义，将有助于减少反抗。例如，一位家长可能会说："你只是想让每个人都停止告诉你该做什么。你想要有自己的主意。"这并不意味着孩子可以随心所欲，但这证明他们有自己的意愿。一位4岁孩子的家长说，他正在教女儿叠衣服，但她不听他的指挥，说："我有自己叠衣服的方法。"她的父亲很乐意迁就她。

*为孩子的主动性和参与性留出空间。*为了减少逆反心理，邀请孩子参加或主动参与一项活动。例如，一位母亲试图帮助她3岁的孩子把用纸剪成的动物的脸贴在气球上。出于对帮助的渴望，这位母亲开始告诉她的女儿应该把动物的身体部位放在哪里，它应该是什么样子。她的女儿失去了所有的兴趣，拒绝做这项手工。相反，在玩耍的时候，孩子们可以选择他们想做什么，或者在美术桌前，他们可以决定如何使用他们面前的用品。

*在可能的情况下，征求善意。*当孩子的合作很重要的时候，提前征求他们的善意可以帮助防止反抗。征求善意需要调动孩子的依恋本能，并利用这种关系要求他们配合一套行为准则。孩子的同意有助于避免在特定情况下的反抗行为。例如，一位家长必须带孩子去他们父亲的工作场所，这是一个高度专业的环境。她没

有冒着遭到反对的风险，在他的工作场所指导和指挥孩子们拥有适当的行为，而是提前征求孩子们对良好行为的意愿。她问他们，她能不能指望他们规矩点，"不要在爸爸今天工作的地方乱跑、尖叫或装傻。"她说很多人都发表了评论，认为孩子们在工作场所的表现令人惊讶。

在适当和可能的情况下让他们负责。 年幼的孩子需要有自己可以掌控的领域，锻炼自己的意志，发展自己的喜好（除了与依恋需求有关的任何事情）。父母需要找到孩子可以控制的地方、事物或活动，比如玩耍时间、学习一项新技能或穿衣服。一位家长让女儿负责自己穿衣服，有一些特别的规定，比如出门不能穿正装，白天也不能穿睡衣。贝丝开始自己穿衣服，4岁的时候，她为自己的努力感到自豪。有一天，她会把自己的衣服展示给家人看，并问她的叔叔，他对她的装扮有什么看法。他诚实地回答，并告诉她，他不确定紫红色和红色是否能够穿在一起，她回答说："哦，是的，它们可以穿在一起。"

孩子的反抗可以保护他们，从而不去跟从那些他们不依恋的人，并为独立自我的出现铺平道路。有时候，孩子们的抗拒来自于成年人在引导他们之前没有激活他们的依恋本能，而这也可能意味着孩子们只是在试图自己解决问题。重要的是要读懂一个孩子，并考虑他们在抵抗之前发生了什么，然后决定如何最好地引导下去。虽然小孩子的"我要做的事"看起来微不足道，但它们却是孩子发展健全人格的基石。在青春期，他们会用他们的"我做的"来跨越童年到成年的桥梁。抚养小孩的成年人所面临的挑战是为他们今天的"我要做的事"腾出空间，因为明天他们将坚守对"自我"的承诺。

对不成熟的孩子的纪律——为孩子的成长争取时间

所以我想孩子们会继续成为负累，
而母亲们会继续庆幸自己有机会成为他们的受害者。

——D.W. 温尼科特[1]

晚饭时，我看着妹妹吃完剩下的最后一点儿蔬菜。一罐热芥末放在我们中间，我说："如果你的蔬菜上面有那个黄色的东西，味道会更好。""不，不会的。那是辣芥末。"她争辩道。6岁的时候，我的对抗本能开始行动——抓起一根胡萝卜，蘸了蘸热芥末，塞进了她的嘴里。5岁的妹妹沉默了两秒钟，接着，她的尖叫声和拍打桌子的声音把母亲带到了现场。我逃回自己的房间，知道有大麻烦了。

在房间里，我听到了外面的骚动——母亲在大喊大叫，楼梯上，父亲的脚步声正向我的卧室走来。我坐在床上吓坏了。当他打开门时，我看到了一张在这种情况下从未见过的脸：他做了一个奇怪的鬼脸，几乎是微笑着。我心里有些纳闷，他是完全失去了理智，还是准备给我一个全新的惩罚？

父亲坐在我旁边的床上，我一动不动，呆若木鸡。他开始摇头，喃喃自语道："黛比，黛比，黛比……"我想尖叫："快说吧，别再这么折磨我了！"然后，出乎意料地，他开始给我讲故事。"当我还是个小男孩的时候，我和你一样。有一个兄弟并不总是容易的，他很烦，我也很淘气，喜欢恶作剧，尤其是对他。我过去常把他的鞋带系在一起，把他所有的内衣都藏起来，还往他的靴子里放石头。"他说话时，我如释重负：我没有遇到麻烦，我就像我爸爸一样，我的淘气一定是他给我的。

父亲觉察到我对他的恶作剧很感兴趣，又接着说："我总是被抓住。我哥哥会告发我，我父母会很生气，这不是很好。有一天，我终于意识到我最好不要再捉弄别人，可以做点儿其他事情。"我开始理解父亲的意图，并完全同意他说的伤害他人不是好事儿。我抬头望着父亲，既敬畏又钦佩。我可以听他讲几个小时的故事。

最后，父亲看着我说："你今晚真的让你妹妹受伤了，她真的很难过。我要你下楼去道歉，再也不要那样做了。"
我欣然同意并说："我不知道我怎么了，我只是忍不住想
把胡萝卜塞进她嘴里。"于是我满怀悔恨地走下楼，向妹
妹真诚地道歉。幸运的是，她原谅了我，她再也没有成为
我恶作剧的牺牲品。

　　事后看来，那天我从父亲那里学到的最多的是，父母
通过依恋，让孩子符合期望、遵守秩序和处理沮丧方面有
多大的力量。他没有使用贿赂、威胁或惩罚。当我做出最
恶劣的行为的时候，他只是以我父亲的身份出现，没有把
我推开，而是把我拉近。通过他的故事，他向我传达了我
们都很好的感受，在这样做的时候，他利用我对他的爱，
告诉我需要如何去做。我父亲以爱我来引导我，所以我的
心渴望跟随他。

成熟是对不成熟行为的回应

　　成年人想要成熟、行为良好的孩子，并相信纪律会让他们达
到目标——但这是不可能的。纪律是成年人对不成熟的无序状态
强加秩序的行为。成年人需要用纪律来干预和弥补未成年人所缺
失的成熟，用纪律换取孩子成长的时间。成人需要承担起将孩子
指向文明方向的责任，但要给孩子足够的空间。他们需要在孩子
有过错的情况下继续与他们保持关系，并运用洞察力来处理孩子
的激动，帮助孩子更好地理解他们的情感世界。一位幼儿园老师
对她的学生说："特莎，你需要努力变得更成熟，比如在跟妈
妈说再见的时候不要难过。"妈妈回答说："特莎长大后会更
成熟。"在发展的过程中，成长可以让孩子走向成熟，同时也

带来社会和情感上的责任。如今，关于如何对待不成熟行为的建议已经脱离了广泛的发展议程——这个议程考虑的是儿童需要什么条件才能成长为一个独立的、社会性的、适应性强的个体。纪律这个话题已经变成了一堆肤浅的解决方案，孤立、单一的思考方向，还有相互矛盾的答案。

关于纪律的讨论已经演变成关于教育时刻、实现顺从以及如何让幼儿控制自己的讨论。在不了解纪律起作用的方式、其有效性的限制以及它对发展的潜在风险的情况下，家长会得到关于纪律的建议。一位我认识的家长说，每周她都会阅读她能找到的关于纪律的书籍，并以书中的不同的方式与孩子相处。随着她的训练技巧的改变，她的孩子们开始觉得她不知道要如何照顾他们了。

如今纪律策略的问题在于，它很大程度上是建立在行为和学习方法的基础上的，它的目的是消灭令人不愉快的行为，而不是理解行为的根源。好的行为得到奖励或表扬，坏的行为受到惩罚。孩子的情感表达被视为一种问题，而不被视为孩子需要我们的帮助来解决问题。抵抗被看作是一种被压抑的东西，而不是来自保持自我的反抗本能。发脾气被视为需要被扑灭的火焰，这通常会导致孩子产生挫折感。注意力问题被看作是孩子的缺陷，而不是不成熟的孩子每次只能专注于一件事的特征。简而言之，人们相信行为所代表的一切，而它背后的情感和本能反应却被忽略不计。目前，纪律的焦点短视地集中在提供正确的结果，形成成熟的行为模式上。这些方法完全忽略了大的发展图景——纪律是我们在等待成熟的过程中所做的事情。

B.F. 斯金纳提出，拥有好孩子的秘诀是剥夺来自他们自己的认可，而根据他们的服从情况给予认可。好的行为会得到表扬或父母的亲近，而坏的行为则会导致惩罚和分离。当代的纪律教育也采取了类似的方法，通过暂停或分离来暂时收回情感，以使孩子达到良好的行为。简而言之，父母的爱被用作一种塑造行为的工具——当孩子表现好的时候，他们会被邀请亲近，而当他们表现不好的时候，他们会被打发走。一个孩子被要求为爱和认可而努力，进而满足父母的要求，而不能有任何真正休息的机会。这些纪律行为已经成为了一种规范，但它们侵蚀了人际关系，并对幼儿造成了情感上的痛苦。[2]

如果父母要慷慨地邀请孩子在他们的照顾下休息，释放玩耍的能力，并创造有利于孩子成长的条件，那么就需要采取不一样的方法。纪律策略需要利用依恋的力量把孩子带到成年人的轨道上。成年人需要维持秩序，保护年幼的孩子的安全，当孩子冲动、以自我为中心和不为他人着想时，他们会给孩子指导。正如一位家长所说："我过去关注的焦点是'他太粗鲁了'，但现在我看到了'他很沮丧'。""我关注的东西会告诉我下一步要做的事，而关注情绪似乎会为我指明正确的方向。"依恋安全且有利于发展的纪律保护着孩子柔软的心以及他们与成年人之间正确的关系。

表现良好的孩子的 6 个特点[3]

与表现良好的孩子有关的 6 项特质是不能被教导的，而必须是培养的。表现良好的儿童：想做好事，敏感，接受无奈的结果，适当地依恋成人，心怀善意，好脾气。当一个孩子发展出这些特质时，他们变得更容易被照顾，他们的行为和情感反应也更成熟。

如果一个孩子在5~7岁之间，或者对于敏感的孩子来说，7~9岁之间，还没有从学龄前儿童的性格中走出来，并且继续存在行为问题，那么就应该思考他们缺失了这些特征中的哪些，以及为什么会缺失。当这些特征缺失时，就没有足够的纪律来解决由此产生的问题或帮助孩子恢复健康的发展。

孩子们应该想要善待他们所依附的人，并拒绝那些没有与他们产生依恋关系的人的命令。想要做个好人的愿望源于对成年人的深切的认可，这些成年人经常收集孩子的这些信息，并慷慨地邀请他们休息，正如第4部分和第5部分所讨论的那样。年幼的孩子面临的挑战是，他们缺乏自控能力，无法持续地实现自己想成为好人的愿望。

表现良好的孩子还有一个健康的报警系统，当他们面临危险或被告知应远离危险时，这个系统会提醒他们保持警惕。良好的报警系统能使孩子们认真对待自己的行为。为了使警报系统正常工作，孩子必须能感到恐惧，并且不去抵御这种感受。而当这种脆弱的情感被抵御时，健康的报警系统就会失灵，在同伴导向型儿童和阿尔法型儿童身上就是如此。

正如第7部分所讨论的，表现良好的孩子在面对他们无法改变的事情时也会感到徒劳，但他们可以放弃自己的想法，接受他人的决定，并适应生活中的限制。从2~6岁，孩子应该变得越来越适应，因为生活的徒劳是呈现给他们的，并且他们可以用眼泪去缓解。适应过程需要以一种脆弱的方式去感知孩子柔软的心和情感，如果一个孩子的眼泪流不出来，他的情绪防御能力就会下降，那么这个孩子的适应能力就会完全减弱或消失。

表现良好的孩子会适当地依恋于对他们负责的人。这些成年人作为榜样，代表着有助于他们以富有成效的方式融入社会的价值观。如本书第 8 部分所述，父母有责任将孩子带入他们自己所依恋的群体，在那里，成年人分享相似的价值观，以防止孩子脱离围绕父母的轨道。如果一个孩子是同龄人导向的，那么他就不会有想要成为一个好孩子或者跟随那些对他们负责的成年人的愿望。他们的目标是取悦朋友，但这往往会以破坏成人的规则和准则为代价。父母需要恢复与孩子的关系，以影响他们的行为。

表现良好的孩子的 6 个特点

（1）因为那些对他们负责的人，他们想做个好人。
（2）他们能预见到麻烦的来临，因此能适当地采取谨慎的态度（容易被警告）。
（3）当事情遇到困难时，他们会感到徒劳。
（4）他们有适当的依恋关系。
（5）他们有自己的目标和计划（善意的）。
（6）当遇到麻烦的冲动时，他们能够三思而后行（温和的）。

图 10-1 表现良好的孩子的 6 个特点（改编自纽菲尔德课程《没有分裂的纪律》）

　　表现良好的孩子能够通过良好的意图形成自己的目标和议程。本书第 9 部分讨论的对抗意志和第 3 部分讨论的游戏是为这种成长铺平道路的重要本能。当自我意识形成后，孩子应该开始独立行动，对自己的行为负责。个人意愿的发展依赖于满足的依恋关系，这种依恋关系能让人从对关系的渴望中解脱出来。父母可以用孩子自己的意愿来引导他们做出文明的行为。
　　表现良好的孩子也有很好的脾气和自控能力。正如第 2 部分所讨论的那样，行为良好的孩子也会因为大脑前额叶的整合而受到锻炼和自我控制。此时，孩子会在做出反应之前考虑到别人的需求，在情绪面前会三思而行，并把感受和想法混合起来，而耐心、宽恕和毅力的能力将随着自我意识的一致而被释放。小孩子的冲动、自我中心和不顾他人的行为应该变得温和，以帮助他们实现对良好行为的渴望。

孩子表现良好的原因在于，自然发展计划已经按部就班地展开了。大自然有一个关于良好行为的计划，我们需要信任它。正如一位家长所写：

> 从关注行为到关注行为背后的原因，这真是一个彻底的翻转！我很欣赏自然的重要作用，作为父母，我没有责任让孩子长大。然而一开始，我并不知道这一点。我真的认为应该由我来"防患于未然""处理好每一个小问题"。作为一名家长，我太紧张了，因为我真的在教导孩子良好的行为习惯。我不理解成长的自然本性。

对当前纪律实践的批判

目前，最流行的 3 种惩罚方法是利用依恋警报来让孩子改变他们的行为。虽然它们似乎成功地使孩子停止了以某种方式行事，但这往往是通过利用孩子最重要的需求来做到的。因此，以警告、分离和结果为基础的纪律形式会给幼儿造成情感和关系上的痛苦。尽管在处理儿童行为方面也有其他的方法供成人选择，但这些方法已经在要求儿童服从和成熟的压力中消失了。正如一位儿童的看护人所说：

　　我认为这种"结果"思维与父母的直觉是不一致的，以至于他们必须盲从才能坚持到底。他们相信自己在做正确的事情，可事实上，他们被赶出爱和关心孩子的地方——但这不是爱的行为。当这些方法不再奏效时，真正的困难才开始，但那时父母不知道该做什么，他们会感到绝望。

1. 基于警报系统的方法

　　儿童的警报系统是为了让他们在威胁或危险面前保持警惕，包括叫喊、警告、恐吓和最后通牒在内的纪律都需要依赖警报系统来纠正孩子的行为。当危险出现时，父母可能需要使用报警方法，但应适度使用。例如，一位母亲说："我3岁的儿子打算跑到街对面去看他的爸爸，但我追不上他，所以我大喊一声：'站住！'他僵住了，一动不动。我真庆幸他这么做！"

　　警报系统最好的工作状态是在没有过度激活的情况下，如果成年人经常使用报警方法来"直接吓唬孩子"，它可能就会干扰孩子与他们建立牢固的关系，并引发情感防御。孩子应该向父母寻求帮助，而不是从他们面前逃跑。一位父亲说："我儿子撞到了家里的玻璃门，把它撞破了。我听到撞击声就赶快去找他，但他已经躲起来了。当我发现他时，他双手流着血，我问他为什么不来找我帮忙。他说他害怕自己会惹上麻烦。这位父亲显然非常震惊，因为他的儿子处在危险中却没有向他寻求帮助。于是，他开始思考为什么他的儿子不向他寻求安慰，为什么他的儿子越来越害怕他。父母也经常用其他成年人来吓唬孩子，最普遍的是警察、老师或校长。当一个3岁的小孩想取下婴儿车的安全带时，她妈妈说："如果你不系安全带，警察会把你抓走。"当一个成年人成为恐惧的来源时，他们就不再是照顾孩子的角色。

一位母亲向我咨询了她 5 岁女儿的情况，她的女儿表现出惊恐的症状，包括睡眠困难、胃痛和强迫性行为。她说："当我女儿不系安全带时，我丈夫一踩油门，把车开走了。她从座位里弹出来，头撞到了前面的座椅上。那是她最后一次不系安全带，但我担心我的丈夫管教她的方法太激进。"如果一个孩子长时间面对很多的惊吓，就会引发情绪防御，抑制脆弱的报警情绪，从而引发焦虑和躁动。当孩子处于防御状态时，就需要更多的警告来促使他们做出好的行为；换句话说，你需要大喊大叫或者用更严厉的惩罚措施。一位母亲说：

> 我去拜访我的公婆时，我哥哥 3 岁的儿子正把书架上所有的书都拿下来，扔在地板上。我哥哥叫他停下来，但他似乎没有注意到他威胁的声音，继续扔着。我哥哥开始大叫起来，直到他尖叫着，让他停下来。最可悲的是我侄子反应迟缓，犹豫不决，他似乎对此无动于衷。这让我想知道他究竟被这样骂了多少次，这些骂声对他有什么影响。

警报系统的作用是让孩子在危险面前变得谨慎，但当大人过度使用它时，孩子就会对大人是否会照顾他们持怀疑态度，这对敏感的孩子来说尤其如此。因为父母的报警方法可能很快失控，给孩子造成很多的情绪压力，引发情绪防御。

2. 以分离为基础的方法

基于分离的纪律也经常被作为体罚的替代品，但没有考虑其对依恋的影响。基于分离的纪律包括暂停、隔离、假装、威胁要离开孩子、收回爱、沉默对待、回避和严厉的爱。这些措施收回了接触和亲近的邀请，迫使儿童达到成年人对他的期望和要求。依恋是孩子最大的需要。因此，分离的威胁会对孩子产生深远的影响。当父母对孩子亲密接触的邀请取决于孩子的表现时，孩子就会产生一种深深的不安全感。正如一位家长对我说的："当我意识到，一个孩子需要通过好的表现来与看护人保持依恋关系，而他会产生不安全感时，我很受触动。做好事对他们来说不再有乐趣，他们只是努力表现来维持依恋关系的完整。"

那些主张使用基于分离的纪律的人认为，孩子们会在被送走时反思他们的行为。然而，反思的能力只有在 5 向 7 岁转变的时期才会出现。而且，当孩子们被分离时，他们经常被越来越多的沮丧和惊慌的情绪包围，几乎没有空间去想其他的事情。暂停被认为是一种能让孩子平静下来，增强自控力的方法。有些孩子(并非所有孩子)在暂停后表现得很平静，是因为他们的警报系统正在压制他们的情绪，以便使他们能重回与成年人的关系中。当他们的暂停时间结束时，孩子渴望取悦成人并急于表达自己的懊悔，这是因为依恋警报使他们焦虑。

威胁或使用以分离为基础的方法将增加儿童对与成人接触和亲近的追求。他们会做任何事情来弥补与成年人之间的关系，而这是以牺牲他们的尊严和正直为代价的。这的确导致了良好的行为，但孩子或依恋关系为此付出了什么代价呢？一位儿童看护人讲述了一个行为良好但情绪有问题的孩子的故事：

> 奥利维亚很有责任感，也很乐于助人，很有礼貌。在这么小的年纪，她表现得相当成熟。不过，我发现这是一个相当令人难过的情况，因为她很容易受惊，甚至她的微笑都是勉强的，而且她也没有多少好奇心。奥利维亚似乎很固执己见，但她总是重复父母的观点。我不知道她在想什么，她相信什么，她想要什么。当奥利维亚和其他孩子玩的时候，那些孩子通常会受伤，我曾看到她在比赛中把

一个女孩撞倒。奥利维亚身上带着很多的沮丧和悲伤。她经常肚子疼，但没有医生可以发现她的问题。她为自己好的表现付出了高昂的代价——她必须总是表现良好才能与父母保持连接，才能感受到被爱，符合他们的期望。不然，父母可能不会邀请她进入亲密关系吧？这非常可怕。

一天晚上，一位母亲在演讲结束后对我说："我不知道你是否注意到了，但当你谈到孩子需要得到关爱时，我哭了。每当我做错什么事，我妈妈就会告诉我她不想要我了。我很伤心。因为她，我很努力地变得更好。"30年后，作为2个孩子的母亲，她站在我面前，那种心痛是显而易见的。

如何理解那些暂停对他们似乎不起作用的孩子呢？只有当孩子们关心的依恋关系处于危险之中时，基于分离的纪律才会起作用。如果一个孩子不依恋那个使用分离纪律的成年人，分离纪律只会增加挫折和攻击行为的可能性。敏感的孩子会发现分离是非常具有挑衅性的，它会导致行为和分离的爆发（见第7部分）。

基于分离的纪律会干扰孩子休息、玩耍和成长的能力。当儿童专注于如何做一个好孩子以避免他们与所关心的人或事分离时，就没有多少精力去专注于成为自己。

3. 基于结果的方法

利用后果来控制儿童的行为已成为一种常见的纪律手段。人们会使用贴纸、图表或表扬让良好的行为获得特权，不符合期望的行为会被惩罚，孩子们会因此被剥夺特权、活动或心爱的东西。一位家长问："把孩子最喜欢的毛绒玩具带走，让他们吃完所有的食物或者刷牙，这样可以吗？"首先，我们需要问的是，用孩子关心的东西来对付他们，使他们顺从，这样做的代价是什么？

使用消极和积极强化作为一种纪律的方法源于行为/学习理论，它旨在塑造孩子的成熟行为。它不考虑引起麻烦行为的本能或情感根源，也不考虑表现良好的儿童的特征。它利用孩子们所关心的东西为筹码，创造了一种敌对的关系。生活确实会通过结果来教导我们，但这和基于结果的纪律实践是不同的——它们向孩子发出信号，一旦成人需要他们服从，他们对大人的依恋就会被利用。就像一个敏感的4岁小孩对他爸爸说的那样："爸爸，你可以把它从我身边拿走，但是我决定不再去在乎任何东西。"令人惊讶的是，这个年幼的孩子已经能如此清晰地表达自己的防御能力，并在面对分离时，抑制脆弱的情感。如果关心某件事会让孩子受伤，情感防御就会被激起来保护孩子的内心。这些防御使生活变得容易忍受，可孩子们将不再关心任何东西。

如今，家长和教育工作者越来越担心孩子缺乏关爱，这一观点也得到了对同理心研究的支持。"我不在乎""对我来说无所谓""随便"之类的日常语句在我们的孩子和年轻人当中已经很常见。在考虑他们的关心去了哪里时，我们没有反省使用他们所关心的东西来约束他们的纪律方法。一位父亲说："当我的孩子不听话的时候，我就不给他们使用电子设备，这个方法每次都奏效。"一位母亲告诉我："我女儿拒绝接受如厕的训练，为了让她吸取教训，换尿布时我用了最冷的水给她清洗。"另一位父亲说："我儿子不愿坐在餐桌旁，他又喊又叫，所以我告诉他不能和奶奶去郊游。"我们没有把孩子缺乏关爱与我们的一些管教方法联系起来。

利用结果来获得服从的做法是一种快速修复方法，它能立即改变孩子的行为。这种形式的纪律往往满足了成年人的需要，而没有考虑是什么在激发孩子，或怎样能在处理事件的同时仍保持连接。正如一位家长所说："有趣的是，纪律的方法使家长产生一种孩子马上就长大了的错觉，或者至少他们是在控制之中的——难怪这些方法如此吸引人。"另一位家长说，当她意识到纪律的利害关系时，她对其后果的幻想破灭了：

> 我过去常常依靠结果来改变孩子的行为。例如，如果我的儿子不捡起他的玩具，他就不能和我一起进城……我没有意识到自己在用分离的威胁来使我儿子加快速度。在给他讲了"因果关系"之后，他急忙走了过来，但他实在太惊慌了以至于不能清晰地思考，而事实上，他花了更长的时间来完成他的事情。

负责的成年人必须要处理小孩子的不成熟行为，比如孩子用玩具扔别人时，玩具会被拿走；一个孩子在沮丧中爆发时，其他孩子会被转移到安全的地方。使用后果纪律的方法和作为一个负责任的看护人使用后果的方法是有区别的。强加后果是父母为了改变孩子的行为后果而做出的。这是负责任的成年人在面对小孩子冲动、以自我为中心和不顾他人的行为时所做的，这也是我们用来弥补他们不成熟的方法。当后果被用来给孩子教训时，它只是把孩子置于行为的主导地位，而这些行为显然是他们一开始就无法控制的。正如一位母亲所说："长时间使用电脑对我儿子不好。当被要求关掉时，他非常崩溃。但是我没有关注他的表现，而是直接关掉了，我没有给他那么多时间。我知道他不会喜欢，但我准备帮他在眼泪中缓解情绪。"孩子的行为应该让成年人思考，他们的孩子因为不成熟而受到了怎样的限制，他们需要做些什么来避免问题的发生，就像一个非常敏感的男孩的父亲在看到他 6 岁的儿子踢球后所做的那样：

我给我儿子报名参加了足球比赛，因为他非常喜欢足球。但问题是，每当他在球场上感到沮丧时，他就无法控制自己。一天，他的球队输了，另一个孩子意外绊倒了他，我看得出他疯了。他举起胳膊，给另一个孩子套上球服。他还没准备好参加这样的球队。我们必须等到他有更多的控制冲动的能力，因为这对在场的其他孩子来说太危险了。

年幼的孩子不会三思而行，这就是为什么后果无法改变他们接下来的行为。在扔玩具火车之前，他们不会考虑是否应该用语言来代替这种行为。他们被感动而去做事，并对自己内心的强烈情感和本能做出反应。任何后果都无法让孩子明白良好的发展意味着具备控制冲动的能力。此外，我们在幼儿身上看到的最困难的行为通常是情绪激动以及失控的后果。正如一位父亲所说的："我和妻子正在谈论去哪里吃饭，但我们的儿子不停地打断我们。我叫他停下来，并警告他，如果他不保持安静，我们就不出去吃饭。他没有听，所以我把他带到他的房间，告诉他待在那里。最后他把房间里的东西都摔碎了——他爆发了。"当孩子被激怒时，给他们一个后果会火上浇油——挫折感和警惕性的增加。

虽然作为一种养育方式，后果法是有问题的，但它们确实发挥了重要的社会功能。它们加强了成年人的领导地位，并建立了对服从的预期。学校如果没有校长就无法运行。任何组织都需要有人来负责，并为其中的行为设定规则和价值意义。当存在冲突、正义或公平问题时，后果法能使成年人领导儿童。如果成年人在困难的情况下不起领导作用，年轻的孩子将会亲自去做。由于后果可能会在培养牢固的成人—儿童关系方面产生问题，因此，无论何时使用后果法，都应对涉及到的成人一视同仁，并将此作为整体规则的一部分。

依恋安全，有利于发展的纪律

什么是好的纪律？它是负责任的成年人用来处理孩子的不成熟带来的混乱的行动。良好的纪律既保护了孩子与大人的关系，又保护了孩子柔软的心。它在问题出现之前就被制定——成年人事先预测到可能出现的问题，并做好应对的准备。当一个成年人想要了解是什么在刺激孩子，并考虑如何最好地满足他们的情感需求时，好的纪律就产生了。它不是来自于做完美的父母，而是来自于父母的内疚和在这样的内疚下产生的希望改变做法的意图。良好的纪律意味着不让孩子的行为比关系更重要。一位母亲描述了她 5 岁的女儿是如何把这句话传达给她的：

> 我女儿从幼儿园回来，开始和她的洋娃娃玩——她给它们一个暂停时间，并说它们的行为很不好。我问她发生了什么事，她说娃娃们没有听她说话，所以它们不得不暂停。我问她这些娃娃被送走时的感觉如何，她说它们很伤心。我问她从哪里学的使用暂停时间，因为我们在家里没有这样做，她说："学校。"我问她除了暂停时间，我们还可以怎么做？她说："我们只需要再有一个机会，妈妈。"

孩子们真正想要的是成熟，拥有自我控制的能力，使他们的良好意图得以实现。他们也希望在学习内心语言时得到帮助，这样他们就不必通过击打和踢打来表达自己的情感。他们希望有时间来发展一种连贯的自我意识，这样他们就不会感到被强迫，以至于不得不抗拒别人的指导。

如果可能的话，每个孩子都会告诉我们，请紧紧抓住他，不要把他的行为个人化，要爱他，尽管他不成熟。他会告诉我们，他的到来不是让我们的生活变得糟糕的，他只是在真实地对待自己内心的本能和情感。从孩子的角度来看，良好的纪律意味着成年人仍然相信他们，并且知道他们总有一天会做对的。成年人可以做很多事情来把这个信息传达给孩子，但最重要的是，父母在他们生命中最不成熟的时期慷慨地照顾他们。

纽菲尔德的 12 个依恋安全和有利于发展的纪律策略[4]

以下 12 个依恋安全、有利于发展的纪律的策略旨在帮助父母引导和承担幼儿不成熟行为的责任。

它们分为 3 个独立的领域：安全纪律的 5 项基本实践，促进健康发展的 3 项纪律策略，针对不成熟和难以管理的群体的 4 项应急措施。以下是处理兄弟姐妹冲突的特殊指南。

安全纪律的 5 项基本实践

1. 不要试图在事件中取得进展

当问题出现时，它会唤起孩子或成人强烈的情绪，最好不要试图在这一刻取得进展。最好的办法是在关系完好无损的情况下离开，然后再处理这个问题。这可能意味着在处理违规行为时要释放违规信号，例如"手不是用来打人的，牙齿不是用来咬人的，妈妈不是用来骂人的"。然后，你可以把孩子带到其他地方，把注意力集中在一些能传达出想要和他们在一起的愿望的事情上，比如一起吃点零食或读个故事，这样就能消除问题行为。你也可以让孩子知道，你稍后会和他们谈论所发生的事情，并设定一个时间来处理这件事。当孩子最激动的时候，重点应该放在保持这种关系上，因为这可以让父母在孩子情绪低落时处理好他们之间的关系。

成年人在处理困难情况时面临的最大挑战之一是不伤害关系，在他能够很好地与孩子一起处理问题之前，不要和他们打交道。许多父母觉得必须正视问题，而不是拉近与孩子的距离，害怕后者会以某种方式奖励孩子，或者让孩子侥幸逃脱。释放违规信号表示事情不太好，和他们交谈能确保问题得到解决。害怕孩子会侥幸逃脱是一种行为/学习方法的观念，在这种方法中，孩子需要被教导以表现得成熟，而不是通过健康的发展变得成熟。

处理事件的准则

与其努力取得进展，不如以不伤害他人为目标

（1）简单地处理违规（如有必要）。
（2）解决有问题的行为。
（3）试图改变或控制局面（不是孩子）。
（4）设定一个日期来汇报或解决问题。
（5）尽早退出。

图 10-2 处理事件的准则（改编自纽菲尔德课程《没有分裂的纪律》）

一位母亲解释了她是如何将处理事件的准则付诸实践的：

我告诉 3 岁的女儿不能再吃饼干了，然后，她故意把牛奶洒在地板上。我非常生气，我告诉她把它清理干净，她尖叫道："不！"我恼怒极了，说："你会收拾干净的！"她冲我喊道："不！"我感觉到我的挫败感升级到我想用打翻的牛奶抹她的鼻子。我被自己的强烈反应吓坏了，所以我说："大家都离开厨房。现在先不管这些，你以后会把牛奶洗干净的。我们离开。"我走出门，我的孩子们跟着我。最后我进了她的房间，我开始给他们读书。我的孩子们走过来坐在我的腿上，当我阅读时，我感觉到他们身体的温暖，这让我想起我是多么喜欢拥抱他们。当我的挫败感减轻时，我可以更好地和女儿沟通，告诉她我们需要回到厨房，我们一起清理牛奶。她欣然同意。

2. 在处理事件前利用依恋本能

年幼的孩子一次只与一件事或一个人接触，所以他们的依恋本能并不总是针对对他们负责的成年人。在告诉孩子该做什么之前，要先收集孩子的信息，这有助于让成年人树立起领导孩子的榜样，并利用孩子的信息的动机让他们变得更好。如第 4 部分所述，收集需要以友好的方式吸引他们的注意力。在任何分离之后，收集孩子都是很重要的，比如睡觉，去幼儿园，或者自己玩。幼儿园的老师利用地毯活动时间来收集幼儿的信息，以确定谁的注意力在跟随老师，谁需要一些特别的关注，以便他能更好地参与活动。

在给孩子指导之前先去收集他们的信息似乎很简单，但在匆忙的家庭生活中很容易被忽略。当小孩子被叫却不来的时候，父母会感到沮丧，比如在晚饭时间，早上离开的时间，或者是需要就寝的时间。在指导孩子之前，尤其是在需要合作的情况下，先收集孩子的信息是一种有效的方式，可以避免当孩子感到被强迫，暂时不依恋大人时的沮丧和抗拒。

当我和孩子们在一个室内游乐园时，一个朋友问我如何让她的孩子离开。她 3 岁的儿子玩得正很开心，穿梭在隧道、游戏网和滑梯里。我建议她先去找她的儿子，收集他，然后再告诉他该走了。她不相信地看着我说："真的吗？这是你最好的办法了？"我让她试一试，她就走向游戏网和梯子那边。她走了 5 分钟，直到我看到她从一个滑梯里跳出来，她的儿子跟在她后面。他抬头看着她，很好地领会了她的暗示。她带他去拿他的夹克和鞋子，没说一声再见就走了出去。她后来告诉我，离开公园和其他活动变得容易多了，因为她先收集了儿子的信息。

3. 培养和保护孩子对你的良好意图

许多流行的纪律实践传达了对孩子意图的不信任，以及孩子们不具备对成人有益的信念。惩罚是为了改变孩子的想法，并掩盖他们的良好意图，而不是考虑他们的情绪和冲动是如何战胜他们，并掩盖他们的良好意图。如果孩子看到父母相信他们是想做正确的事情，尽管犯了错误——这不仅会保护他们的关系，还会让孩子保持朝着正确方向努力的意愿。这传达了对孩子的信心：他们可以做正确的事情，他们会被爱，尽管有错误。在这个过程中每个人的尊严都得到了保护。正如一位家长所说："当我第一次注意到我的孩子想要对我好，那感觉就像一个奇迹。"纪律变得简单和容易。

4. 知道自己的极限，并在极限范围内工作

处理小孩子行为时，你要知道什么时候自己已经到了极限。虽然很少有人会关心你如何缓解你强烈的情绪反应，但当父母失去了对自己复杂的情感的掌控，沮丧就不会因为关心而得到缓和，随之而来的会是更少的耐心和自我控制。当这种情况发生时，父母面临的挑战是找到一种不伤害孩子的方法。一位家长问我：

"我知道温暖和依恋对孩子很重要，但有时我真的无法这么做。我很生气，很沮丧，很累，已经受够了。我该怎么办？"我回答说，在我们最不愿意与孩子接触的时候照顾他们，意味着你已经到了极限，在那一刻你要避免积极地处理孩子的问题。这是一种照顾自己的方法，也是避免说或做出伤害孩子的事以及造成更多隔阂的方法。

家长们经常问："如果我需要暂停一下，这样我就不会把不好的情绪发泄在孩子身上，那我应该怎么做呢？"问题的关键是找到一种方法，在不向孩子传达父母太难以处理问题的情况下，休息一下。告诉孩子你要离开他们只会激起他们的沮丧和惊慌，然而，告诉他们你要洗衣服，上厕所，泡杯茶，或者你马上就会回来，这样的做法将不会向孩子传达他们让你困扰，你已经失去了与他们联系的欲望的信息。当你处于极限时，负责任的事情是认识到它，保护孩子不受它的影响，并找到一种方法再次成为他们需要的那种父母。

5. "桥"永远不会分开

"架桥"是一种依恋仪式，它有助于传达这样一个信息：当暴风雨来临时，必须采取行动，但亲密关系依然存在。例如，当孩子大叫或抽打他人时，父母不能原谅孩子的这些行为，但他们仍可以传达这样一种信息，即尽管孩子违反了父母的规定，但父母依然会邀请他们建立联系。换句话说，父母可以在行为上很坚定，但在关系上很宽容。例如，乔治的妈妈让他离开公园，他很不高兴。他哀求着，哀号着，走过去打了她。她紧紧抓住这段关系不放，说："妈妈不是给你打的。我知道你很沮丧，想留下来。"当他尖叫时，她说："我知道你很难过。"然后开始慢慢地带他走向他们的车。当她把他抱上车时，她说："我期待着回家后和你一起玩火车。"他冲她尖叫："我不想和你玩。"她回答："我知道你对离开公园很不高兴。我们待会儿再玩。"

为问题行为"架桥"的做法也向孩子传达了这样一个信息：他们没有什么问题——对父母来说，他们不刻薄、不很坏、不很令人沮丧、也不很让人崩溃。孩子的缺点不会成为羞耻或断绝关系的根源，他们的缺点并没有使他们失去父母对他们的信任，因为他们本来就很可爱。"架桥"也是一种有效的方式，可以确保孩子不会觉得自己太过依赖父母。当他们看到父母仍然想要和他们在一起时，就会产生一种信念，认为这种关系足够强大，能够承受他们的表现。它带来了孩子对父母的信任，引导孩子走出困境，并走向文明的关系。

敏感的孩子在面对问题行为时更容易产生强烈的情绪反应。给他们空间，同时传达帮助他们的愿望会很有帮助，也会减少他们不安的程度。对事件的总结最好是在给事情留出解决时间之后，对于重大事件甚至需要留下 24 小时。乔治的母亲后来本可以承认，他离开公园很沮丧，似乎在那里玩得很开心。她也可以向他征求一些善意，让他知道她希望他下次怎么离开公园。

促进健康发展的 3 大纪律策略

1. 征求善意

征求善意是一种纪律策略，旨在让孩子和成人站在一起，引导他们以某种方式行事。这是对后果教育法的很好的替代方式，而后果教育法的重点是在行为发生后将其消灭。在问题出现之前就征求孩子的意愿，并在孩子最渴望取悦成人的时候寻求他们的合作。正如一位家长所说："每当我带孩子们去郊游时，我总是邀请他们善意地靠近我，握住我的手。"我记得有一次我没有这么做，他们在科学中心的大厅里大发雷霆，大声喊"不"。当我们去郊游之前，我从来没有忘记提醒他们规则，并得到他们的同意，这就像魔法一样有效。

如果 2 到 3 岁的成年人和儿童之间有足够强的关系，那么邀请儿童的善意应该是有效的。孩子必须通过归属感和忠诚度来依恋成人才能使这个策略发挥作用。如果一个孩子没有依恋，这种策略可能会使他们想做与要求相反的事情，这是由于他们的逆反心理在作祟。为了利用他们的善意，父母首先需要能够收集孩子的信息。例如，一位母亲解释说：

> 我的孩子们一开始叫他们的祖母"腿短的祖母"，把她和他们的另一个祖母区分开。当她听到这个名字时，她很不高兴，说她不想被人提到她的身高。我让我的孩子们换个名字，他们说："拇指坏的祖母。"我告诉他们，不能用有缺陷的身体部位命名，所以他们说："棕色头发的祖母。"当他们的祖母来探望我时，我邀请他们善意地去称呼祖母。他们说他们会努力的。当她来的时候，他们那样做了，他们的祖母对改后的名字很满意。

邀请善意是一种强有力的纪律策略，帮助孩子认识到他们最终要指导他们自己的行为。这有助于孩子掌握自己的生活方向盘，并看到他们可以做出选择。当然，小孩子的冲动和情绪有时会战胜他们的良好意图。出于这个原因，重要的是要肯定他们的意图——"你真的在努力倾听"——而不是专注于他们是否成功地实现了它。

2. 产生复杂的感情

正如本书第 2 部分所讨论的那样，小孩子不能把感情和思想混合起来，因此会导致冲动、以自我为中心和轻率的行为。如果发展良好，孩子可能会在 4 到 5 岁之间开始表现出混合思想和情感的能力，从而形成一个强大的纪律策略。父母可以试着把这种混合运用到任务之外与孩子讨论的时刻。例如，一位家长和拒绝刷牙的女儿一起度过了许多艰难的夜晚。当这位母亲避开战斗，找到减少抵抗的方法时，她开始让她的女儿对照顾她的牙齿感到喜忧参半。临睡前聊天时，母亲说："有些小孩儿不喜欢刷牙。"5 岁的萨曼莎说："我不喜欢。牙膏很恶心。"妈妈说她能理解，"但我敢打赌，你也不想让糖虫蛀牙"。她的女儿很安静，于是母亲开始谈别的事情。几天后，萨曼莎大喊着她不想刷牙，所以她妈妈答应马上来帮她刷。当她到达时，萨曼莎正在用牙刷疯狂地刷牙。妈妈很惊讶，问道："你不想刷牙，为什么还要刷呢？"萨曼莎嘴里冒着泡，喊道："因为我不想蛀牙！"当孩子开始经历内部冲突时，随之而来的将是一种全新的成熟行为。

在事件发生后，让孩子离事件足够远，这样他们就不会被强烈的情绪所左右，这是很有帮助的。提出"调和元素"的目的是让孩子置身于矛盾的感觉和想法之间，从而最终将它们融合在一起。

一位父亲转述了女儿和儿子打架后，他与女儿一起回顾事件时的对话：

父亲："你弟弟今天在你脸上抓了一大把。我知道你对他很失望，可你觉得他为什么对你也这么失望？"

凯蒂："我告诉他我不想和他玩火车，所以他抓了我。"

　　父亲："他喜欢他的火车，他一定很沮丧。你也受伤了。有时候有个小弟弟是件很难的事，不是吗？"

　　凯蒂："是的，我弟弟有时很刻薄。"

　　父亲："那你还喜欢和他一起玩吗？你为自己说的话感到后悔吗？"

　　凯蒂："是的，我仍然喜欢和他一起玩，我也很抱歉。"

　　当帮助孩子把复杂的情感表达出来的时候，你可以收集孩子的信息，并将自己放在有影响力的位置。孩子对某一事件的记忆可以把他带回当时的经历，并在他们的思想和情感之间制造内在的冲突。父母越将孩子的思想和情感正常化并为孩子的内心冲突腾出空间，孩子就会在越多的经历中用这种方法来缓和自己的强烈情绪。在事件之外讨论将会转化为更好的自我控制。

3. 收集徒劳的眼泪

　　有些时候，一个年幼的孩子面临着一些他们无法改变的事情，比如不能熬夜，不能再吃一块饼干，或者不得不分享玩具。正如第7部分所讨论的，父母可以简单地说"不"，提供安慰，收集徒劳的眼泪，而不是强加后果、实施制裁或警告孩子。有时候，最好的自律策略就是呈现那些行不通的，不起作用的，不奏效的东西。

　　当一个孩子变得更加任性时，他们遭遇徒劳无益和收集眼泪的需要可能会增加。例如，一位母亲讲述了她两岁孩子的故事：

　　　　我们在海滩上，我给女儿戴了一顶太阳帽，但她不顾一切地把帽子取下来。我把帽子戴在她头上说："不，我们需要戴帽子。"她看着我，又把它扯了下来。我说"不"，然后把它戴回了她的头上。这样持续了大约 20 分钟，她又哭又叫。我对她很有耐心，告诉她我理解她的沮丧，但我觉得这是她为一顶需要戴上的帽子流泪的好时机。

孩子遇到的徒劳无功的小插曲将会为解决未来更大的问题打下基础。

为不成熟的人准备的 4 项应急措施

1. 当孩子遇到麻烦时，要对他负责

当孩子不断地陷入麻烦时，最好的管教策略是让他们处于成年人的监视之下，成年人有责任指导他们与别人的交往，并在问题出现之前处理好他们的行为。例如，把一个充满攻击性的孩子和其他孩子放在沙盘周围只会让人受伤。如果成年人知道可能会有打斗，那么就需要监督来帮助孩子们轮流分享。

如果一个孩子不小心，表现出一些恐惧，这时只有成人的监督才能帮助他们远离伤害。如果他们总是和兄弟姐妹或其他孩子打架，那么他们就不能被单独留下。成年人需要补偿孩子，尤其是那些容易情绪激动和挣扎的孩子。如果一个孩子的存在会让周围的环境不可预测，那么一个成年人则需要负责保护人们的安全，保护孩子的尊严。

2. 使用结构和常规来处理混乱的行为

年幼的孩子容易产生逆反心理，因此，在他们最容易产生抵触情绪的时候，比如面对就寝时间、吃饭时间和卫生任务时，结构和常规可以帮助组织他们的活动。当孩子适应结构和常规时，就不需要那么多的要求和命令来确保他们遵守。结构和日常安排

也能帮助孩子确定方向，预测每天会发生什么，让过渡变得更容易，也不那么令人沮丧。

3. 改变控制孩子的环境

成年人无法控制一个不能自控的孩子，尽管许多成年人仍然愿意去尝试。当一个孩子真的被激怒了，为了改变他们的行为，最好的方法是改变他所处的环境。例如，改变面对的风景，转移孩子的注意力，去户外或玩他们喜欢的东西。一位父亲说："每当我敏感的儿子累了或脾气暴躁的时候，他就会失控。而他对我发脾气的时候，我就设法找些不同的事情做。比如说，看一本烹调书来决定要吃什么甜点，放一些音乐，在电脑上看一个关于动物的滑稽录像，或者干脆把他带到外面去。"

4. 为不成熟编写脚本

年幼的孩子不能很好地理解上下文，所以他们常常不知道在某些情况下如何恰当地表现自己。成年人可以为孩子的行为编写脚本，包括一步步地指导他们如何行动。有许多类型的互动和行为可以用来编写脚本，包括礼貌和处理同伴冲突。例如，一个4岁和2岁孩子的母亲说：

> 我的孩子们去拜访我的公婆，当他们回来时，我婆婆说他们对她的狗很刻薄。我的孩子从来没有和狗在一起过，所以他们不知道该怎么对待狗。我告诉他们，他们那样做，狗会害怕，他们需要用不一样的方式对待它。我问他们，他们觉得怎样做才能更好。我的大儿子说："我们不会在它身上贴标签。我们不会用马克笔给它上色。我们不会骑它。"当我同意这些都是好主意后，我就给他们买了一个

毛绒动物玩具，教他们如何爱抚和温柔地对待狗。下次他们再去拜访时，情况好多了。

处理兄弟姐妹之间冲突的特别指南

当兄弟姐妹或年幼的孩子打架时，成年人需要承担起恢复秩序的责任。在处理兄弟姐妹之间的冲突时，有几个原则要牢记：

*在引导互动中起主导作用。*不应该让小孩子自己去解决他们自己的冲突。考虑到他们缺乏思考问题的能力，也无法同时考虑事情的正反两面，他们不太可能拿出一个公平或文明的解决方案来解决争执。成年人需要与他人沟通，让他们知道自己是负责人，并决定如何走出僵局。

*不要扮演法官和陪审团的角色。*当一个成年人担任法官和陪审团的角色，对兄弟姐妹之间的冲突做出裁决时，如果成年人不站在他们一边，年幼的孩子会认为这是对关系的破坏。此外，如果父母没有目睹冲突，他们就必须依靠不完整的信息和缺乏对上下文理解的观点，从而做出不公平的判断。

*陪伴每个孩子的经历。*虽然成年人无法认同孩子们对彼此的反应，但他们可以理解孩子们的感受："我看到你很难过，你的妹妹不想和你玩。""我看到你很难过，你的弟弟一直跟着你，想和你玩。"陪伴每个孩子的感受将有助于保持这种关系，并传达出有人在掌控一切的信息。当家长觉得时机合适的时候，他可以私下里单独和每个孩子谈，也可以在双方意见相左的时候谈。

*不要要求别人说"对不起"，除非对方是真心诚意的。*不要要求孩子们互相说"对不起"，而是要求他们在心里感到抱歉时再道

歉。孩子可能需要一个提示："如果你有这种感觉，现在可能是说对不起的好时机。"如果把他们的歉意从悔恨中抽离出来，这将会弊大于利。

当冲突长期且普遍存在时，要寻找潜在的原因。当一个小孩子充满攻击性的能量时，思考他为什么会经历这么多挫折是很重要的。有时，他们经历了太多的分离，他们的沮丧情绪被释放在最可能的对象——兄弟姐妹身上。有时，孩子会失去看护人对他们的关爱，因此他们充满了警惕或攻击的能量。恢复脆弱的感情将减少兄弟姐妹之间的冲突。

当大人管教小孩时，最需要牢记的是，小孩比他们所做的更懂事。他们渴望为他们所依恋的人做好事，但是他们的不成熟却阻碍了他们。人为制定的纪律，利用依恋警报来改变他们的行为，会招致灾难——它侵蚀了促进孩子成长和成熟所需的条件。我们不能领导一个我们不拥有他的爱的孩子。好的纪律能保持孩子与成年人的良好关系，也能使他们的心灵保持柔软。

孩子是怎样帮助大人成长的

告诉我你爱谁，
我就会知道你是谁。

——阿尔塞纳·侯赛耶[1]

安娜彻底崩溃了，她向周围的人恳求道："你还能为我做些什么吗？"她生命的这 10 个小时充满了痛苦，充满了期待，充满了自我怀疑。

午夜时分，她知道是时候了。当她的丈夫开始计算宫缩时，她告诉他，他需要按照她的行李清单来打包东西。葛雷格一边数着时间，一边分一些注意力在手表和安娜身上。他读着她写的文字："带轻松舒适的衣服。"为了把事情做好，他肩负着巨大的责任，于是他拿起裤子和上衣征求安娜的意见。他听到安娜的尖叫声："你是认真的吗？你觉得我这样很放松吗？"就这样，在清晨，安娜和格雷格开始了他们为人父母的旅程——不确定、坚定、兴奋、不知所措，急切地等待着他们已经开始爱的孩子。

太阳升起的时候，安娜的妈妈和她的导乐来送他们去医院。安娜经过 7 个小时的阵痛，每次宫缩间隔一分半钟，她在去坐车的路上历经了 10 个小时。她记得人们不肯让路时，她感到很愤怒。"我在看表——6:52——这些人要去上班了吗？整个世界都是正常的，平时的每一天一样？他们难道看不出我要生了吗？我想像《公主新娘》中的菲兹克一样咆哮——所有人都让开——然后去医院"。

在医院里，她恳求减轻疼痛，于是医生让她吸了氧。她变得如此依恋这种气体，它成了她呼吸的仪式。在葛雷格的帮助下，她不得不做了几次深呼吸。两个半小时后，她被告知生产没有进展。接着，她陷入无休止的痛苦和愤怒之中。自从分娩开始以来，安娜第一次感到挫败，好像她无法控制一切——"这一切就发生在我身上"。

安娜清楚地记得事情开始改变的那一刻，她的导乐直视着她说："你正在做这件事。"安娜说："不管出于什么原因，它让我觉得我能做这件事，我正在做我需要做的一切。"压力几乎立刻就转移了。在剧烈的疼痛中，安娜感觉自己又像一个积极参与分娩的人，就像"我的身体做出了回应，它开始以更直觉的方式做事，反应也更少了"。事后她说，最困难的事情是要做一个"成熟的人，不要惊慌，要意识到你挣扎得越多，你就越困难。我需要在一个地方释放自己和痛苦，以便找到我的出路"。在接下来的两个小时里，安娜每一次呼吸都集中在这几句话上。她开始和儿子说话，一遍又一遍地对他说："我邀请你，我邀请你，我邀请你。"她的儿子马修就是在这种慷慨的邀请下来到这个世界上的。

当我听安娜的故事时，我被感动了，我开始思考养育孩子带来的一切——这是改变生活和改变人生的体验。有痛苦、劳累、恼怒、挫折、担心、苦恼、失败、垮塌，还有似乎看不到结束的希望。但在这个过程也有深层的本能和情感被点燃，它推动并引导父母发现他们就是孩子所要的答案。不管我们怎样拥有了我们的孩子——通过收养、剖腹产、代孕或顺产——这些本能和情感的激活就是孩子们让他们的父母成长的方式。我们可能不想要成长的经历，不成熟的历程，或关注不成熟，但这就是抚养孩子的过程。当我们开始承担起照顾他们的责任时，我们就成为父母。为人父母不仅仅是我们为孩子做的一连串的事情，为人父母是我们在孩子面前是谁，以及我们因为爱他们而成为什么样的人。

为人父母所带来的情感

父母也有很多的感情。有时我们不期待，不想要发生的事情，或让我们感到麻烦的事情，还是会发生。令人沮丧的是，有时我们甚至会发现，我们也会发脾气，像孩子一样陷入抗拒。抚养孩子代表着情感成熟的一个独特机会，如果没有一些成长的痛苦，它是不会发生的。孩子们能把我们甚至不知道自己在挣扎的情绪从我们身上抽离出来，它们就像一面镜子，折射出我们的不成熟，暴露出我们最脆弱的地方，让我们重新认识自己。我们喜欢我们所看到的吗？当我们看到自己的孩子受伤、困惑或害怕时，我们会被自己的形象所困扰吗？许多父母会问，是否有一种方法可以消除那些淹没、压倒和倾覆在孩子身上的情绪。答案是否定的，但这并不意味着我们不能对自己的情绪反应负责。

　　情感成熟并不意味着父母不再被他们对孩子的感情所激发，情感成熟是我们接受并为孩子们在我们身上培养的情感腾出空间。作为父母，我们可以形成如何处理自己内心想法和感情的意图。这样做，我们很可能会发现，一个小孩子的不成熟反应会促使我们在反应中变得更加温和。例如，父母通过关心孩子控制自己的挫折感，通过渴望将恐惧变为勇气。也许我们能渴望的最大的美德是成为一个有教养的人。没有任何一种力量能像小孩子那样考验我们的极限。照顾他们需要自我控制、耐心、体谅、勇气、宽恕和牺牲——这是第 2 部分讨论的成熟气质的 6 种美德。这是生活中的一个悖论，当我们让我们的孩子长大时，他们使我们的内心产生了同样的变化。父母和孩子同步成长，如果不是美丽的，则是具有讽刺意味的。为了确保这种成长发生，我们不能让我们对孩子的爱变得冷淡。我们需要足够的接触和亲密，这样我们才能履行父母的职责。我们不能把——成为孩子的答案——这件事情丢给别人。

　　当父母对自己的情感负责时，他们应该设法保持与孩子的关系，保护孩子的心不受伤害。他们会开始发现，在孩子身上最难对付的情绪，正是他们自己没有被抒发的那些情绪。有时候，是挫折和愤怒让父母抓狂。当面对生活的徒劳时，父母会努力寻找自己的眼泪吗？如果父母不能容忍孩子不断的需要或依赖，那么他们作为一个阿尔法父母并承担对另一个人的责任时，是否会与脆弱的情绪做斗争？

当我们无法接受孩子的情绪时，解决的方法不是迷失在自我专注中，而是回到作为父母的角色。正是我们对孩子的爱，推动我们懂得面对孩子时要如何处理自己的情绪。为人父母的成长边界在于我们处于如何对待孩子和我们真正想要如何照顾孩子之间的冲突中。父母在情感上的越来越成熟不是无缘无故产生的，而是渴望成为孩子需要的结果。正是我们对孩子的爱有力量使我们变得更好。这需要勇气来审视我们的行为方式和我们想成为什么样的人之间的距离，接受即将到来的内疚，并让它引导我们朝着正确的方向前进。具有讽刺意味的是，我们的情感越成熟，我们就越容易发现自己的不足之处。

有时候，我们需要把自己从积极的父母责任中抽离出来，让自己休息一下，整理一下思绪和感受。这样做，我们并不想向孩子传达我们无法控制他们，他们让我们太累了，或者我们的感觉已经控制了我们的信息。只有当我们的挫折感能被我们不伤害他人的愿望缓和时，我们才需要继续前进。有时我们也需要修复与孩子的关系，因为我们的情绪会在孩子身上爆发。当我们给他们一个有尊严的道歉，我们不需要问他们是否原谅我们，我们不应该要求他们放弃他们的不安，直到他们真的准备好了。

我们该如何对待内疚感

我们不能逃避内疚感——在为人父母的过程中，这一领域应该被好好探索。在承担起抚养孩子的责任并照顾他们之后，你会感到内疚。这种感觉会发生在我们身上，有时是突然发生的，当不好的事情发生了，或者什么东西不起作用了，或者当我们没有为他们提供足够的帮助时。有时候，内疚隐藏在意识之下，而我们试图通过引导能量去控制其他事情来赶走它。我们的内疚感会驱使我们过度表现，变得过于谨慎，或者过度关心孩子及其行为。我们的忙碌为我们提供了盾牌和暂时的解脱，使我们不必直面内疚感。

当我们考虑到自己的不完美和不足时，内疚感会让我们无法忍受。然而，内疚的感觉是为了让父母知道他们可以改变什么，他们可以在什么地方做出改变，并帮助他们形成改变的意图。然而，有些时候，对内疚的唯一回答就是眼泪。悲伤让我们从后悔的事情中得到了休息，让我们从失败中得到了安慰，让我们从无力改变孩子的世界中得到了解脱。正是通过言语来表达我们的内疚感，才使我们的眼泪得以释放，正是眼泪让我们暂时摆脱了我们作为父母不足够好的痛苦感受。

我们的孩子没有责任承担父母的内疚，也没有责任听到我们的悲伤和谦卑。他们没有义务去倾听我们未经加工的感受，或我们作为他们的父母的感受。当我们对自己正在做的事情感到不确定或迷茫时，孩子们不应该看到。我们的内心冲突和困惑应该被隐藏起来，这样他们就不会觉得我们不能照顾他们。这不是说当我们陷入困境时不能向其他成年人寻求帮助，这意味着我们要向孩子们传达我们要对自己的感受和行为负责。

内疚是为了帮助父母每天起床时，下定决心成为孩子需要的答案，并以照顾他们为目标。它的存在正是我们内心深处渴望成为孩子最佳选择的表达。

成为我们孩子需要的答案

为人父母的动力来自于承担责任，成为孩子的答案。这意味着，我们寻求成为它们渴望接触、亲近、归属、爱和了解的答案。它意味着在引导他们的过程中找到正确的位置，成为他们的指南针、安慰者、向导、老师、保护者、代理人和大本营。对待一个孩子，最核心的答案是确保他们能感受到我们的邀请，无论在何种情况下，无论在何种行为方式下，都能和我们在一起。孩子们不应该为了被爱而表演，他们应该被爱，不管他们表现如何。

如果抚养孩子有一件事是最重要的，那就是努力成为慈爱的父母。这要求我们不要把孩子是否符合我们的价值观作为建立关系的条件，它意味着，当他们无法取悦我们或不能满足我们的期望时，我们仍然会表达亲近的愿望。做一个慈爱的父母意味着无条件地爱一个孩子——这就是我们如何成为他们可以休息的港湾，让他们可以玩耍和成长。

我还记得，当我5岁时，我被无条件地邀请和祖父生活在一起，那种感觉是多么美妙！在他的花园里，为了让他高兴，我努力从他种的植物中摘下所有的花和小蔬菜。我将衬衫的末端折起来，做了一个临时的"桶"，把那些宝贝放在里面送给他。他在和我的父母说着话，我走过去打断了他们，骄傲地向他展示我衬衫里的东西。我惊讶地看到他脸上现出惊恐的神情，他操着一口纯正的伦敦腔叫道："哎呀！她把这里摘得干干净净！她什么都摘了——我好几个星期都不用吃蔬菜了！"我不明白自己做了什么，但我知道肯定错的。我渴望得到的欢乐、温暖和邀请被失望和不安所取代。我开始后退，想找个地方躲进痛苦中。然后我听到他笑了。这不只是简单的笑声，而是一种大声的、深沉的、带着鼻音的笑声。他走到我身边，把我搂在怀里，告诉我一切都好——我们都很好。我看到他眼里的光又回来了，我的心又开始慢慢地跳动起来。我发誓以后在没有征得他同意的情况下绝不摘他的菜。那时候，他向我传达了没有任何东西可以把我和他的爱分开的信息。

我们不能通过书本、别人的咒语或指导成为孩子需要的答案，这必须从我们内心的阿尔法本能和脆弱的情感中诞生。这既是一种责任，也是一种关怀。当我们指望外部世界引导我们成为父母时，我们没有听从自己的内心。当我们相信成为孩子最佳选择需要指导时，当我们缺乏答案而不是觉得自己就是孩子的答案时，我们会感到羞愧。当我们不运用我们的洞察力和直觉去理解一个孩子的时候，我们就会相信别人的答案比我们自己的好。

当我们努力成为一个孩子的最佳选择时，也许他们也是我们的最佳选择。他们的不成熟唤起了我们的成熟。他们对关系的强烈需求迫使我们与他人交流，帮助他们成长。他们每天都在提醒我们，作为人类的我们所展现的神秘，所创建的辉煌和一切的源头。有人说，大自然把这样不成熟的生命交给我们是疯狂的，但我却认为她是明智的。作为成年人，我们面临着衰老和分离，但在抚养孩子的过程中，我们不得不回顾我们最初的生活。大自然把我们生命周期的起点与终点连在一起，旧的与新的连接在一起，结束与开始融合在一起，对立的交织在一起，自相矛盾却又天衣无缝、无穷无尽，这些无形的关系把我们紧紧地联系在一起——人类的生命周期一代又一代地展开。

休息、玩耍、成长意味着什么？

提供休息是父母能做的最重要的贡献，可以帮助一个年幼的孩子发挥他全部的人类潜力。父母必须为爱和照顾孩子而努力，这样孩子就不必那么做。父母需要承担责任，向孩子传达他们是孩子所渴望的关系的答案。他们需要提供和保护让孩子玩耍、茁壮成长和健康幸福的环境，他们需要相信自己是一个足够好的父母，尽管还会有内疚感、缺点和不足。

当我们让一个孩子在我们的照顾下休息时，他们可以自由地成长为只有我们的爱才能使他们成为的人。作为回报，我们变成了父母，也只有我们对孩子的爱才能使我们成为那样的父母。我们需要承担必要的牺牲，忍受耐心和忠诚的考验，容忍自己在试图成为他们的答案后出现的缺憾，并有勇气相信我们是他们的最佳选择。为人父母从来都不是为了追求完美，而是为了让我们的孩子从为爱而工作中解放出来，让他们把我们对关系的邀请视为理所当然。

当我们看着孩子成为自己，掌握自己生活中的方向盘时，父母的目标应该是退为一个顾问的角色。当我们面对晚年时，我们可以欣慰地知道我们是他们需要的那种园丁。我长大后，有一天早上父亲告诉我，他醒来时，有一种感激之情涌上心头，因为他活了这么长时间，认识了他的祖父母，也认识了他的孙子孙女。他让我想到，我们不仅要像孩子一样在照顾别人的过程中得到休息，我们也要像成年人一样在照顾别人的过程中得到休息。

儿童时期是神奇的，但它正面临着失去这个时期的美丽和纯真的危险——孩子们相信的魔法，他们的正直，以及情感和思想的纯洁。幼儿时期是一个充满冲动和以自我为中心行为的特殊时期，它将带来快乐和挫折。年幼的孩子有权面对他们的不成熟，我们的精力将花在考虑如何让他们保持他们这种幼稚，同时保证他们的安全，让他们玩耍，提供限制，以及培养他们成长的关系花园上。

在写作《优秀的孩子这样长大》的过程中，我问我的孩子，她们是否觉得她们很特别，而且她们的父亲和我都爱她们？我的孩子们的答案从她们还是小孩子的时候就已经改变了，特别是当她们进入青春期之后，她们没有告诉我"她们不知道为什么她们被爱和特别"，而是告诉我："因为我是你的，因为我就是我。"她们用寥寥数语抓住了休息、玩耍、成长的真谛——因为我和你们在一起，我可以自由地成长为自己。我的孩子们每天都在提醒我，尽管我们出生时是不成熟的状态，但我们会在某个时刻展现出完整的人性。

关于戈登·纽菲尔德博士

作为纽菲尔德学院的创始人，戈登·纽菲尔德博士是温哥华的一位发展心理学家，他在儿童和青少年以及他们的看护者方面有着 40 年的工作经验。纽菲尔德博士也是研究儿童发展方面最重要的权威人士之一，发展范式的主要阐释者，国际演说家，畅销书《每个孩子都需要被看见》的作者。纽菲尔德博士因指导复杂的教育问题和为教育变革打开大门而享有盛誉。他以前从事大学教学和个人实践工作，现在通过纽菲尔德学院他致力于教育和培训他人，其中包括教育工作者和专业人士。纽菲尔德博士为父母、老师和专业人士开发了一系列课程，他也经常出现在广播和电视中。另外，值得一提的是，纽菲尔德博士还是 5 个孩子的父亲和 6 个孩子的祖父。

纽菲尔德材料

《优秀的孩子这样长大》中的理论材料和图像均是在戈登·纽菲尔德博士的慷慨许可下，从以下课程和讲座中选取或改编的。

课程

- 纽菲尔德加强 I： 理解儿童
- 纽菲尔德加强 II： 分离情结
- 理解学龄前儿童
- 理解玩耍
- 依恋迷宫
- 阿尔法儿童
- 心灵很重要： 情感的科学
- 理解攻击性
- 理解焦虑
- 理解注意力问题
- 理解反抗过程
- 没有分裂的纪律
- 强大的我：理解孩子

演讲

- 《那我呢？对长大成人的思考》戈登·纽菲尔德主题演讲；2013 年纽菲尔德年会致辞，温哥华，BC

致谢

　　我根据戈登·纽菲尔德博士的理论著作，写了一本关于儿童的书，这既令人敬畏，又令人满足。当我努力洞察年幼的孩子时，我全身心地投入到写作、出版、讲故事，以及我作为一名作家的身份中。没有下面这些人的支持，我就不可能收集到真知灼见，也就不会有这本书的出版。我真诚地感谢那些对这个项目足够关心，并与我分享他们的故事和专业知识的人。

　　父母、儿童保育者、教育工作者、专业服务人士、纽菲尔德学院教员和课程协调员慷慨地与我分享故事，赋予了《优秀的孩子这样长大》中的发展科学以生命。虽然他们的身份无法透露，但他们都希望通过分享自己的故事，帮助其他父母更好地理解他们年幼的孩子。

　　很多人支持这个项目，给我他们的反馈——阅读章节，分享自己想法，发掘故事，并鼓励我继续写作。在此，我要特别感谢布里奇特·米勒、利兹·哈瑟雷尔、凯特·豪、凯瑟琳·柯克尼斯、莎拉·伊斯特利、玛丽·切宁、斯蒂芬妮·戈尔德、伊娃·斯文森、布里亚·桑兹、塔玛拉·斯特里杰克、吉纳维芙·施莱尔、四月泉、希瑟·弗格森、达格马尔·内布龙纳、希瑟·比奇、希瑟·贝雷塔、塔尼亚·卡勒姆、琳达。感谢大家的支持，让我脚踏实地研究父母真正想知道的事情。

我要感谢特蕾西·科斯塔和 Peekaboo Beans 的所有人，感谢他们的大力支持，感谢他们和我一样相信玩耍的力量。你做得漂亮的衣服，是孩子们玩耍的保护甲，让这个世界成为孩子们成长的更好的地方。

我感谢乔伊·纽菲尔德提出了"休息、玩耍、成长"这句话，它以简洁和优雅的方式概括了发展的路线图。盖尔·卡尼 是纽菲尔德学院一位受人爱戴的教员，在她去世前的几周，她和蔼可亲地为关于玩耍的部分分享了自己的故事，这符合她真正的领袖关怀天性。我唯一的遗憾是没有机会和她分享这本书。我也感谢纽菲尔德学院以及那里所有富有同情心和奉献精神的人的持续支持，他们努力帮助成年人理解他们的孩子。和你们一起工作让我想起了我曾经读到的一句话："你可以独自行动得更快，但当你们一起行动时，你会走得更远。"我喜欢和你们在一起工作。

我很幸运地在 Page Two Strategies 找到了一个出版梦之队，他们勤奋而专业地工作，赋予《优秀的孩子这样长大》以生命力。特娜·怀特管理着图书项目，并娴熟地操作着它。梅根·琼斯在时间紧迫的情况下，把我和所有合适的人完美地撮合在一起。我的文字编辑斯蒂芬妮·费什对这份手稿一丝不苟。纳耶利·希门尼斯用她高超的设计技巧创造了漂亮的图书封面和装帧，并从演示幻灯片中重新创作了图像。希拉罗斯·维伦斯基——我的编辑在修改时考虑周到，她的建议很直观并且她工作起来不知疲倦，一字一句地让《优秀的孩子这样长大》变得生动起来。

我要感谢我的社交媒体专家布里奇特·米勒，她慷慨地引导我浏览网络世界，并把我介绍给她认为与我们的信息一致的人。她的同情心、幽默感和强烈的爱心使市场营销充满了乐趣。

我要向伊拉纳·布瑞弗表达我诚挚的感谢，她慷慨地给了我时间去挖掘素材，编辑所有的参考文献，阅读和编辑图书章节，并提供内容建议，在《优秀的孩子这样长大》的写作过程中给予我精神上的支持。那张照片——你在图书馆书架上找资料时，一个学龄前儿童坐在你身上——仍然让我发笑。

我感谢戈登·纽菲尔德慷慨地与我分享他的材料，以及分享他作为一名教师的热情和作为一名理论家的才华。感谢他热情地邀请我与他一起学习和工作，并在我的研究道路上鼓励我勇往直前。你是所有孩子的真正捍卫者，是那些努力成为孩子最佳选择的父母的答案。

致我的父母、姐妹和朋友，感谢你们在我离开你们去写作时给我鼓励和理解。我非常爱你们。感谢克里斯，我和他一起经历为人父母的旅程。感谢我的孩子们，汉娜和玛德林——你们是我休息的地方，我在这里继续玩耍和成长。

全文注释

引言：为什么理解很重要

1. Jiddu Krishnamurti, Education and the Significance of Life (1953; New York: Harper, 1981), p. 47.

1 成人如何抚养孩子

1. Thích Nhất Hạnh，How to Love (Berkeley, CA: Parallax Press, 2015), p. 10.

2. Michael S. Pritchard, "On taking emotions seriously: A critique of B.F. Skinner,"Journal for the Theory of Social Behaviour 6 (1976): 211–232.

3. Carl R. Rogers, Howard Kirschenbaum, and Valerie Land Henderson, Carl Rogers: Dialogues: Conversations with Martin Buber, Paul Tillich, B.F. Skinner, Gregory Bateson, Michael Polanyi, Rollo May, and Others (Boston: Houghton Mi in, 1989).

4. John B. Watson, Behaviorism (Chicago: University of Chicago Press, 1930), p. 82.

5. Gordon Neufeld and Gabor Maté, Hold On to Your Kids: Why Parents Need to Matter More Than Peers (New York: Ballantine Books, 2014); Daniel J. Siegel, The Developing Mind: How Relationships and the Brain Interact to Shape Who We Are (New York: Guilford Press, 2012).

6. Jaak Panksepp and Lucy Biven, The Archaeology of Mind: Neuroevolutionary Origins of Human Emotions (New York: W.W. Norton, 2012); Antonio Damasio,

Descartes' Error: Emotion, Reason, and the Human Brain (London: Vintage Books, 2006).

7. Quoted in Larry K. Brendtro, "The vision of Urie Bronfenbrenner: Adults who are crazy about kids," Reclaiming Children and Youth: The Journal of Strength-Based Interventions 15 (2006): 162–166, http://www.cyc-net.org/cyc-online/cyconline- nov2010-brendtro.html.

8. Gordon Neufeld, Neufeld Intensive I: Making Sense of Kids, course (Neufeld Institute, Vancouver, BC, 2013), http://neufeldinstitute.org/course/neufeld-intensive-i-making-sense-of-kids/; Gordon Neufeld, Neufeld Intensive II: The Separation Complex, course (Neufeld Institute, Vancouver, BC, 2007), http://neufeldinstitute.org/course/neufeld-intensive-ii/; Siegel, The Developing Mind; Robert Karen, Becoming Attached: First Relationships and How They Shape Our Capacity to Love (Oxford: Oxford University Press, 1998); John Bowlby, Attachment and Loss (New York: Basic Books, 1969); Sue Gerhardt, Why Love Matters: How A ection Shapes a Baby's Brain (London: Brunner-Routledge, 2004); Thomas Lewis, Fari Amini, and Richard Lannon, A General Theory of Love (New York: Random House, 2000).

9. John Bowlby, "Maternal care and mental health," Bulletin of the World Health Organization (1951).

10. Kim Parker, "Families may di er, but they share common values on parent- ing," Pew Research Center (18 September 2014), http://pewrsr.ch/xKvyIf.

11. Gordon Neufeld, Neufeld Intensive I: Making Sense of Kids, course (Neufeld Institute, Vancouver, BC, 2013), http://neufeldinstitute.org/course/ neufeld-intensive-i-making-sense-of-kids/.

12. Sheldon White, "Evidence for a hierarchical arrangement of learning processes," Advances in Child Development and Behavior 2 (1965): 187–220.

13. Arnold J. Samero and Marshall M. Haith, editors, The Five to Seven Year Shift : The Age of Reason and Responsibility (Chicago: University of Chicago Press, 1996).

14. Neufeld and Maté, Hold On to Your Kids.

15. T. Berry Brazelton, To Listen to a Child: Understanding the Normal Problems of Growing Up (Reading, mA: Addison-Wesley, 1984), p. 56.

16. Edward Zigler and Elizabeth Gilman, "The legacy of Jean Piaget," in Gregory A. Kimble and Michael Wertheimer, eds., Portraits of Pioneers in Psychology, vol. 3 (American Psychological Association, 1998), p. 155.

17. David Elkind, Miseducation: Preschoolers at Risk (New York: Knopf, 2006).

18. Margaret Mead, And Keep Your Powder Dry: An Anthropologist Looks at America (1942; New York: Berghahn Books, 2000).

19. Sherry Turkle, Alone Together: Why We Expect More from Technology and Less from Each Other (New York: Basic Books, 2011).

20. Manuel Castells, The Rise of the Network Society (Oxford: Wiley-Blackwell, 2010).

21. Walter Isaacson, Steve Jobs (New York: Simon & Schuster, 2011), p. 571.

2 学龄前儿童的特点：一半天使，一半魔鬼

1. Sophocles, Ajax (5th century BC), in The Dramas of Sophocles Rendered in English Verse, Dramatic & Lyric (London: Forgotten Books, 2013), pp. 58–59.

2. Gordon Neufeld, Making Sense of Preschoolers, course (Neufeld Institute, Vancouver, BC, 2013), http://neufeldinstitute.org/course/making-sense-of-preschoolers/.

3. Lise Eliot, What's Going On in There? How the Brain and Mind Develop in the First Five Years of Life (New York: Bantam Books, 2000); Alison Gopnik, The Philosophical Baby: What Children's Minds Tell Us about Truth, Love, and the Meaning of Life (New York: Farrar, Straus and Giroux, 2009); Daniel J. Siegel, The Developing Mind: How Relationships and the Brain Interact to Shape Who We Are (New York: Guilford Press, 1999).

4. Siegel, The Developing Mind.

286

5. Gopnik, The Philosophical Baby.

6. Siegel, The Developing Mind.

7. Eliot, What's Going On in There?; Siegel, The Developing Mind.

8. Eliot, What's Going On in There?

9. Eliot, What's Going On in There?

10. P. Shaw, K. Eckstrand, W. Sharp, J. Blumenthal, J.P. Lerch, D. Greenstein, L. Clasen, A. Evans, J. Giedd, and J.L. Rapoport, "Attention-de cit/hyperactivity dis- order is characterized by a delay in cortical maturation," Proceedings of the National Academy of Sciences of the United States of America 104 (2007): 19649–19654.

11. Daniel J. Siegel and Tina Payne Bryson, The Whole Brain Child: 12 Revolutionary Strategies to Nurture Your Child's Developing Mind (New York: Bantam Books, 2012).

12. Sheldon White, "Evidence for a hierarchical arrangement of learning processes," Advances in Child Development and Behavior 2 (1965): 187–220.

13. Siegel, The Developing Mind.

14. Eliot, What's Going On in There?

15. Arnold J. Samero and Marshall M. Haith, editors, The Five to Seven Year Shift : The Age of Reason and Responsibility (Chicago: University of Chicago Press, 1996).

16. Thomas S. Weisner, "The 5 to 7 Transition as an Ecocultural Project," in Samero and Haith, eds., The Five to Seven Year Shift, pp. 295–326.

17. Siegel, The Developing Mind; Sue Gerhardt, Why Love Matters: How Affection Shapes a Baby's Brain (New York: Brunner-Routledge, 2004); Gordon Neufeld and Gabor Maté, Hold On to Your Kids: Why Parents Need to Matter More Than Peers (New York: Ballantine Books, 2014); Thomas Lewis, Fari Amini, and Richard Lannon, A General Theory of Love (New York: Random House, 2000).

18. W. Thomas Boyce and Bruce J. Ellis, "Biological sensitivity to context: I. An evolutionary–developmental theory of the origins and functions of stress reactivity," Development and Psychopathology 17 (2005): 271–301.

19. Boyce and Ellis, "Biological sensitivity to context."

20. David Dobbs, "The science of success," The Atlantic (December 2009), http://www.theatlantic.com/magazine/archive/2009/12/the-science-of-success/307761/.

21. Boyce and Ellis, "Biological sensitivity to context."

22. Gordon Neufeld, Neufeld Intensive I: Making Sense of Kids, course (Neufeld Institute, Vancouver, BC, 2013), http://neufeldinstitute.org/course/ neufeld-intensive-i-making-sense-of-kids/.

23. Angus Deaton and Arthur A. Stone, "Evaluative and hedonic wellbeing among those with and without children at home," Proceedings of the National Academy of Sciences of the United States of America 111 (2014): 1328–1333.

24. William N. Evans, Melinda S. Morrill, and Stephen T. Parente, "Measuring inappropriate medical diagnosis and treatment in survey data: The case of ADHD among school-age children," Journal of Health Economics 29 (2010): 657–673.

25. Chandra S. Sripada, Daniel Kessler, and Mike Angstadt, "Lag in maturation of the brain's intrinsic functional architecture in attention-deficit/hyperactivity disorder," Proceedings of the National Academy of Sciences of the United States of America 111 (2014): 14259–14264.

26. Carolyn Abraham, "Failing boys: Part 3: Are we medicating a disorder or treating boyhood as a disease?" The Globe and Mail (18 October 2010), http://www.theglobeandmail.com/news/national/time-to-lead/part-3-are-we-medicating-a-disorder-or-treating-boyhood-as-a-disease/article4330080/?page=all.

27. Subcommittee on Attention-Deficit/Hyperactivity Disorder, Steering Committee on Quality Improvement and Management, "ADHD: Clinical practice guideline for the diagnosis, evaluation, and treatment of attention-deficit/hyperactivity disorder in children and adolescents," Pediatrics 128 (2011): 1007–1022.

28. Eric R. Coon, Ricardo A. Quinonez, Virginia A. Moyer, and Alan R. Schroeder, "Overdiagnosis: How our compulsion for diagnosis may be harming children,"Pediatrics 134 (2014): 1013–1023; Polly Christine Ford-Jones, "Misdiagnosis of attention deficit hyperactivity disorder: 'Normal behaviour' and relative maturity," Paediatrics & Child Health 20 (2015): 200–202.

29. Todd E. Elder, "The importance of relative standards in ADHD diagnoses: Evi- dence based on exact birth dates," Journal of Health Economics 29 (2010): 641–656.

Richard Morrow and colleagues at the University of British Columbia in Canada compared the rates of ADHD diagnosis between the youngest children (born within the month before the grade entry cut-off) and the eldest children (born within the month a er) in a sample of over 900,000 children over age 11; they found the youngest boys were 30 percent more likely to receive an ADHD diagnosis than the eldest, and the youngest girls, 70 percent more likely than the eldest (R.L. Morrow, E.J. Garland, J.M. Wright, M. Maclure, S. Taylor, and C.R. Dormuth, "Influence of relative age on diagnosis and treatment of attention-deficit/hyperactivity disorder in children," Canadian Medical Association Journal 184 [2012]: 755–762). According to Todd Elder, if a neurodevelopmental disorder is at the root of the ADHD diagnosis, it should not vary in incidence with a child's birthdate (Elder, "The importance of relative standards in ADHD diagnoses"). Furthermore, children diagnosed with ADHD may grow out of their symptoms with three years of development in the prefrontal cortex, according to Shaw and his colleagues (Shaw et al., "Attention-deficit/hyperactivity disorder is character- ized by a delay"). Similarly, Gilliam found that the brain structure responsible for connecting the prefrontal lobes in kids diagnosed with ADHD had a delayed pattern of growth; immaturity is a viable explanation, and maturity a possible remedy, when considering attention problems in young children (M. Gilliam, M. Stockman, M. Malek, W. Sharp, D .Greenstein, F. Lalonde, L. Clasen, J. Giedd, J. Rapoport, and P. Shaw, "Developmental trajectories of the corpus callosum in attention-deficit/hyperactivity disorder," Biological Psychiatry 69 [2011]: 839–846).

Not only are kindergarteners more at risk of being diagnosed with attention problems, but the American Academy of Pediatrics states, "There is emerging evidence to expand the age range of the recommendations to include preschool-aged children and adolescents" (Subcommittee on Attention-Deficit/ Hyperactivity Disorder, "ADHD," p. 2). Given that there are no pathognomonic markers for ADHD and there is a complete reliance on behavioural descrip- tions to diagnose it, immaturity can be mistaken for a disorder, according to

Ford-Jones; the implications of stimulant medication on growth and "limited information about and experience with the effects of stimulant medication in children between the ages of 4 and 5 years" is cause for concern (Ford-Jones, "Misdiagnosis of attention de cit hyperactivity disorder").

30. William Crain, Theories of Development: Concepts and Applications, 5th edition (Upper Saddle River, NJ: Pearson/Prentice Hall, 2005).

3 保存游戏：在数字世界中捍卫童年

1. Fred Rogers, Commencement Address, Middlebury College, Middlebury, vt, May 2001, http://www.middlebury.edu/newsroom/commencement/2001.

2. BC Art Teachers' Association, "Honouring Gail Carney" (2015), http://bcata.ca/about-us/tribute.

3. David Elkind, "Can we play?" Greater Good Science Center, University of California, Berkeley (2008), http://greatergood.berkeley.edu/article/item/ can_we_play.

4. Elkind, "Can we play?"

5. David Elkind, The Power of Play: Learning What Comes Naturally (Cambridge, MA: Da Capo Press, 2007); Nancy Carlsson-Paige, Taking Back Childhood: Helping Your Kids Thrive in a Fast-Paced, Media-Saturated, Violence-Filled World (New York: Penguin, 2009); Peter Gray, Free to Learn: Why Unleashing the Instinct to Play Will Make Our Children Happier, More Self-Reliant, and Better Students for Life (New York: Basic Books, 2013); Beverly Falk, ed., Defending Childhood: Keeping the Promise of Early Education (New York: Teachers College Press, 2012).

6. Madeline Levine, Teach Your Children Well: Parenting for Authentic Success (New York: Harper Perennial, 2013).

7. Elkind, "Can we play?"; Kenneth R. Ginsburg, American Academy of Pediatrics Committee on Communications, and American Academy of Pediatrics Committee on Psychosocial Aspects of Child and Family Health, "The importance of play in promoting healthy child development and maintaining strong parent–

child bonds," Pediatrics 119 (2007): 182–191.

8. Marcy Guddemi, Andrea Sambrook, Sallie Wells, Kathleen Fite, Gitta Selva, and Bruce Randel, "Unrealistic kindergarten expectations: Findings from Gesell Institute's Revalidated Developmental Assessment Instrument," Proceedings from the Annual Conference for Early Childhood Research and Evaluation (2012), http://www. highscope.org/ les/guddemim_proceedings2012.pdf.

9. D.W. Winnicott, Playing and Reality (New York: Basic Books, 1971), p. 73.

10. Mark Twain, The Adventures of Tom Sawyer (1876; New York: Oxford University Press, 1996).

11. G. Stanley Hall, Adolescence: Its Psychology and Its Relations to Physiology, Anthropology, Sociology, Sex, Crime, Religion and Education (New York: D. Appleton, 1904), p. 235.

12. Piaget's Developmental Theory: An Overview, feat. David Elkin, videocassette (San Luis Obispo, CA: Davidson Films, 1989).

13. Stuart L. Brown and Christopher C. Vaughan, Play: How It Shapes the Brain, Opens the Imagination, and Invigorates the Soul (New York: Avery, 2009); Pam Schiller, "Early brain development research review and update," Brain Development: Exchange (November/December 2010): 26–30; Jaak Panksepp and Lucy Biven, The Archaeology of Mind: Neuroevolutionary Origins of Human Emotions (New York: W.W. Norton, 2012); Joe L. Frost, "Neuroscience, play, and child development," paper presented at the IpA/uSA Triennial National Conference, Longmont, co, June 18–21, 1998.

14. Brown and Vaughan, Play; Frost, "Neuroscience, play, and child development."

15. Campaign for a Commercial Free Childhood, Alliance for Childhood, and Teachers Resisting Unhealthy Children's Entertainment, Facing the Screen Dilemma: Young Children, Technology and Early Education (Boston: Campaign for a Commercial-Free Childhood; New York: Alliance for Childhood, 2012).

16. Bruce D. Perry, Lea Hogan, and Sarah J. Marlin, "Curiosity, pleasure and play: A neurodevelopmental perspective," Haaeyc Advocate 20 (2000): 9–12.

17. Perry, Hogan, and Marlin, "Curiosity, pleasure and play."

18. Ginsburg et al., "The importance of play."

19. Frost, "Neuroscience, play, and child development."

20. Jaak Panksepp, "Brain emotional systems and qualities of mental life," in Diana Fosha, Daniel J. Siegel, and Marion Fried Solomon, eds., The Healing Power of Emotion: A ective Neuroscience, Development, and Clinical Practice (New York: W.W. Norton, 2009), pp. 1–26.

21. Ginsburg et al., "The importance of play."

22. Ginsburg et al., "The importance of play"; Panksepp, "Brain emotional systems"; Peter Gray, "The decline of play and the rise of psychopathology in children and adolescents," American Journal of Play 3 (2011): 443–463.

23. Falk, ed., Defending Childhood.

24. Sandra L. Hofferth and John F. Sandberg, "Changes in American children's time, 1981–1997," Advances in Life Course Research 6 (2001): 193–229.

25. Ginsburg et al., "The importance of play."

26. Campaign for a Commercial Free Childhood et al., Facing the Screen Dilemma.

27. American Academy of Pediatrics, "Media and children" (2015), https://www.aap.org/en-us/advocacy-and-policy/aap-health-initiatives/pages/media-and-children.aspx.

28. Campaign for a Commercial Free Childhood et al., Facing the Screen Dilemma.

29. Richard Louv, Last Child in the Woods: Saving Our Children from Nature-Deficit Disorder (Chapel Hill, Nc: Algonquin Books of Chapel Hill, 2005).

30. Elkind, "Can we play?"

31. Joe L. Frost, A History of Children's Play and Play Environments: Toward a Contemporary Child-Saving Movement (New York: Routledge, 2009); Participaction, Position Statement on Active Outdoor Play (2015), http://www.participaction.com/wp-content/uploads/2015/03/Position-Statement-on-Active-Outdoor-Play-EN-FINAl. pdf.

32. American Academy of Pediatrics, "Babies as young as 6 months using mobile media" (25 April 2015), http://www.aappublications.org/content/ early/2015/04/25/ aapnews.20150425-3.

33. Nancy Carlsson-Paige, "Media, technology, and commercialism: Countering the threats to young children," in Falk, ed., Defending Childhood.

34. Frost, A History of Children's Play, p. xviii.

35. Thomas S. Dee and Hans Henrik Sievertsen, "The gift of time? School starting age and mental health," cepA Working Paper No. 15-08, Stanford Center for Education Policy Analysis, Stanford University, Stanford, cA (October 2015), https://cepa.stanford.edu/sites/default/ les/wp15-08.pdf.

36. Gray, Free to Learn.

37. National Association for the Education of Young Children, The Common Core State Standards: Caution and Opportunity for Early Childhood Education (Washington, Dc: National Association for the Education of Young Children, 2012).

38. Professional Association for Childcare and Early Years, "Concern over 'school-Notes 275 i cation'" (9 July 2013), https://www.pacey.org.uk/news-and-views/news/archive/2013-news/july-2013/concern-over-schoolification/.

39. Sophie Alcock and Maggie Haggerty, "Recent policy developments and the 'schoolification' of early childhood care and education in Aotearoa New Zealand," Early Childhood Folio 17, no. 2 (2013): 21–26.

40. Bryndis Gunnarsdottir, "From play to school: Are core values of ECEC in Iceland being undermined by 'schoolification'?" International Journal of Early Years Education 22 (2014): 242–250; Dorota Lembrér and Tamsin Meaney, "Socialisation tensions in the Swedish preschool curriculum: The case of mathematics,"

Educare 2 (2014): 82–98.

41. Christine Gross-Loh, "Finnish education chief: We created a school system based on equality," The Atlantic (March 17, 2014), http://www.theatlantic.com/education/archive/2014/03/finnish-education-chief-we-created-a-school-system-based-on-equality/284427/.

42. Tim Walker, "The joyful, illiterate kindergartners of Finland," The Atlantic (1 October 2015), http://www.theatlantic.com/education/archive/2015/10/ the-joyful-illiterate-kindergartners-of-finland/408325/.

43. Council of Ministers of Education, Canada (CMEC), "Programme for International Student Assessment (PISA): Overview" (n.d.), http://www.cmec.ca/251/Programs-and-Initiatives/Assessment/Programme-for-International-Student-Assessment-(PISA)/Overview/index.html; see also the various documents available for pISA 2012 results at http://www.cmec.ca/252/Programs-and-Initiatives/Assessment/Programme-for-International-Student-Assessment-(PISA)/PISA-2012/index.html.

44. Mary-Louise Vanderlee, Sandy Youmans, Ray Peters, and Jennifer Eastabrook, Final Report: Evaluation of the Implementation of the Ontario Full-Day Early Learning– Kindergarten Program ([Toronto]: Ontario Ministry of Education, Fall 2012), http:// www.edu.gov.on.ca/kindergarten/FDElK_ReportFall2012.pdf; Magdalena Janus, Eric Duku, and Amanda Schell, The Full-Day Kindergarten Early Learning Program: Final Report (Hamilton, ON: McMaster University, Oct. 2012), http://www.edu. gov.on.ca/kindergarten/EPL_FDKFall2012.pdf.

45. Harris Cooper, Ashley Batts Allen, Erica. A. Patall, and Amy L. Dent, "Effects of full-day kindergarten on academic achievement and social development," Review of Educational Research 80 (2010): 34–70.

46. James Heckman, "Invest in early childhood development: Reduce deficits, strengthen the economy," The Heckman Equation (2012), http://heckmanequation.org/content/resource/invest-early-childhood-development-reduce-deficits-strengthen-economy.

47. Christopher Clouder, "The push for early childhood literacy: A view from Europe," Research Institute for Waldorf Education, Research Bulletin 8, no. 2 (2003): 46–52; Comptroller and Auditor General, National Audit Office, Deliv-

ering the Free Entitlement to Education for Three- and Four-Year-Olds (London: The Stationery Office, 2012).

48. Joan Almon, Nancy Carlsson-Paige, and Geralyn B. McLaughlin, Reading Instruction in Kindergarten: Little to Gain and Much to Lose (Alliance for Child- hood; Defending the Early Years, 2015), https://deyproject. les.wordpress. com/2015/01/readinginkindergarten_online-1.pdf.

49. Clouder, "The push for early childhood literacy."

50. Joan Almon, "Reading at five: Why?" SouthEast Education Network, SEEN Magazine (21 August 2013), http://seenmagazine.us/articles/article-detail/arti-cleid/3238/reading-at-five-why.aspx.

51. Elkind, "Can we play?"

52. Quoted in Valerie Strauss, "How 'twisted' early childhood education has become—from a child development expert," Washington Post (24 November 2015), https://www.washingtonpost.com/news/answer-sheet/wp/2015/11/24/ how-twisted-early-childhood-education-has-become-from-a-child-development-expert/.

4 渴望连接：为什么关系很重要

1. C.S. Lewis, The Four Loves (New York: Harcourt, Brace, 1960).

2. T.S. Eliot, "East Coker," The Four Quartets (New York: Harcourt, 1943).

3. Gordon Neufeld, Neufeld Intensive I: Making Sense of Kids, course (Neufeld Institute, Vancouver, Bc, 2013), http://neufeldinstitute.org/course/ neufeld-intensive-i-making-sense-of-kids/.

4. Jaak Panksepp and Lucy Biven, The Archaeology of Mind: Neuroevolutionary Origins of Human Emotions (New York: W.W. Norton, 2012).

5. Kerstin Uvnäs Moberg, The Oxytocin Factor: Tapping the Hormone of Calm, Love, and Healing (Cambridge, MA: Da Capo Press, 2003).

6. Panksepp and Biven, The Archaeology of Mind.

7. John Bowlby, Attachment and Loss (New York: Basic Books, 1969).

8. Bowlby, Attachment and Loss.

9. Dorothy Corkille Briggs, Your Child's Self-Esteem: The Key to His Life (Garden City, NJ: Doubleday, 1970), p. 55.

10. Lise Eliot, What's Going On in There? How the Brain and Mind Develop in the First Five Years of Life (New York: Bantam Books, 2000).

11. D.W. Winnicott and Claire Winnicott, Talking to Parents (Reading, MA: Addison-Wesley, 1993), pp. 58–59.

12. Benjamin Spock, The Common Sense Book of Baby and Child Care (New York: Duell, Sloan and Pearce, 1946).

13. Gordon Neufeld and Gabor Maté, Hold On to Your kids: Why Parents Need to Matter More Than Peers (New York: Ballantine Books, 2004), pp. 29–30 .

14. Larry K. Brendtro, "The vision of Urie Bronfenbrenner: Adults who are crazy about kids," Reclaiming Children and Youth: The Journal of Strength-Based Interven- tions 15 (2006): 162–166.

15. Gabor and Maté, Hold On to Your Kids, p. 264.

5 谁来主导？依恋之舞

1. William Blake, "The Little Black Boy," Songs of Innocence (London, 1789).

2. Gordon Neufeld, Alpha Children: Reclaiming Our Rightful Place in Their Lives, course (Neufeld Institute, Vancouver, Bc, 2013), http://neufeldinstitute.org/course/alpha-children/.

6 保卫脆弱的情感：让孩子的内心保持柔软

1. Blaise Pascal, Pascal's Pensées (New York: E. P. Dutton, 1958), p. 79.

2. Michael S. Pritchard, "On taking emotions seriously: A critique of B.F. Skin-

ner," Journal for the Theory of Social Behaviour 6 (1976): 211–232.

3. Jaak Panksepp, "Brain emotional systems and qualities of mental life," in The Healing Power of Emotion: Affective Neuroscience, Development, and Clinical Practice, edited by Diana Fosha, Daniel J. Siegel, and Marion Fried Solomon, pp. 1–26 (New York: W.W. Norton, 2009).

4. Antonio R. Damasio, Descartes' Error: Emotion, Reason, and the Human Brain (New York: Putnam, 1994).

5. Diana Fosha, Daniel J. Siegel, and Marion Fried Solomon, eds., The Healing Power of Emotion: Affective Neuroscience, Development, and Clinical Practice (New York: W.W. Norton, 2009), p. vii.

6. Thomas Lewis, Fari Amini, and Richard Lannon, A General Theory of Love (New York: Random House, 2000), p. 64.

7. The concept of emotional defences once postulated by Freud has been revisited due to advances in neuroscience and new understandings of human emotion and consciousness. Neuropsychologist Mark Solms states, "It is pos- sible to nd the neurological correlates of some traditional psychoanalytic concepts and thereby to set them on a firm, organic foundation"(Mark Solms and Oliver Turnbull, The Brain and the Inner World: An Introduction to the Neuroscience of Subjective Experience [New York: Other Press, 2002], p. 104). V.S. Ramachandran argues we now have the basis to understand how the human mind erects defensive emotional processes (V.S. Ramachandran, D. Rogers-Ramachandran, and S. Cobb, "Touching the phantom limb," Nature 377, no. 6549 [12 October 1995]: 489–490, and V.S. Ramanchandran, "Phantom limbs, neglect syndromes, repressed memories and Freudian Psychology," in International Review of Neurobiology, vol. 37: Selectionism and the Brain, edited by Olaf Sporns and Giulio Tononi [New York: Academic Press, 1994]). In her writing on the neurophysiology of psychology, Kathleen Wheeler provides an overview of the construct of emotional defence as well as neuroscientific evidence on how parts of the emotional brain orchestrate this (Psychotherapy for the Advanced Practice Psychiatric Nurse [Maryland Heights, MO: Mosby, 2007]).

Neuroscientific research examining the inhibition of the emotional centres and processes in the brain has been the primary focus of trauma specialists. Bessel Van der Kolk's research on trauma explores the role of the prefrontal cortex in exerting an inhibitory in uence over the limbic system and in regulating emotion (Bessel Van der Kolk, Alexander C. McFarlane, and Lars Weisaeth, Traumatic Stress: The Effects of Overwhelming Experience on Mind, Body, and Society [New York: Guilford Press, 2006]). Pat Odgen discusses three categories of defences, out- lining how they aid in emotional survival, creating feelings of safety as well as impact overall functioning ("Emotion, mindfulness, and movement: Expanding the regulatory boundaries of the window of a ect tolerance," in Fosha, Siegel, and Solomon, eds., The Healing Power of Emotion). Ad Vingerhoets links emotional distress and trauma with the absence of vulnerable emotions, stating that people "feel numb, emotionally empty and 'detached,' and cannot produce tears. It is as if they are indi erent and do not experience any a ection for or do not care about other people even those very close to them" (Why Only Humans Weep: Unravelling the Mysteries of Tears [Oxford: Oxford University Press, 2013], p. 177).

Neuroscientists Jaak Panksepp and Antonio Damasio state that unconscious emotional arousal is possible, distinguishing feeling states from emotional ones. Damasio states that there is "no evidence that we are conscious of all of our feelings, and much to suggest that we are not" (The Feeling of What Happens: Body and Emotion in the Making of Consciousness [New York: Houghton Mi in Harcourt, 2009], p. 36; for Panksepp, see Jaak Panksepp and Lucy Biven, The Archaeology of the Mind: Neuroevolutionary Origins of Human Emotions [New York: W.W. Norton, 2012]). Both Damasio and neuroscientist Joseph LeDoux di erentiate emotion from feeling (i.e., consciousness of emotion) together with the realization that the luxury of feeling cannot be a orded if the circumstances are too stressful (inhibition), laying the conceptual groundwork for a neuroscience of defence (Damasio, The Feeling of What Happens; Joseph LeDoux, Anxious: Using the Brain to Understand and Treat Fear and Anxiety [New York: Penguin Random House, 2015]).

8. Michael Resnick, Marjorie Ireland, and Iris Borowsky, "Youth violence perpetration: What protects? What predicts? Findings from the National Longitudinal Study of Adolescent Health," Journal of Adolescent Health: O cial Publication of the Society for Adolescent Medicine 35 (2004): 424.

9. Emma Werner and Ruth S. Smith, Overcoming the Odds: High Risk Children from Birth to Adulthood (New York: Cornell University Press, 1992).

10. In a National Longitudinal Study on Adolescent Health, Michael Resnick and

his colleagues found that the single most significant protective factor against emotional distress in a sample of over 90,000 adolescents in the United States was a strong caring relationship with an adult (Resnick, Ireland, and Borowsky, "Youth violence perpetration").

In Emma Werner and Ruth Smith's 30-year longitudinal research study on resilient children on the Hawaiian island of Kauai, one-third of the children who faced poverty, mental health, or addictions in their families were emotionally healthy and socially successful despite their impoverished upbringing; the significant di erence with this group was that they had strong caring attachments with emotionally healthy substitute adults, including grandparents, or in schools and church communities (Werner and Smith, Overcoming the Odds). The research on resilience overwhelmingly points to strong adult relationships as having a protective factor in emotional and social well-being.

7 眼泪和发脾气：理解挫折和攻击性

1. Charles Dickens, Great Expectations (1861; New York: Rinehart, 1949).

2. Rosemarie Sokol Chang and Nicholas S. Thompson, "Whines, cries, and motherese: Their relative power to distract," Journal of Social, Evolutionary, and Cultural Psychology 5 (2011): 131–141.

3. Gordon Neufeld, Making Sense of Preschoolers, course (Neufeld Institute, Vancouver, BC, 2013), http://neufeldinstitute.org/course/making-sense-of-preschoolers/.

4. Aletha Solter, "Understanding tears and tantrums," Young Children 47, no. 4 (1992): 64–68.

5. William H. Frey and Muriel Langseth, Crying: The Mystery of Tears (Minneapolis, mN: Winston Press, 1985).

6. Ad Vingerhoets, Why Only Humans Weep: Unravelling the Mysteries of Tears (Oxford: Oxford University Press, 2013).

7. Rosalind Wiseman, Masterminds and Wingmen: Helping Your Son Cope with School- yard Power, Locker-Room Tests, Girlfriends, and the New Rules of Boy

World (New York: Harmony Books, 2013).

8. Vingerhoets, Why Only Humans Weep.

9. William Blake, "Auguries of Innocence" (c. 1803).

10. Oren Hasson, "Emotional tears as biological signals," Evolutionary Psychology 7 (2009): 363–370.

8 因分离而惊慌：睡眠时间、分离和焦虑

1. Maurice Sendak, Where the Wild Things Are (New York: HarperCollins, 1963), p. 30.

2. Joseph E. LeDoux, The Emotional Brain: The Mysterious Underpinnings of Emotional Life (New York: Simon & Schuster, 1996).

3. John Bowlby, Separation: Anxiety and Anger (New York: Basic Books, 1973); Rollo May, The Meaning of Anxiety (New York: Ronald Press, 1950).

4. Thomas Lewis, Fari Amini, and Richard Lannon, A General Theory of Love (New York: Random House, 2000).

5. Bowlby, Separation.

6. S. Pathak and B.D. Perry, "Anxiety disorders," in C. Edward Co ey and Roger A. Brumback, eds., Pediatric Neuropsychiatry (Philadelphia: Lippincott Williams & Wilkins, 2006); Joseph E. LeDoux, Anxious: Using the Brain to Understand and Treat Fear and Anxiety (New York: Viking, 2015).

7. Pathak and Perry, "Anxiety disorders."

8. Timothy J.Owens and Sandra L.Hofferth,Children at the Millennium: Where Have We Come from, Where Are We Going? (Amsterdam: JAI, 2001).

9 "你不是我的老板"：理解孩子的抵抗和反对

1. Virginia Woolf, "The leaning tower," in Collected Essays (New York: Harcourt, Brace & World, 1967).

2. E.J. Lieberman, Acts of Will: The Life and Work of Otto Rank (Amherst: University of Massachusetts Press, 1993); E.J. Lieberman, "Rankian will," American Journal of Psychoanalysis 72 (2012): 320–325.

   Along with Jung and Adler, Otto Rank was considered one of Freud's closest and brightest followers. Rank grew to disagree with Freud on the importance of the Oedipal complex, and many of his views were considered deviant. Rank saw the separation between mother, father, and child at birth as a critical focus in the development of self, guilt, and anxiety.

   Rank was also concerned with an absence of will in Freudian therapy. He argued that individuals were capable of conscious will that brought with it guilt and anxiety. The capacity to say "no," or counterwill, was key in child development and was often diminished by adults, if not cultures. Ira Progroff wrote, "The life will as conceived by Rank is the vital force with which that potentiality is expressed and fulfilled in the world" (The Death and Rebirth of Psychology: An Integra- tive Evaluation of Freud, Adler, Jung, and Rank and the Impact of Their Insights on Modern Man [New York: McGraw-Hill, 1956], p. 207). The idea of a conscious will and resistance as a positive force underlying individuation and autonomy was not supported by Rank's psychoanalytic counterparts, and he was ostracized. In 1926 he dissociated himself from the psychoanalytic society, and his honorary membership was revoked in 1930.

   See also Claude Barbre, "Confusion of wills: Otto Rank's contribution to an understanding of childism," American Journal of Psychoanalysis 72 (2012): 409–417; Fay B. Kargf, The Psychology and Psychotherapy of Otto Rank: An Historical and Comparative Introduction (New York: Philosophical Library, 1953); Esther Menaker, Otto Rank: A Rediscovered Legacy (New York: Columbia University Press, 1982).

3. Lieberman, "Rankian will."

4. Albert Pepitone, Clark McCauley, and Peirce Hammond, "Change in attractiveness of forbidden toys as a function of severity of threat," Journal of Experimental Social Psychology 3 (1967): 221–229.

5. Mark R. Lepper, "Undermining children's intrinsic interest with extrinsic reward: A test of the 'overjusti cation' hypothesis," Journal of Personality and Social Psychology 28 (1973): 129–137.

6. Alfie Kohn, Punished by Rewards: The Trouble with Gold Stars, Incentive Plans, A's, Praise, and Other Bribes (Boston: Houghton Mi in, 1993).

7. D.W. Winnicott, Clare Winnicott, Ray Shepherd, and Madeleine Davis, Home Is Where We Start From: Essays by a Psychoanalyst (New York: W.W. Norton, 1986).

10 对不成熟的孩子的纪律——为孩子的成长争取时间

1. D.W. Winnicott, Talking to Parents (Reading, MA: Addison-Wesley, 1993), p. 86.

2. Gordon Neufeld, Making Sense of Discipline, course (Neufeld Institute, Vancouver, BC, 2011), http://neufeldinstitute.org/course/making-sense-of-discipline/; Daniel J. Siegel and Tina Payne Bryson, No-Drama Discipline: The Whole-Brain Way to Calm the Chaos and Nurture Your Child's Developing Mind (New York: Bantam Books, 2014).

3. Gordon Neufeld, "Theoretical constuct on the six traits of well-behaved children,"Making Sense of Discipline, course, Neufeld Institute, Vancouver, BC (2011).

4. From Gordon Neufeld, "Twelve strategies for attachment-safe and developmentally friendly discipline," Making Sense of Discipline, course, Neufeld Institute, Vancouver, BC (011).

11 孩子们是怎样帮助大人成长的

1. "Dis-moi qui tu aimes, je te dirai qui tu es": Arsène Houssaye, Le roi Voltaire (Paris: Michel Lévy, 1858), p. 182.